O GUIA OFICIAL DE

[H]OUSE
M.D.

IAN JACKMAN

Com prefácio de Hugh Laurie

TRADUÇÃO

Elena Gaidano e Fátima Santos

CIP-BRASIL. CATALOGAÇÃO-NA-FONTE
SINDICATO NACIONAL DOS EDITORES DE LIVROS, RJ.

J14g
Jackman, Ian
   O guia oficial de House / Ian Jackman; tradução: Elena Gaidano, Fátima Santos; com prefácio de Hugh Laurie. — Rio de Janeiro: BestSeller, 2010.

   Tradução de: House M.D.: the official guide to the hit medical drama
   ISBN 978-85-7684-501-0

   1. House, M.D. (Programa de televisão). 2. Medicina na televisão. I. Laurie, Hugh, 1959- . II. Titulo.

10-4902.
CDD: 791.4572
CDU: 621.397

Texto revisado segundo o novo Acordo Ortográfico da Língua Portuguesa.

Título original norte-americano
HOUSE M.D. - THE OFFICIAL GUIDE TO THE HIT MEDICAL DRAMA
Copyright © 2010 Universal City Studios Productions LLLP.
Copyright da tradução © 2010 by Editora Best Seller Ltda.

House, M.D. é uma propriedade autoral do Universal Network Television LLC.
Licenciado para NBC Universal Television Consumer Products Group.

Publicado mediante acordo com a HarperCollins Publishers.

Adaptação de capa: Elmo Rosa
Editoração eletrônica: FA Editoração

Fotografias de miolo por NBC Photo e Michael Yarish.
Fotografias © NBC Universal, Inc.

Todos os direitos reservados. Proibida a reprodução,
no todo ou em parte, sem autorização prévia por escrito da editora,
sejam quais forem os meios empregados.

Direitos exclusivos de publicação em língua portuguesa para o Brasil
adquiridos pela
EDITORA BEST SELLER LTDA.
Rua Argentina, 171, parte, São Cristóvão
Rio de Janeiro, RJ — 20921-380
que se reserva a propriedade literária desta tradução

Impresso no Brasil

ISBN 978-85-7684-501-0

Seja um leitor preferencial Record.
Cadastre-se e receba informações sobre nossos lançamentos
e nossas promoções.

Atendimento e venda direta ao leitor:
mdireto@record.com.br ou (21) 2585-2002

SUMÁRIO

Prefácio, por Hugh Laurie, 7
Introdução: O primeiro de Um-Três-Um, 21

1 A linha de partida: Criando o programa, 27
2 E se Michael Caine interpretasse o pai de House?: Escrevendo House, 45

CAMERON / Jennifer Morrison, 65

3 Oito dias por semana: Realizando o Programa, Parte I, 78

CHASE / Jesse Spencer, 99

4 Jornadas de 14 horas: Realizando o Programa, Parte II, 113

FOREMAN / Omar Epps, 141

5 Cidade de atores: Escalando o elenco, 159

THIRTEEN / Olivia Wilde, 170

6 Se aconteceu uma vez: A medicina estranha de House, 189
7 Por dentro da cabeça de Dave Matthews: Como simular um procedimento médico, 209

TAUB / Peter Jacobson, 220

KUTNER, 234

8 Cenários e cenas: Projeto e construção de House, 239
9 Costa Leste, Los Angeles: A aparência de House, 256

CUDDY / Lisa Edelstein, 267

10 Fazendo de conta: Objetos e efeitos especiais, 289
11 Produzir para a tela: Efeitos visuais e edição, 306

WILSON / Robert Sean Leonard, 316

12 Todo mundo mente: A matéria escura no universo, Parte I, 343
13 Perguntas sem respostas: A matéria escura no universo, Parte II, 354

HOUSE / Hugh Laurie, 380

Conclusão, 417
Agradecimentos, 425
Guia de episódios, 427

PREFÁCIO

Este não é apenas um prefácio para um livro, é também o prefácio sobre grande parte da minha vida.

No momento em que escrevo, em 2010, conto mais de um décimo dela; já para Jennifer Morrison e Jesse Spencer, que Deus guarde sua tez luminosa, representa a quinta parte. Acho que chegou a hora de um esclarecimento, e aquele velho hábito de colocar as coisas preto no branco me parece bem adequado para isso.

Certa vez, numa Starbucks, ouvi uma mulher dizendo à pessoa que a acompanhava: "Ontem, comi um muffin de mirtilo muito interessante." Na hora, fiquei perplexo com o uso de "interessante". Me interessou. Havia, e ainda há, muitos adjetivos disponíveis para descrever um muffin de mirtilo – "gostoso", "ruim", "velho", "esfacelado", "kosher", "batizado com LSD" ou "com formato de Richard Nixon", entre outros, mas "interessante"? Fiquei maravilhado com isso. Agora, retrospectivamente, acho que sei o que ela queria dizer.

Nos últimos seis anos – digamos que mais ou menos uns mil dias –, tenho chegado praticamente todas as manhãs antes de o sol nascer aos estúdios da Fox em Los Angeles: um pequeno principado em Pico Boulevard com sua própria força policial e seu próprio corpo de bombeiros, bem como seus cortesãos, camponeses, valentões e ladrões. Não há qualquer religião oficial estabelecida, porém há um busto gigantesco de Rupert Murdoch na praça central, de uns sessenta metros

de altura, feito de ossos dos inimigos abatidos (esta parte talvez seja coisa da minha imaginação). Aqui, nos cenários 10, 11, 14 e 15, é onde tenho permanecido imerso num personagem de ficção, num lugar de ficção, num mundo de ficção, com uma hora de almoço. Estranhamente, essa experiência implica tanto recolhimento que sequer sei o que acontece nos cenários 12 e 13, e muito menos no mundo lá fora. Pensando bem, nem sei onde ficam os cenários 12 e 13. Como os andares em hotéis, talvez não haja um número 13. Pouco sei a respeito do clima californiano, de qual festa está bombando ou de quais são as chances desse tal hip-hop pegar. Desde que cheguei, só usei talheres de metal umas dez vezes.

A verdade é que a experiência tem sido interessante, embora não da maneira que você deve imaginar. O interesse provém não da abrangência da experiência, mas de sua limitação; a exclusão de qualquer pensamento externo à palavra imediata, do viver, a respirar o instante — um instante que já superou de longe suas funções normais e acabou se estendendo por seis anos inteiros, correndo assim o risco de perder suas credenciais momentâneas.

Mas veja, estou me adiantando. Vamos voltar (e se você me pegar alguma vez usando a palavra "rebobinar" que não seja com sentido de "rebobinar", por favor, me mate) para ver como tudo isso funciona.

....

Um cidadão inglês é convocado em Los Angeles. Servindo-se de uma tosca fita de vídeo, aparentemente entrou na disputa por um importante papel na televisão. Para chegar à etapa final, precisa saltar por argolas, beijar anéis e fazer juramentos — o que ele faz, e de boa vontade. Ele é escolhido. Viaja para Vancouver, cidade com... não sei... muitos prédios, e ali

grava um programa de uma hora, que oferece aos deuses. Os deuses mostram a gravação para um grupo de discussão, no qual recebe uma pontuação elevada o suficiente para ganhar 13 episódios. O cidadão inglês põe algumas camisas na mala, se despede da família e pega um avião para Los Angeles. (Para ser enfático, ele não "pega um jato" para Los Angeles, como suporiam os tabloides ingleses, como se todas as outras pessoas viajassem em Dakotas acionadas a vapor... mas, espere um pouco, se eu começar a falar sobre tabloides, nunca conseguiremos sair desses parênteses.)

A essa altura, ele não tem muitas expectativas. Sabe que a televisão americana é uma arena ferozmente competitiva e que os seriados de uma hora seguem a mesma curva que os espermatozoides — jorram em direção ao gigante óvulo, num espasmo excitado, ziguezagueiam freneticamente por alguns momentos e, então, caem no esquecimento. Mesmo assim, milagrosamente, o programa sobrevive àquelas primeiras semanas, ganha força e toma ímpeto, até que sai em disparada, despencando morro abaixo; os suspensórios do cidadão inglês, então, ficam presos na porta. Suas perninhas se agitam para manter o ritmo. O tempo desobedece a sua própria natureza — acelera, diminui a velocidade, faz curvas e anda de lado —, os dias passam a ser assoberbados e esquisitos, filmando histórias que não são reais, e somados a isso, sessões fotográficas, tapetes vermelhos e talk shows menos reais ainda. O resultado inevitável é a loucura. Altas horas da noite, o cidadão inglês é encontrado perambulando pela autoestrada da costa do Pacífico, nu, carregando uma .45 e recitando o Salmo 23.

O nome dele era Ronald Pettigrew, e o do programa, claro, é *Wetly Flows the Mississippi*. Passou na emissora Trump Network por duas temporadas.

Embora eu não tenha ido tão longe quanto o pobre Pettigrew, certamente houve épocas em que achei tudo muito intenso. Terá

sido tão intenso quanto lutar no Afeganistão, roubar uma base do Yankees (seja lá o que for isto e sejam eles quem forem) ou administrar um bordel bem-sucedido? Não tenho como saber. Alguns de vocês podem estar pensando: "Ah, é só um programa de televisão", e é verdade – no momento em que você atribui a palavra "só" a qualquer acontecimento humano, desde que calibrada corretamente. O apocalipse nuclear vai acarretar "só" o fim da raça humana, poderia dizer um geólogo ou um astrofísico.

Mas aqui está o paradoxo: se nós que trabalhamos em *House* tivéssemos nos comportado alguma vez como se ele fosse "só" um programa de televisão, ele não seria hoje um programa de televisão. Seria um programa cancelado, um ex-programa de televisão. Como a maior parte das pessoas que atuam no ramo do entretenimento, somos profissionalmente desproporcionais. A intensidade existe na mente, poderia dizer Marco Aurélio, caso fosse traduzido de forma equivocada, e, quando pessoas desproporcionais decidem que algo é intenso e dedicam a isso todas as suas energias físicas e mentais, essa coisa passa a sê-lo. Bem, foi o que fizemos em relação a *House,* para o bem e para o mal. Pode parecer cômico para alguns, mas espero que esses alguns não vivam em casas com telhado de vidro, porque essas coisas são ridículas. A começar pelo custo da calefação.

....

Contudo, o trabalho duro, por si só, não explica por que *House* se tornou o programa de tevê mais assistido no planeta. (Esta não é uma afirmação minha: li isso num jornal recentemente e não tenho a menor ideia de como chegaram a essa conclusão. Tampouco estou planejando saber.) Deve haver outra coisa. Evidentemente, poderia se argumentar que o programa é mais

do que a soma de suas partes, mas isso se aplica a quase tudo fora do campo da matemática pura. Experimente ir para o trabalho sentado na pilha de partes que compõem um Honda Civic. Pode-se afirmar que a aversão de House a tudo que é polido e eufemístico fornece ao público mais velho algum alívio diante da hipocrisia do politicamente correto de nosso tempo; também se poderia alegar que ele atrai um público mais jovem por ser antiautoritário, que é como os jovens veem a si mesmos, embora raramente o sejam. Além disso, House é um médico, alguém que resolve problemas, um salvador – o que normalmente não é uma qualidade desprezível. Todas essas coisas podem ter contribuído de alguma maneira para que o programa sobrevivesse folgadamente até a meia-idade. Apesar disso, ainda aposto que é por causa das piadinhas.

Eu acho House extremamente engraçado. Não gosto quando as pessoas o descrevem como sendo irritadiço ou mal-humorado, ou estúpido, porque acredito que essas pessoas não entendem as partes boas tanto do programa quanto do personagem. Acho House brincalhão, perspicaz e com certeza uma boa companhia. Gosto de conviver com ele. Mas, acima de tudo, acredito que o fato de ser engraçado é algo intrínseco a sua personalidade e a sua profissão. Vou explicar.

(É claro que você não precisa de modo algum deixar que eu explique. Se quiser, pode simplesmente fechar este livro e seguir para a seção de ferramentas da loja. Ou pode pular para as fotos de Olivia Wilde, o que também será ótimo.)

Há poucas coisas mais entediantes do que um discurso sobre a natureza do humor ou do que a explicação da graça de uma piada, mas vamos rapidamente dar uma definição aproximada, para que possamos seguir adiante. A maior parte das brincadeiras depende, em essência, de juntar duas coisas aparentemente desiguais. O reconhecimento repentino de uma similaridade previamente oculta se traduz no riso. (Argh. Eu

me sinto obsceno descrevendo a delicada beleza do humor em termos tão rudes e mecânicos. Mas aí é que está. A "borboleta" já está à mostra, espetada.) As piadas, então, provêm da área metafórica do cérebro, que produz e decifra similitudes, analogias e tudo o mais. House costuma, de vez em quando, descrever um estado clínico em termos metafóricos. Isso cumpre a função conveniente de explicar ao público leigo (dentro do programa, é tipicamente o caso do paciente, enquanto fora dele se trata, bem, do público leigo) os detalhes técnicos do que está acontecendo. Entretanto, por baixo dessa função, a capacidade metafórica de House é também o elemento que o torna excepcional em seu trabalho. Sua facilidade para destrinchar problemas com ferramentas metafóricas (eu usei uma em minha explicação — isto é o que se pode chamar de sentença altamente proteica) é o que lhe possibilita ver as coisas de modo mais claro, mais analítico, que seus iguais. A parte engraçada do cérebro de House é a mesma que diagnostica e que expressa sua atitude diante da morte.

House é ateu. (Não tenho nenhum documento escrito por David Shore que me autorize a dizer isto, mas vou arriscar e dizer mesmo assim. Caso House encontre Deus na nona temporada, terei de reescrever esta parte.) O que um ateu escolhe ao se deparar com o universo frio e vazio? Ele pode se jogar num rio; pode sair em busca da felicidade, como alguém já disse memoravelmente; ou pode fazer piadas sobre isso. Para House, o ateu, acho que brincar é, na verdade, algo bastante sagrado. É a essência que define sua humanidade. Aliviar o sofrimento e fazer a Coisa Certa são regras que House é obrigado a respeitar; mas ele as cumpre de má vontade, com incerteza, suspeitando de que nada vale a pena, de que tudo não passa de vaidade. A piada, em compensação, é um grito de alegria, uma centelha do divino, uma forma de cutucar na ferida o universo transgressor. Basicamente, House zomba da morte. O que não deixa de ser uma opção, crianças.

....

Agora, os leitores mais práticos, aqueles que dentre vocês fazem rodízio de pneus e costumam remover folhas de bueiros, podem estar se perguntando o que isso tudo tem a ver com o funcionamento de um típico hospital americano. Será que médicos de verdade usam metáforas, fazem piadas ou se comportam de alguma forma como House, Cuddy ou Wilson? E, caso afirmativo, vale a pena fazer comentários a esse respeito?

Bem, em primeiro lugar, qualquer pessoa que ache que o Princeton-Plainsboro é um hospital típico deve ter passado a vida inteira gozando de uma saúde extraordinária. Não é típico nem realista, e jamais se pretendeu que o fosse. Para mim, o Princeton-Plainsboro sempre foi como uma floresta encantada que os pacientes procuram para serem curados de problemas alegóricos. Os tratamentos são metafóricos; os diálogos, dialéticos. Evidentemente, qualquer ficção deve obedecer às leis de seu próprio universo — os personagens não podem voar nem viajar no tempo —, e o programa busca alcançar tanta verossimilhança quanto possível com o tempo e o orçamento de que dispõe (com a exceção óbvia do fato de que, no mundo de *House*, não há um programa de tevê chamado *House*). Mas, mesmo assim, os personagens e os acontecimentos não são reais. E, mais do que isto, é imperativo que não o sejam, já que a realidade é aleatória, e as histórias, não. Contando histórias, podemos impor estrutura, moralidade e significado a um universo em branco. E beleza, também. O paisagista inglês Joseph Turner foi censurado certa vez por um crítico, que apontou para um dos quadros do artista e observou com desdém que ele, crítico, jamais vira um pôr do sol como aquele. Ao que Turner replicou: "Mas você não gostaria de ter visto?" Ótima resposta.

Existe um adereço no set do gabinete de House, parte dos acessórios usados nas filmagens. É um quadrado de granito – um descanso para copos, suponho – no qual estão gravadas as seguintes palavras: "UM MERO IMITADOR DA NATUREZA JAMAIS PODERÁ PRODUZIR ALGO GRANDE." Nunca gostei muito dele, é muito pomposo, esnobe. E por que mandar gravar isto? O que há de errado com um post-it? Mesmo assim, acredito que esta afirmação seja verdadeira.

E, se é indesejável reproduzir a realidade na telinha, acontece que também é impossível. Pelo menos até onde sei, isso nunca foi feito. Policiais de filmes não se parecem nem se comportam como policiais de verdade, os advogados de filmes não agem como os verdadeiros e comandantes fictícios de naves espaciais não podem ser confundidos com os da realidade. O mais estranho de tudo é que o mundo cinematográfico sequer pode representar apuradamente o mundo cinematográfico. Todas as vezes que você vê um filme dentro de outro filme – e quero dizer todas as vezes mesmo –, um diretor arranca seu fone de ouvido e grita ferozmente "CORTA!", o que leva um assistente estafado a bater palmas e chamar "TOMADA CINCO TODO MUNDO!". Em trinta anos de atuação profissional como ator, jamais vi isso acontecer.

Agora, parece que estou defendendo o programa das críticas, e talvez eu esteja mesmo. (A oportunidade de acertar algumas contas pendentes foi um dos atrativos desta minha tarefa. E, bem, cá entre nós, você não faria o mesmo?) Eu não vou mencionar nomes – com exceção de gatabunduda518, que deve estar detida sem razão pela alfândega de um país estrangeiro, sem acesso a advogado ou banheiro –, mas quero mesmo é defender, se não o programa, pelo menos as pessoas que o realizam. É uma turma extraordinária, e é ótimo perceber seu talento e sua dedicação. Eu gostaria que você pudesse vê-los em ação, realmente.

Eles deixariam você sem fôlego. Os erros que cometemos em *House* — e, evidentemente, acontece o tempo inteiro, porque é parte da natureza da coisa — nunca são resultado de displicência ou de falta de cuidado; são os tipos de erro cometidos quando se tenta calcular impostos enquanto se está despencando de uma escada. É assim que nos sentimos de vez em quando. As decisões caem sobre a equipe de filmagem como granizo e, mesmo assim, ela segue em frente, hora após hora, mês após mês, mostrando competência, astúcia, vigor e bom humor — um conjunto de qualidades que caracteriza os vencedores. Trata-se, resumindo, de uma excelente turma.

Então aí está, eu já disse tudo. As contas estão certas. Gatabunduda, você pode dar seu telefonema agora. Não, não tenho porcaria de cartão telefônico nenhum.

....

Sugeriram que eu fornecesse alguns detalhes, um pouco de textura, então deixe que eu o guie por uma típica segunda-feira.

6h

Chego ao estúdio, repetindo para mim mesmo a frase "I really don't understand" [Eu realmente não entendo] sem parar. Serve de aquecimento para meu sotaque americano. Se a palavra "really", que contém sons de r e l adjacentes, não sair direito quando eu ainda estiver no carro, o dia vai ser ruim. O ligeiro ditongo em "stand" também é um bom exercício.

No portão, sou saudado por Lawrence, que, como um Cérbero de uniforme azul, me informa que a força está dentro de mim e que tenho de me esforçar para encontrar a graça nesta segunda-feira muito especial. Às vezes, ele lê para mim um pouco de suas poesias; outras, me dá apenas um grande sorri-

so demorado, como se tudo fosse tão óbvio que sequer precisasse ser mencionado. Concluímos com uma troca de batidas de punhos e de cotovelos — jamais vou entender o sentido disso, ainda que eu viva mil anos. Lawrence carrega uma arma.

Vou para o meu trailer, que cresce a cada temporada, como as orelhas dos velhos. Este ano, resolvi alugar a parte dos fundos para uma família coreana muito gentil. Mastigo meio litro de café expresso grosso e passo os olhos pela "ordem do dia", um menu do trabalho do dia e seus ingredientes. Tal um cardápio, não consigo deixar de olhar para o preço lá embaixo — neste caso, o total de páginas. Caso haja mais de sete, vai ser difícil. Quando há mais de nove, é porque será infernal. Pode parecer que é muito pouco — talvez cinco minutos de filme por dia —, mas é preciso que se tenha em mente que, no mundo suntuoso dos filmes, duas páginas é praticamente o máximo com que os pobres coitados conseguem lidar.

É, aquele expresso é bem amargo.

6h10

Estou sentado na cadeira do cabeleireiro, onde a talentosa Lori Rozman oculta minha calvície incipiente com sua própria mistura de fibras plásticas e tinta acrílica. Sempre achei que cinquenta por cento do cinema está nos cabelos. E não quero dizer cabelo legal; quero dizer cabelo bom. Cabelo bom é sinônimo de personagem bom, assim como um bom baterista é sinônimo de uma boa banda.

6h30

Chamada da equipe para o set a fim de se ensaiar a primeira cena. Isto pode ser algo simplesmente mecânico — eu vou ficar aqui, e você, ali — ou se revelar um quebra-cabeça física e emocionalmente complicado: como expressar melhor

a informação contida na cena e a melodia que subtende os personagens. Mas, independentemente de ser simples ou não, temos que seguir em frente. Como os tubarões, se pararmos, morreremos asfixiados. (A semelhança da produção com o tubarão é justamente essa.) Quando todos ficam satisfeitos com a cena ensaiada, os técnicos são convocados para o ensaio final, quando os movimentos dos atores são marcados no chão com fitas adesivas coloridas. Eu sou verde.

Por volta de 7h

Volto para a cadeira de maquiagem, onde Marianna Elias, a deusa grega, derrota as rugas de meu rosto. Considerando que vou fazer oitenta e um em junho, ela faz um trabalho muito bom.

Enquanto isto, no set, o cinegrafista Gale Tattersall tece sua própria cama de gato feita de luz, fazendo-a se refletir em lençóis de musselina, cartolina branca e cópias de *Auto Trader*. Os operadores de câmera, Tony Gaudioz e Rob Carlson, aperfeiçoam seu enquadramento; o *dolly grip* [operador de Dolly*], Gary Williams (que, com 2,10m de altura se move como um ninja, não errou vez alguma nos quatro anos que está aqui) regula o tempo de deslocamento do Dolly ao passo dos atores substitutos; Ken Strain, operador de *boom*, tenta equacionar como raios vai gravar o diálogo sem que os braços longos dos microfones sejam refletidos nos cinquenta painéis de vidro que constituem as salas do hospital, e assim por diante.

Ou então pode ser que todos eles fiquem sentados jogando baralho até que eu volte. Não posso afirmar com certeza.

Pessoas que visitam o set, qualquer set de filmagem, frequentemente observam que parece haver muita gente que "está só andando de um lado para outro freneticamente". De fato,

---

* Dolly é uma espécie de plataforma sobre rodas, utilizada para deslocar equipamentos pesados, como a câmera cinematográfica. [*N. da T.*]

deve parecer isso mesmo. Por outro lado, esta descrição também poderia se aplicar a uma colônia de formigas, até que ela seja observada tempo suficiente para que se compreenda os fluxos e refluxos do trabalho. Os sets de filmagem não são muito compreensíveis para pessoas de fora, porque não há uniformes. Todos usam calça jeans e tênis, e não dá para reconhecer o cargo de uma pessoa pela roupa que ela usa a não ser no caso dos técnicos, do pessoal da eletricidade — que precisa de luvas para lidar com luzes pegando fogo — e dos atores, que usam jalecos brancos para lidar com diálogos pegando fogo. (É facilmente notável que isto não foi um exemplo.)

O processo descrito acima é repetido por seis horas, até a hora do almoço — que não tem nada a ver com almoço, já que é o único tempo, dentro de uma jornada de trabalho de quinze horas, de que os membros das equipes dispõem para ligar para o banco, o encanador, o professor de seus filhos ou o advogado que cuida de seu divórcio. Todos percorrem as instalações com celulares pendurados nos ouvidos, barganhando, bajulando, ameaçando ou sendo ameaçados. Normalmente dá para ver, logo depois do almoço, quem foi bem-sucedido nos telefonemas e quem se deu mal.

Para os atores, o almoço pode envolver a leitura de um novo roteiro ou uma sessão de *looping*, em que as falas são regravadas em função de latidos de um cachorro, barulho de avião ou mau desempenho mesmo — ou uma entrevista com um jornalista que foi lá para escrever que as pessoas num set de filmagem parecem estar só andando de um lado para outro freneticamente. E se não houver nada disso para fazer, então o negócio é dormir — o que eu faço de pé, como os cavalos, para me poupar de ter que refazer o cabelo à tarde.

E, basicamente, é isso. Repita até enlouquecer. Ou até que o público encontre algo que chame mais atenção em outra parte. Depois de seis anos no ar, é difícil acreditar que nossos esfor-

ços ainda sejam bem-recebidos e valorizados, tanto aqui quanto no exterior. Fui repreendido na Itália e perseguido na Espanha. Perseguido mesmo, é sério. Acho que também teriam me perseguido na França se com isso não corressem o risco de desfazer a prega das calças. A reação em países estrangeiros é particularmente surpreendente, tendo em vista que a característica do programa é sua densidade verbal e idiomática. Consigo compreender o apelo global de seriados policiais, em que uma fala longa poderia ser algo como "entre no carro" — mas o que será que um tradutor turco vai fazer com "I promise you, the next knitting injury that comes in here, we're on it like stink on cheese"?* Acho que nunca vou saber. Um dos nossos diretores fixos, Juan Campanella (vencedor do Academy Award deste ano — pois é, estamos com as pessoas certas ao nosso lado) me contou que viu um filme traduzido, em sua Argentina natal, em que a palavra "chip" (como na expressão "chip on his shoulder" [estar amuado]) foi transformado em "microchip". Como?

Pois bem. Provavelmente já tomei bastante de seu tempo. A provinha acabou. Caso você ainda esteja de pé na livraria, tentando decidir se este livro vale seu preço de capa, acho que, agora, terá informações mais que suficientes para decidir. Eu diria para você experimentar. Não é muito mais que um saco de muffins de mirtilo, mas nunca se sabe — você até pode achá-lo interessante.

HUGH LAURIE
New Rochelle, Nova York
Abril 2010

---

* Em tradução literal para o português: "Eu prometo que, no próximo ferido por agulha de tricô que entrar aqui, nós vamos ficar em cima dele como fedor em queijo." [*N. da T.*]

INTRODUÇÃO

O primeiro de Um-Três-Um

Todo mundo mente. Volte e assista aos primeiros minutos do piloto de *House*, que foi ao ar no dia 16 de novembro de 2004, e veja com que rapidez é estabelecida a doutrina básica que rege o universo de Dr. Gregory House. No *teaser*, a parte que serve para ambientar o episódio antes dos primeiros créditos, uma jovem professora primária, Rebecca (Robin Tunney), entra numa escola correndo enquanto toca o sinal para o início das aulas. Ela esbarra numa colega que, para caçoar dela, implica que Rebecca está atrasada por ter passado a noite com um homem. "Não, eu não dormi com ele", afirma Rebecca. "Você está mentindo", retruca alegremente a colega. "Eu não mentiria para você", defende-se Rebecca. Agora, já tendo acumulado a experiência de seis temporadas de *House*, o público já sabe que não para por aí. De repente, enquanto está conversando com sua turma de jardim de infância, Rebecca perde o controle da fala e desmaia. A primeira doença misteriosa se apresenta.

Pouco depois, estamos perambulando pelos corredores do Princeton-Plainsboro Teaching Hospital (PPTH). Wilson pede a House para dar uma olhada no diagnóstico de câncer cerebral de Rebecca, afirmando ser uma prima dele. Descobrimos mais adiante que os dois não são parentes. Isso perfaz uma inverdade verificável e uma provável conversa fiada nos primeiros três minutos do programa, um índice de mentiras que será

difícil manter. Porém, as pessoas vão se esforçar ao máximo. Enquanto House explica a Wilson por que não quer pegar o caso e toma um comprimido. Um observador inocente poderia pensar que House está com dor de cabeça. "Na sua equipe, você tem três médicos hiperqualificados ficando entediados", argumenta Wilson. "Então, por que não usá-los?" E logo estamos viajando pela narina delicadamente formada de Rebecca, subindo até entrarmos pelo cérebro adentro, como se estivéssemos em *Viagem fantástica**.

....

House é House, e House é Hugh Laurie. Ao longo de 131 episódios divididos em seis temporadas, assistimos boquiabertos a House lidando com as convenções da relação médico/paciente com a delicadeza de um elefante – na verdade, esta afirmação se aplica a qualquer relacionamento humano. Um grupo de personagens, maravilhosamente escritos e brilhantemente vividos por um elenco de primeira, orbita em torno dele. Todos eles têm posições de responsabilidade no Princeton-Plainsboro, seja como membros da equipe diagnosticadora de House, supervisionando o departamento de oncologia ou administrando o hospital inteiro. Mesmo assim, a ocupação principal deles, seu propósito verdadeiro, é interagir com House. E bem que eles mereciam receber um adicional pela dureza que é trabalhar com esse cara. House é um misantropo, não gosta dos pacientes, é um viciado com uma perna ruim e nutre aversão a qualquer relacionamento; ele é, também, a pessoa que tem de resolver o quebra-cabeça e chegar à verdade, mesmo que isso signifique passar por cima dos sentimentos dos outros como

---

* Filme de 1966 em que cientistas são miniaturizados e, assim, iniciam uma viagem dentro do corpo humano. [*N. do E.*]

um rolo compressor. Mentir, roubar e trapacear durante o processo — ele fará o que for preciso para chegar à resposta.

Pessoas sensitivas não duram cinco minutos perto de House, e nenhum dos personagens principais é assim. Sua equipe de diagnóstico: os três originais — a mulher carinhosa que funciona como centro moral do grupo; seu (ex-)marido, um australiano que não é tão parecido com House quanto acha que é; e o homem ambicioso que é bem mais parecido com House do que quer admitir, até a sola de seu tênis. A segunda equipe de House: o cirurgião plástico namorador; a beldade com uma bomba-relógio no corpo; e o homem que apresentou o quebra-cabeça supremo a House, que nunca conseguiu solucionar. E as duas pessoas mais próximas dele: sua chefe, polemista, redentora, salvadora, amiga e que intermitentemente desperta seu interesse sexual, é a pessoa que tem o direito de mandar em House. Por fim, o melhor (e único) amigo de House, seu coinquilino descontínuo, casado três vezes (e ainda contando), o Homem Que Ama Demais e que, naquele universo desajustado, frequentemente acaba se destacando como a voz da razão. Em seis anos, muitas coisas aconteceram com essas pessoas.

Quando o piloto foi ao ar, tudo isto ainda estava longe de ser estabelecido. Ao trabalhar no caso, Foreman revela que Wilson mentiu quando afirmou que Rebecca era sua prima, fato que ele deduziu ao revistar ilegalmente o apartamento de Rebecca. Como é que Foreman descobriu? Por causa do presunto na geladeira de Rebecca. (Wilson é judeu. Se Rebecca fosse sua prima, não estaria comendo presunto.) O presunto desencadeia um "eureca!" por parte de House — ela está com tênia no cérebro. Dr. Chase precisa fazer de tudo para provar a Rebecca que a equipe está finalmente certa e persuadi-la a seguir o tratamento, que se resume apenas em tomar algumas cápsulas diariamente, durante um mês. O final feliz não parece

ter afetado House. Em sua opinião, sua responsabilidade terminou quando resolveu o caso.

A tênia de Rebecca é percebida da mesma forma que o mau elemento ao fim de um procedimento policial. Semana após semana, o criador e administrador do programa, David Shore, e a coadministradora Katie Jacobs, as duas maiores autoridades no set de *House*, providenciam um enredo médico, uma doença estranha e difícil de compreender e que House precisa desvendar. Entretanto, ficou claro desde o piloto que *House* seria muito mais que isso. E continuamos a assistir porque queremos saber o que os roteiristas vão fazer com esses excelentes personagens. Ao fim do piloto, House e Wilson estão assistindo juntos a um seriado médico, quando Wilson admite que mentiu dizendo ser parente de Rebecca para que House aceitasse o caso.

WILSON: Você nunca mentiu para mim?
HOUSE: Eu nunca minto.
WILSON: Ah. Certo.

House está brincando. Todo mundo mente. Por que mentimos? Mentimos por ser útil. A mentira de Wilson persuadiu House a tratar Rebecca. Mas a mentira teve outra consequência, não intencional. Se Wilson tivesse imposto o caso a House na base da moral ou o tivesse subornado em vez de mentir dizendo ser parente da paciente, Foreman jamais teria estranhado a presença de presunto na geladeira de Rebecca. Sem a mentira (e sem o arrombamento e a intrusão de Foreman), a paciente teria morrido. Isso demonstra a relevância de algo que House diz a Foreman como quem não quer nada, em meio a uma sessão de diagnóstico diferencial do primeiro episódio, algo que Foreman interpreta como não tendo significado algum: "A verdade começa com mentiras. Pense nisso."

HOUSE M.D.

A LINHA DE PARTIDA

Criando o Programa

"É muito fácil usar uma máquina de escrever e bolar um personagem com características completamente contraditórias; outra coisa bem diferente é um ator chegar e conseguir realmente vivê-las."

— DAVID SHORE

David Shore, o criador de House, é o primeiro a admitir que é necessário muita gente para que um novo programa televisivo seja desenvolvido. Em 2003, Katie Jacobs e Paul Attanasio, que juntos constituem a produtora Heel and Toe Films, procuraram Shore propondo-lhe começar uma série com eles para a Universal Network Television, com quem tinham um contrato para produzir um programa. "Eu era fã dele, e ele respondeu: 'OK, vou escrever um piloto para vocês e, mais tarde, vamos sentar e ver qual é a ideia.'"

Shore acumulava anos de experiência como produtor executivo e administrador de seriados de terceiros, mas estava mais do que disposto a criar o próprio programa. Na época, ele fazia consultoria para o *Century City*, um seriado que a companhia de Jacobs e Attanasio produzia para a Universal,

e então passou a trabalhar paralelamente na criação do novo programa. Os três costumavam se encontrar para discutir como queriam montar seu piloto — episódio-vitrine que os produtores apresentam na esperança de conseguir fechar um contrato com uma rede de televisão. Primeiro, o essencial: o programa vai ser sobre o quê?

Os roteiros de dramas sempre giram em torno de lugares onde as pessoas se veem em perigo iminente — distritos policiais, tribunais, salas de operação. Ali, só podem acontecer coisas muito boas ou muito ruins, e a noção de drama está implícita. Tendo bagagem na área do direito e trabalhado durante anos em programas desse tipo, David Shore tinha certeza de que não queria se envolver com qualquer coisa que tivesse a ver com lei. Paul Attanasio ficou entusiasmado com uma ideia inspirada na coluna "Diagnosis" do *New York Times Magazine*, escrita por Lisa Sanders. Na coluna, médicos analisam os sintomas estranhos de um paciente e chegam a um diagnóstico. Paul e Katie sabiam que a emissora queria um programa processual, do tipo drama policial tradicional. Essa ideia fazia surgir algo como um programa policial, só que ambientado num hospital.

Shore não tinha certeza. "Tenho de confessar que, na época, eu não estava convencido", reconhece. "Eu tinha outras ideias que preferiria desenvolver." Mesmo assim, ele acabou topando trabalhar com a temática médica. "Eu tinha muitas dúvidas, mas a emissora parecia muito empolgada com isso, e, não sendo nenhum idiota, guardei minhas reservas para mim." Com o passar dos meses, conforme Shore trabalhava ("dando cabeçadas contra as paredes"), um personagem particular começou a tomar forma em sua mente. Ao fazer um esboço, Shore ficou preocupado com a direção que a coisa estava assumindo.

"**Eu estava muito preocupado** porque era mais uma obra girando em torno de um personagem do que algo processual. Minha preocupação era a de enganar a emissora, vendendo-lhe uma coisa processual e entregando-lhe algo que girava em torno de personagens."

— David Shore

O problema do que a emissora ia pensar foi contornado. "Serei eternamente grato a Paul pela ideia de simplesmente não mostrarmos o esboço para a emissora", conta Shore. "Ele afirmou que seria um roteiro muito bom, e que era só não mostrarmos o esboço para eles, e foi o que fizemos." Tendo conseguido convencer a emissora de que era melhor esperar para ver o roteiro, ele se comprometeu com o resultado.

David Shore levou cinco meses de hesitações e recomeços para escrever o roteiro do piloto, que, após ter sido submetido ao aval de Paul, Katie e do estúdio, foi entregue na sexta-feira, logo depois do ano-novo de 2004. Às dez horas da manhã de segunda-feira, a emissora telefonou querendo gravar o piloto.

Bryan Singer, diretor de importantes filmes como *Os suspeitos* e as séries de *X-Men*, foi contratado para dirigir o piloto. Ele continua sendo produtor executivo.

"**Tenho orgulho de dizer** que deixaram de fazer muitas mudanças naquele roteiro-piloto. Originalmente, eu o situei em Boston, por ser um lugar muito acadêmico. Uma das poucas observações que Bryan Singer fez quando assinou o contrato de direção foi para que mudassem o cenário para Princeton, onde ele cresceu. Ele gostava da ideia de a cidade ser altamente acadêmica sem ser um grande centro urbano... E é algo que ainda não havia passado na tevê, o que era legal. Coisas assim é que fazem a diferença."

— David Shore

O flerte de House com o detetive anticonvencional Sherlock Holmes e seu apêndice, Dr. Watson, de Sir Arthur Conan Doyle, já é bem-conhecido. "House e Wilson são remotamente baseados em Holmes e Watson; são mais inspirados do que propriamente baseados neles", afirma David Shore. Holmes e Watson; House e Wilson. A primeira paciente de House é Rebecca Adler, sobrenome já usado por Doyle. House leva um tiro de um homem chamado Moriarty — Holmes foi morto por Moriarty (e posteriormente ressuscitado por Doyle). Holmes e Watson moram em 221B Baker Street; o endereço de House era 221B. Holmes é usuário de cocaína, toca violino, gosta de "literatura sensacional" e é um quebra-cabeça, como House. Porém, na dupla original, era Watson que apresentava um problema na perna.

Holmes descobre muito com uma rápida olhada. Na primeira vez em que Holmes encontra Watson, ele deduz, a partir de seu aspecto, que Watson esteve no Afeganistão a serviço do Exército britânico, que na época já era o pântano militar que é hoje. Ele vive em função do enigma. Em *O signo dos quatro*, Holmes diz: "Um cliente é para mim uma mera unidade, um fator dentro de um problema."

> **"Minha mente se rebela contra a estagnação. Me dê problemas, trabalho, o criptograma mais confuso ou a análise mais complexa, e estarei em minha própria atmosfera. Só assim consigo ficar longe dos estimulantes artificiais. Mas abomino a rotina entediante da existência. Tenho sede de exaltação mental. Este é o motivo pelo qual escolhi minha própria profissão, ou melhor, eu a criei, já que não há nada igual no mundo."**
>
> — Sherlock Holmes

Isso faz você lembrar de alguém?

Para seu Holmes, Doyle se inspirou em Dr. Joseph Bell, com quem estudou no hospital de Edimburgo. (No episódio "Alegria ao mundo", House recebe de Bell, como presente de Natal, uma cópia do *Manuals of*

the Operations of Surgery, que ele joga fora.) Bell era um Holmes dentro de um hospital. Era um homem que gostava de dar espetáculo, captando indícios da personalidade e elementos de diagnóstico a partir do aspecto de alguém: onde e quando haviam prestado serviço militar e sua queixa clínica. "Ocasionalmente, os resultados eram muito dramáticos", declarou Doyle em seu *Memórias e aventuras*, "embora houvesse momentos em que ele fazia asneiras."

David Shore analisa o que ele acha ser a origem do personagem de House:

House é um pouco baseado em alguma coisa que acontece em minha própria cabeça, um aspecto de minha personalidade. Não posso alegar ser tão esperto quanto ele, nem tão engraçado, nem qualquer outra coisa relativa a ele, porém a inspiração veio dali. Normalmente, as atitudes dele são as minhas. Pequenas experiências que vivi.

Uma dessas experiências foi particularmente instrutiva. Shore lesionou o quadril, e marcaram uma consulta no hospital para dali a três semanas. Quando o dia da consulta chegou, o quadril estava ótimo, mas Shore resolveu ir de qualquer maneira.

Entrei e indiquei ao médico o lugar onde sentia os sintomas. Isso pode ter servido de inspiração para as histórias clínicas. Tratava-se de um hospital universitário e, portanto, uma série de médicos me examinou por nada, e eu me lembro de ter pensado que essas pessoas estavam sendo incrivelmente educadas comigo, demonstrando respeito por mim, embora não devessem fazê-lo – pois eu fazia eles desperdiçarem o

próprio tempo. Eu sabia que, assim que saíssem da sala, reclamariam de mim. Eu podia estar enganado, mas isso foi o que me veio à cabeça. E, francamente, eles deveriam ter ficado chateados mesmo, pois os estava fazendo perder tempo. Então, me dei conta de que seria interessante ver um personagem que não esperasse até sair da sala. Um cara que não se deixasse enrolar gentilmente.

PERGUNTA: House diz coisas que os médicos costumam dizer apenas quando o paciente não está na sala.

ROBERT SEAN LEONARD: Ouvi médicos dizerem que adoram isso, que é uma das razões pelas quais adoram assistir ao programa. Outros se sentem ofendidos. Eu não estou nem aí.

Depois que a Fox deu sinal verde ao roteiro para a gravação do piloto e contratou Bryan Singer, começou o processo da distribuição dos papéis. É preciso tomar mais decisões; mais pessoas serão envolvidas. Excelentes ideias nem sempre se transformam em excelentes roteiros, em excelentes pilotos e, posteriormente, em excelentes séries. "Você tem de encontrar o diretor certo, e é muito difícil tomar as decisões corretas", afirma Katie Jacobs. "É muito difícil acertar nas escolhas do elenco. É muito difícil fazer todas as escolhas certas."

David Shore levou muitos meses criando *House*, mas seu sucesso duradouro dependeu de boas descobertas por acaso, como definir o ator certo para o papel principal. A equipe de casting de *House* é formada pelas diretoras Amy Lippens e Stephanie Laffin, bem como pela associada Janelle Scuderi. As três haviam trabalhado em *Century City* e saíram por aí fazendo entrevistas de emprego depois que o programa terminou, torcendo para que nesse ínterim *House* recebesse o sinal verde. Assim que isso aconteceu, elas entraram como uma unidade formada. A equipe de casting é encarregada de encontrar os

Katie Jacobs (à direita), coadministradora do programa *House,* no set com Olivia Wilde

atores adequados, que passam por um processo de seleção envolvendo os produtores e diretores de *House*, e, em alguns casos, executivos dos estúdios e da rede de televisão. O processo de elencar atores é exatamente como qualquer outro: a primeira vez que você faz isso é a mais crucial. O ator certo pode dar vida a um personagem de modo inesquecível; um excelente grupo de atores indica que o piloto terá mais chances de se transformar em um seriado.

Desde o início, Katie Jacobs desempenhou um papel-chave nas decisões sobre o elenco. Na televisão, a distribuição de papéis é feita de modo muito diferente do usado no cinema, que é onde Katie atuava antes de mudar de mídia. "Parece maluquice, mas é verdade: Wilson foi escalado antes de House", comenta Jacobs. "Parece uma inversão, mas no frenesi de

escalar o elenco para o piloto, é preciso tomar decisões. No caso do cinema, primeiro se escalaria o personagem principal, e, então, todas as demais se encaixariam em torno dela. Você precisa ser extremamente competitivo quando está elencando atores para um piloto, que é como uma temporada de caça. E Wilson foi o primeiro a ser escalado."

Robert Sean Leonard fez sua leitura no primeiro dia da busca por Wilson. Lisa Edelstein entrou no estúdio logo depois dele. Jennifer Morrison leu no primeiro dia, também. Como tinha outras opções, ela foi levada às pressas para fazer um teste na emissora, enquanto outros atores ainda faziam leituras para interpretar o papel de Cameron. Encontrar o House foi mais demorado, e Hugh Laurie só foi escalado duas semanas antes do início das filmagens do piloto. O que dificultava mais a tarefa era o fato de muitos estúdios estarem procurando uma pessoa com o mesmo perfil.

STEPHANIE LAFFIN: Foi uma temporada de caça a homens quarentões para fazer pilotos: *Grey's [Anatomy]*, *CSI New York*, *Medical Investigations*, *Desperate Housewives*, *Lost*...

AMY LIPPENS: Estávamos todos competindo pelos mesmos atores ao mesmo tempo.

JANELLE SCUDERI: Há apenas um número limitado de pessoas que podem fazer o papel principal num seriado. São esses vinte homens.

Entra aqui a famosa fita com o teste de audição de Hugh Laurie. Quando estava sendo escolhido o elenco de *House*, Hugh Laurie estava na Namíbia, no sul da África, nas gravações de *O voo da Fênix*. Mas ele estava no radar do programa. Amy Lippens já havia tentado trabalhar com ele em outro projeto, quando o diretor de casting britânico com quem a equipe trabalhava o mencionou. Stephanie Laffin morava com parentes,

e seu primo de cinco anos assistia a *Stuart Little* ininterruptamente (estrelado por Hugh Laurie). Portanto, Laurie estava na lista, uma lista bem longa, já que o ator é naturalmente britânico e isso consistia num obstáculo gigantesco, que deveria tê-lo desqualificado desde o início. O diretor Bryan Singer procurava um ator americano para encarnar House. Com um cronograma de filmagens apertado, ele não queria que o ator ainda tivesse de enfrentar mais uma complicação enorme, que é a de forjar o sotaque. Contudo, foi decidido que Laurie deveria fazer uma fita de audição ("se colocar na fita", no jargão).

Na Namíbia, outro ator que trabalhava com Hugh Laurie na África o filmou no hotel. Escolheram o banheiro porque a luz era melhor ali. Laurie leu uma cena para o papel de Wilson e outra para o de House. Ele já havia feito fitas antes, mas não assim.

"Havíamos passado o dia inteiro no deserto e estávamos todos um tanto desgrenhados, com a barba por fazer, e eu fiz algumas brincadeiras bastante arriscadas na fita, me apresentando e pedindo desculpas pelo meu aspecto decorrentes de as coisas não estarem indo bem nos últimos tempos. Pensei que se eles achassem isso engraçado, tanto melhor e, caso contrário, eu provavelmente não deveria mesmo fazer o papel. Felizmente, eles gostaram bastante."

— Hugh Laurie

Em Century City, haviam-se passado semanas desde o pedido inicial pela fita de Hugh Laurie. No que diz respeito a encontrar House, Amy Lippens declarou: "Já tínhamos esgotado todos os nossos recursos." Finalmente, as pessoas puderam ver o teste que Hugh Laurie fez para House (e Wilson). Janelle Scuderi recorda esse momento: "Então apareceu essa fita, eu coloquei para ver, e foi tipo 'Esse cara é bom'." Essa foi a reação de todos, inclusive de David Shore.

> *Quando vimos aquela fita... foi um desses grandes momentos. Aí está um cara que imagina esse personagem exatamente como eu. Foi isso que me deu tanto prazer. O momento que vimos aquela fita foi um verdadeiro êxtase para mim. Eu tinha uma imagem em mente e acho que ele tinha uma visão idêntica; e o que eu ouvia em minha cabeça, ouvi depois saindo da boca de Hugh; percebi isso e disse: "É ele."*

Era como se Hugh Laurie tivesse validado todo o penoso trabalho de Shore, remotamente, de um banheiro de hotel africano. "Antes daquele momento, eu me perguntava se tinha criado algo que não podia existir na natureza."

Quando chegou o momento de mostrar a fita a Bryan Singer, Katie Jacobs estava ciente da exigência dele quanto ao sotaque. Contudo, para ela, a questão não era essa pessoa ser Hugh Laurie ou qualquer outro ator, britânico, americano ou de qualquer outra nacionalidade; tratava-se de ele ser, desde já, House. "Quero que Bryan se perca na pessoa que é House", disse Jacobs. É só não avisar: 'Agora, vou colocar a fita de Hugh Laurie.'"

"O que aconteceu quando coloquei a fita para Bryan Singer assistir foi que ele literalmente saiu de trás da escrivaninha e se aproximou da tela da tevê. Fui esperta o bastante e coloquei a fita na frente de Bryan, e ele perguntou: 'Quem é esse cara?'"

— Katie Jacobs

Jacobs desconversou — ele é inglês. E fez um acordo com Singer: continuariam procurando, mas podiam levar Hugh Laurie para uma entrevista. Isso ia contra os instintos de Jacobs. Ela não conseguia imaginar ter encontrado a pessoa que ela amava para o papel e ainda precisar procurar outra de qualquer maneira. Esta é a diferença entre a tevê e o cinema.

As redes de televisão exigem poder escolher; no cinema, o fato de um produtor ter mais que uma opção é interpretado como falta de visão.

Até que Laurie chegasse a Los Angeles, nenhum outro ator se destacou e, no fim, ele acabou sendo o único candidato. Isso não quer dizer que foi tiro e queda. A emissora procurava alguém mais jovem. E, como já havia se passado muito tempo desde a gravação daquela fita na Namíbia, Hugh Laurie estava mentalmente em outra.

"**Meses mais tarde,** meu agente começou: 'Aquele seriado médico...' e, honestamente, eu não sabia sobre o que ele estava falando. 'Que seriado médico? Não me lembro de nenhum seriado médico.' Havia se passado tanto tempo que eu tinha realmente esquecido."

— Hugh Laurie

Para Katie Jacobs, era de vital importância que Hugh Laurie mantivesse a barba por fazer e o aspecto ligeiramente desalinhado com que estava na fita feita na Namíbia quando se apresentasse para conhecer os executivos dos estúdios e da rede de televisão. "Falei para as garotas do casting que ele não devia se barbear ao chegar", conta.

Quem representava a Universal era Laura Lancaster, que recorda seu encontro com Laurie:

Ele estava usando quase as mesmas roupas que usa no seriado — um blazer, camiseta, jeans, algum tipo de tênis bem chamativo — e ostentava um pequeno button em que se lia "sexy". Esta brincadeira era dirigida à Fox, onde todos sabiam que se estava à procura de uma pessoa "sexy". Foi algo muito inteligente e engraçado, e seu senso de humor se impôs imediatamente.

"Eu me lembro de ter me encontrado com Hugh pela primeira vez nas dependências do estúdio, fora do escritório. Ele segurava um guarda-chuva em vez de uma bengala... Ele me perguntou: 'Como é que vai lá dentro?', referindo-se à sala, e eu respondi: 'Com a gente está tudo bem.' Lembro que Gail Berman [da Fox] ofereceu-lhe uma cadeira que ele podia deslocar, e Hugh retrucou: 'Eu uso cadeiras onde as encontro.' E se sentou, conquistando todo mundo."

— Katie Jacobs

Os testes dos atores são realizados numa sala estéril, em que uma dezena de pessoas assiste à leitura da cena. É uma situação artificial e esquisita, e o teste guarda pouca relação com a coisa para a qual se está sendo testado.

Laurie acertou em cheio. "Não houve nenhuma discordância", declara David Shore. "Todos sabiam que ele era o que queríamos."

Todos os executivos da emissora e dos estúdios, assim como todo o alto escalão de *House* sabiam que, se o personagem de House tivesse sucesso, o seriado decolaria — ele constituía uma parte considerável de seu sucesso. Quando Laurie foi fazer sua audição, talvez a única pessoa que não havia percebido isso tenha sido o próprio Laurie. (Lembre-se, *House* só ganhou esse título quando as filmagens começaram.)

"Àquela altura, eu não tinha lido a coisa toda... Eu pensava que Wilson seria o personagem central e que House trabalharia um dia por semana. Eu mal sabia. Lembro que Bryan Singer disse... isso parece ridículo, agora... que, na verdade, o seriado meio que versava sobre House, e todos nós acenamos com a cabeça. 'Pois é, acho que é isso.' Parece absurdo, hoje. Mas, na hora, as coisas nunca são tão claras quanto parecem ser."

— Hugh Laurie

Assim, *House* encontrou seu House. Naquela época, Foreman e Chase ainda não tinham sido elencados. Omar Epps

fez uma leitura com Hugh Laurie e conseguiu o papel. Jesse Spencer havia se colocado na fita em Londres, onde morava, e posteriormente, na época da realização do piloto, pagou a própria passagem para Los Angeles. O papel de Chase era para ser interpretado por um americano mais velho, mas Spencer convenceu a todos de que o papel pertencia a um jovem australiano e que Chase deveria ser um jovem australiano também. Os papéis principais estavam definidos.

O processo para escalar os atores foi muito árduo. "Encontrávamos um ator de quem gostávamos, e ele só fazia as cenas pela metade, não funcionavam", explica Stephanie Laffin. "Tivemos uma sessão particularmente terrível — "A Sessão Ruim" —, e eu lembro que David saiu da sala dizendo: "Essas pessoas não são os melhores atores do mundo.""

JANELLE: Foi no período pós-*O.C.*, e a Fox era sexy. Se alguém não fosse bonito, não era exibido na Fox. Até mesmo os figurantes aleatórios com duas falas precisavam ser sexies para atuar em *The O.C*. Todo mundo tinha que ser sexy.

STEPHANIE: Os agentes me diziam: "Esse cara é realmente sexy." E eu respondia: "Essa pessoa não é atraente." E aí eles entravam, e eu dizia: "Viu, eu avisei."

Uma coisa era saber quem faria o papel maravilhosamente, e outra bem diferente era conseguir o ator. Amy Lippens leu o piloto e declarou: "Quero Omar Epps." Tentou-se aplicar a ideia mais de uma vez. "Omar não tinha nem certeza de querer atuar num seriado", recorda-se Amy. Potencialmente, é um compromisso significativo: atores em fase de audição, antes mesmo de fazer um teste, precisam assinar uma declaração concordando em interpretar o papel por sete anos. Muitos atores estavam dispostos a aceitar o risco.

A equipe de casting brinca que Stephanie Laffin dispensou certo número de atores que depois se tornaram astros do cine-

ma ou atuaram bem em outros programas. Ela guarda a lista, mas não conta quem está nela. Apesar disso, o sucesso alcançado pelo elenco que foi finalmente escalado significa que ela fez bem seu trabalho. Não há outras pessoas que pudessem ser Cameron, Foreman, Wilson ou House. "Quando você olha para a lista [de Stephanie], você diz: 'Claro que ela dispensou essa pessoa, não há maneira de esse cara ser o cara'", confidencia Janelle Scuderi.

Encontraram o cara que procuravam na pessoa de Hugh Laurie. O trabalho de comediante do ator era muito popular no Reino Unido, mas ninguém sabia da guinada em sua carreira. O irmãozinho de Laura Lancaster era fã de *Blackadder,* e eles assistiam a caixas de DVDs do programa durante as férias. "Eu conhecia seu trabalho cômico", afirma David Shore. "Eu sabia que ele era histericamente engraçado, mas não tinha a menor ideia de que ele tivesse esse tipo de habilidade dramática. Eu jamais teria pensado em chamá-lo para fazer o papel."

Ficamos imaginando o que teria acontecido se Hugh Laurie não tivesse sido filmado desgrenhado e com a barba por fazer, capturando o aspecto de House inadvertidamente antes que tal aspecto tivesse sido determinado. Se não estivesse filmando na África, Hugh Laurie provavelmente estaria em sua casa em Londres e teria ido à audição trajando terno e gravata, como já fizera em outras ocasiões para a televisão americana. Talvez essa fita não tivesse causado o mesmo impacto, como o próprio Hugh Laurie reconhece. "Poderia não ter chamado a atenção de Bryan Singer ou, caso chamasse, House poderia ser um personagem bem diferente. Ele poderia usar terno e gravata, e seria uma coisa totalmente distinta. E poderia não ser eu."

"No início, é como uma daquelas competições de natação em que há mil participantes e todo mundo começa na linha de partida; quando você che-

ga aonde estamos agora, e é uma distância de oito quilômetros, restam apenas outros dez nadadores, e aí o desafio é outro."

— Omar Epps

Alguns membros da atual equipe de *House* estão no programa desde seus primórdios, quando se candidataram para fazer o piloto, que foi filmado no Canadá. Gerrit van der Meer e Marcy Kaplan foram duas pessoas-chave que vieram de *Century City*. Van der Meer foi para Vancouver preparar o piloto. Kaplan lembra que teve de decidir entre dois projetos potenciais. Um era "Attanasio/Shore sem título" e o outro era um piloto para a Warner Bros., *Wanted*, que nunca chegou a virar seriado. "Foi uma boa escolha", reconhece Kaplan. "Esse tinha um roteiro muito melhor", diz Gerrit. "Esse é um grande fator: você quer trabalhar num programa que seja excelente."

STEPHANIE: Só foi intitulado *House* no segundo dia de filmagens.

JANELLE: Era chamado de "Projeto Attanasio/Shore sem título".

STEPHANIE: Não sabíamos o nome dele, até que Janelle puxou a folha de capa do fax de nosso escritório em Century City. "Ah, o nome do programa é *House*."

O piloto foi filmado em Vancouver, e o programa decolou e virou seriado no verão de 2004. Uma curiosidade é que o programa é produzido pela NBC Universal, mas é exibido na Fox* (em vez de na própria NBC). Como representante da NBC

---

* No Brasil, o programa é exibido no Universal Channel. [*N. do E.*]

A LINHA DE PARTIDA

Universal, Laura Lancaster explica que a Universal, que então era um estúdio independente, detinha o contrato original com Paul, Katie e David Shore. Na primavera de 2004, depois de o piloto de *House* ter sido realizado e antes de se iniciar a produção da série, a NBC adquiriu a Universal, que havia levado a ideia a todas as emissoras. A NBC estava desenvolvendo um programa na época, chamado *Medical Investigations*, que partia de uma premissa um tanto similar à de *House* e era um projeto no qual a emissora decidiu apostar.

House começou tarde na temporada do outono de 2004, indo ao ar depois que a Fox terminou a World Series.* O programa não fez sucesso imediato. "Quando entramos no ar, vínhamos logo depois de Richard Branson — nossos índices [de audiência] subiram cem por cento em relação aos dele", comenta Katie Jacobs. "Não tínhamos brecha para entrar." Jacobs lembra que a primeira temporada foi uma luta. *House* havia entrado no ar em novembro e ainda não tinha conseguido obter índices similares aos do gigante *American Idol*, quando Katie recebeu uma ligação da emissora, pedindo para marcar uma reunião. A rede de televisão queria um novo personagem e outras mudanças criativas. "David e eu assistimos à reunião e ouvimos todas as ideias que eles tinham, concordamos com algumas e discordamos de outras", comenta Katie.

David Shore saiu de férias, e a emissora voltou a telefonar. Surgiu a ideia de trazer alguém que "empatasse" com House. "Eu achava que a ideia de um cirurgião que se impusesse de

Pergunta: Você achava, então, que o personagem tinha pernas para aguentar firme?

Gerrit van der Meer: Nesse caso, trata-se de uma escolha de palavras bastante curiosa.

---

* World Series é a série final do campeonato de beisebol da Major League Baseball. (*N. da T.*)

igual para igual com House tivesse sido descartada com sucesso", conta Jacobs. Mas a emissora insistiu — tinha que haver um novo personagem, alguém que ameaçasse a estabilidade de House. David Shore imaginou que esse alguém devia ser Vogler, vivido por Chi McBride, um riquíssimo benfeitor do hospital que se envolveria numa feroz briga de egos com House.

Mas os episódios que já haviam sido gravados iam ao ar depois de *American Idol* e faziam grande sucesso de qualquer maneira, mesmo sem o novo personagem. "Eu não os censuro por quererem obter mais vantagens daquilo que estão fazendo; é o trabalho deles", afirma Katie. Ela também reconhece que McBride fez um excelente trabalho com Vogler. A Fox estava tentando resolver alguma coisa que acabou demonstrando não ser um problema, embora Vogler continue sendo um dos melhores adversários de House.

Há muitos fatores que fogem do controle até mesmo dos melhores elencos e equipes. Embora todas as pessoas que trabalhavam em *House* desde o início soubessem que o programa era bom, isto não constituía nenhuma garantia de sucesso. Muitos bons programas morreram na mesa de algum executivo, mesmo sem terem culpa. Ninguém achava que o sucesso seria líquido e certo, e todos se concentravam em realizar o episódio seguinte da melhor maneira possível. Pela perspectiva oferecida por 131 episódios, nada parecia estar garantido quando o programa estava sendo criado. "Quando se está nesse ponto, você se concentra no piloto e fica feliz se conseguir um pedido de 12 [episódios]", diz Marcy Kaplan. "E aí você pensa que leva jeito para descolar um pedido de 12. Eu acho que não acreditava que pudéssemos estender isto por dez anos. Julgava que realizar o piloto e, talvez, algumas temporadas já estaria bom."

E SE MICHAEL CAINE INTERPRETASSE O PAI DE HOUSE?

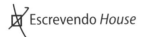 Escrevendo *House*

> **PERGUNTA:** Você pensa na história com antecedência de dez episódios?
> **DAVID SHORE:** Atualmente e em certas ocasiões, com antecedência de vinte ou trinta episódios.

David Shore compreende que muitas pessoas assistem a *House* com atenção extremamente dividida. "Tenho certeza de que as pessoas assistem enquanto estão fazendo sanduíches... ou voltando do banheiro com trinta segundos de atraso", afirma. Mas, do ponto de vista ideal, ele preferiria que não fosse assim.

A verdade é que tanta coisa acontece em cada episódio, relatada com tal precisão e economia de linguagem que é fácil não perceber uma nuance numa cena ou perder o fio da história. E não espere que algo seja explicado mais de uma vez. Dá muito trabalho, e é preciso muita habilidade para conseguir pôr as palavras no papel. "Ficamos agoniados com literalmente cada palavra do roteiro", comenta Shore. "Pode ser que não obtenha um resultado ideal, mas, para mim, a parte mais importante — e a que considero perfazer noventa por cento de meu trabalho — é trabalhar nos roteiros."

"**São os roteiros** mais agradáveis que li em mais de trinta anos fazendo isso. Eu costumava pegar roteiros com o coração apertado. 'Isso parece com dever de casa' e é dever de casa, mas são coisas absolutamente fantásticas de se ler. Sempre me fazem rir alto, sempre me surpreendem e há momentos em que fico todo arrepiado. É algo realmente sensacional."

— Hugh Laurie

David Shore gerencia uma equipe estável constituída de 12 a 14 roteiristas em tempo integral e seus assistentes. Ele tem três substitutos. Um é o produtor executivo Tommy Moran, e os outros são a dupla de produtores executivos Garrett Lerner e Russel Friend, que vêm formando uma equipe desde que começaram a aprender sobre cinema. Eles dividem os roteiristas entre si e se alternam na supervisão da redação dos roteiros: Tommy pega um, e Russel e Garrett ficam com o seguinte. A exemplo de muita gente que trabalha em *House*, esses três homens têm dois trabalhos. Além do papel de supervisores, eles também escrevem os próprios episódios, o mesmo acontecendo com David Shore, que toca o programa.

Antes que qualquer coisa tão específica quanto um roteiro individual possa ser contemplada, os roteiristas têm de arquitetar uma sequência de enredo de médio prazo, contemplando grandes partes da temporada que estiver por vir. (Para obter qualquer informação sobre o que vai acontecer mais para a frente ainda, você teria de perguntar a David Shore.) Para que os roteiros estejam prontos a tempo de a produção ser iniciada durante o verão, o processo de escrita é mais ou menos contínuo, sem grandes interrupções entre as temporadas. "Levamos provavelmente dez meses para filmar 24 episódios", revela Russel Friend. "Levamos 11 meses e três semanas para escrever todos."

Como os roteiristas precisam estar pelo menos seis semanas adiantados em relação à produção, há, bem antes de a tempo-

rada iniciar, uma reunião de cúpula entre David Shore, Katie Jacobs e os roteiristas e seus assistentes para discutir a sequência do enredo que aparecerá a partir do primeiro episódio. Também há reuniões em que as histórias médicas são debatidas. Essas reuniões servem para delinear entre seis e 12 episódios – nunca mais de meia temporada por vez. Eles sabem que, quando chegarem ao meio do caminho, tudo poderá ter mudado. Durante uma mesma temporada, os roteiristas também têm de correr na frente para poder manter o passo. Em outubro, no quarto mês de produção da temporada, metade do coletivo é treinado com quatro ou cinco episódios de antecedência. "Os episódios que precisam ser rodados em novembro nos assustam muito. Sentimos como se já estivéssemos atrasados. Só precisamos aguentar até o Natal", declarou Tommy Moran.

No início da sexta temporada, todo mundo sabia a resposta à pergunta primordial que não quer calar: O que está acontecendo com House? No fim da quinta temporada, ele foi visto dando entrada no Mayfield Psychiatric Hospital (Hospital Psiquiátrico Mayfield); portanto, esse seria o lugar onde ele se encontraria no primeiro episódio da sexta temporada. Inicialmente, o plano era que House permanecesse lá de seis a oito episódios, o que resultaria na construção complexa e dispendiosa do grande set de Mayfield nas dependências da Fox. Entretanto, as coisas mudaram. A equipe de roteiristas resolveu que queria que House voltasse ao Princeton-Plainsboro no fim do episódio de abertura da temporada, que durou duas horas. (House revelou ter passado sete semanas naquela instituição em "Coração valente", sexto episódio daquela temporada, que coincidiu aproximadamente com o momento, no tempo de tevê, em que se especulava que ele teria alta.)

"**Quando você está fazendo** um programa como este, precisa saber que reação quer despertar no seu público em qualquer momento. Na segunda cena do sexto ato, eu quero que o público sinta alguma coisa e tenho de saber o que é. Mesmo que seja ambiguidade, é preciso conseguir fazer o público sentir isso. Eu quero que ele tenha sessenta por cento de certeza de que House está pensando isso. De certa forma, é como tentar ser um manipulador de marionetes."

— David Shore

A ideia de internar House num hospital psiquiátrico surgiu ainda em meio à quinta temporada e foi acoplada a um problema prático: o que fazer com Kutner. Quando Kal Penn anunciou sua intenção de abandonar o seriado, os roteiristas começaram a debater como fazer isso. Alguns apresentaram uma saída agradável para Kutner, como ganhar na loteria. A probabilidade de não acertar o prêmio é astronômica; mas, na equipe de diagnóstico de House, é exatamente zero. Quando o roteirista Leonard Dick sugeriu suicídio, Tommy Moran argumentou que provavelmente não seria viável matar alguém tão pouco tempo após a morte de Amber. David Shore estava explorando a ideia de House terminar a temporada num hospital psiquiátrico e, embora inicialmente tivesse resistido em matar outro personagem, a morte de Kutner poderia ser útil. Assim, Moran concordou com Dick que, talvez, isso pudesse funcionar. "Tentamos outras maneiras, mas sempre voltávamos para essa", recorda-se Tommy Moran. "Parecia se encaixar. E acabou fixando o fim."

A ideia era que a deterioração de House fosse precipitada pela morte de Kutner e a incapacidade de House de alcançar uma explicação para ela. Logo antes das festas de fim de ano, em 2008, os roteiristas fizeram um retiro de três dias num hotel, se trancando num quarto para elaborar os detalhes da sequência que abrange desde a descoberta do corpo de Kutner

no quarto de seu apartamento até o momento em que House é acompanhado pela porta da frente do Mayfield Hospital. Havia muita coisa para ser resolvida: House se culpando pela morte de Amber, a ideia de Amber regressando sob forma de alucinações, Cuddy desintoxicando House e o lance aparentemente romântico entre eles, seguido pela horrível percepção de que isto também havia sido uma alucinação. "Havia muitos trechos comoventes", diz Russel Friend.

PERGUNTA: O quarto de Amber foi desmantelado, portanto eu concluo que Amber se foi.

GARRETT: Eu acho que Amber se foi.

RUSSEL: Eu acho que Amber se foi. Ela está realmente morta.

PERGUNTA: Isso não impede ninguém...

TODOS: Isso é verdade.

"Santa Ignorância" foi o sétimo roteiro do roteirista/supervisor produtor David Hoselton em quatro anos ("Rabiscos na areia", da terceira temporada, foi o primeiro). Ter ideias para as histórias dos episódios individuais é tarefa de David Hoselton e dos outros roteiristas. A responsabilidade de David Shore é fazer as histórias dos episódios se encaixarem no quadro geral da sequência do enredo. Tommy Moran é o produtor executivo de David Hoselton. As ideias de Hoselton, mesmo que se refiram a apenas três sentenças, são levadas para Tommy Moran. Caso Moran ache que são viáveis, ele as leva para Shore. Se Shore gostar, a coisa volta para Hoselton, com ou sem modificações apontadas por eles, para que ele possa preparar o esboço.

"**No início de cada temporada**... combinamos quais serão as histórias médicas e qual a sequência do enredo. Isso é o que David Shore realiza

tão brilhantemente por conta própria: ele faz a história médica se encaixar com o ponto em que chegamos no enredo, de tal maneira que, em nossos melhores casos, ele possa ter uma relevância temática em relação ao que está acontecendo com o nosso personagem. Ele assume esta responsabilidade inteiramente sozinho, e eu o admiro por isso."

— Katie Jacobs

O esboço de David Hoselton pode variar entre menos de uma página e dez ou 15 páginas. Às vezes, Tommy Moran já tem algumas anotações e, então, trabalha junto com Hoselton no esboço até que este esteja pronto para ser mostrado a David Shore, que dará seu feedback. Esse processo pode se repetir três ou quatro vezes antes que Hoselton possa iniciar o roteiro. É desnecessário dizer que muitas ideias ficam para trás. David Hoselton tinha bolado um psiquiatra doente que procuraria o Princeton-Plainsboro na quinta temporada, mas essa história nunca decolou porque o próprio House se internou no Mayfield Hospital. As histórias também mudam de lugar. Antes que Hoselton começasse a escrever "Santa Ignorância", o episódio se encaixaria no fim da quinta temporada. Foi deslocado para o início da sexta temporada e, posteriormente, para o nono episódio da mesma, a fim de permitir que House fosse reintegrado ao hospital.

A redação do roteiro leva no mínimo um mês. Quando um roteirista sabe que precisa entregar um roteiro a David Shore alguns dias antes de o episódio começar a ser preparado, oito ou nove dias antes do início das filmagens, este será provavelmente o tempo que ele levará escrevendo-o. Os roteiristas têm de fazer malabarismos para dar conta de cada episódio. David Hoselton identifica três diferentes linhas na história "A", o mistério clínico que é o cerne do episódio. Em primeiro lugar, é preciso que haja uma doença interessante que possa se apresentar de forma mascarada e oferecer diagnósticos equivoca-

dos. Em segundo lugar, deve haver um paciente instigante. E, por fim, como é que o paciente interage com House ou desvenda um pouco da personalidade do médico? E vice-versa. O diagnóstico deve ser solucionado de uma maneira ou outra, e normalmente o paciente é curado da doença original, mas frequentemente há consequências.

O ponto-chave para o desfecho não tem nada a ver com a banalidade de ser feliz ou triste, mas com não ser óbvio. Em "Santa Ignorância", o caminho previsível seria Sidas, o gênio infeliz, largar as drogas que usava para entorpecer sua inteligência, voltando assim a ser esperto. A mulher dele, muito menos inteligente que ele, diria: "Podemos resolver os problemas." E Sidas retrucaria: "Você está certa, querida." Certinho, talvez até satisfatório, mas não seria crível. "Não há problema algum se o final é um pouco infeliz, desde que isso faça as pessoas pensarem um pouco", explica David Hoselton. "O ideal é que seja um pouco perturbador, de forma a provocar o raciocínio."

Garrett Lerner admite que, depois de cada programa, ele passa um pouco de tempo on-line tentando avaliar a reação dos fãs. Costuma perguntar à mulher se ela gostou, quer saber o que seus pais acharam e fica ansioso por ter opiniões mais abrangentes. De qualquer maneira, aquilo que ele lê não poderia afetar seu trabalho ainda que ele quisesse: os roteiristas estão tão adiantados em relação ao que está indo ao ar que o enredo da história ao qual os fãs estão reagindo já está plenamente estabelecido. E a experiência de Garrett contraria a tese segundo a qual as pessoas que têm opinião negativa são as que mais se manifestam na internet: alguns episódios recebem elogios praticamente unânimes.

Agindo com arrogância por um instante, Garrett lamenta a indústria mesquinha que se proliferou e cujo único propósito é fazer revelações que

estragam programas populares na tevê. Isso aconteceu com rumores de que Cameron abandonaria Chase, e Jennifer Morrison, o seriado, mesmo quando a situação ainda estava em aberto. E quando os roteiristas ainda reuniam a equipe diagnóstica original, alguns espectadores já sabiam do final. Na opinião dele, esses rumores são extremamente infelizes. "Quando alguém acessa a internet e diz 'Encontrei um roteiro e li o final. Darth Vader é o pai de Luke! Bruce Willis está realmente morto!', tudo o que se consegue é estragar a experiência do espectador e acabar com tudo aquilo que trabalhamos tanto para realizar. Pronto, terminei meu discurso."

Além da história A, há uma história B que envolve House e sua equipe, e/ou Wilson e/ou Cuddy. A história B pode ser resolvida até certo ponto. Em "Santa Ignorância", Chase já está pronto para estourar, depois da morte de Dibala e da discussão que levou Cameron a romper com ele. Um grupo de roteiristas estava conversando, e Peter Blake sugeriu que, do nada, Chase devesse dar um soco em House. Então, Tommy Moran acrescentou uma deliciosa nuance: que Chase faça isso não por estar chateado com House, mas para se livrar das pessoas que não paravam de questioná-lo. House pode apreciar a lógica distorcida de seu pensamento. "Achei o máximo isso ter vindo parar no meu episódio", declara David Hoselton.

"House é 'do contra'; portanto, ele é capaz de ver o outro lado de tudo, e sempre vai dizer alguma coisa que você não estava esperando. Mas ele não faz isso para chocar ou insultar; ele diz essas coisas porque possui um ponto de vista especial sobre o mundo. Ele não pode ser um canalha só pelo intuito de ser idiota. Ele está sempre querendo provar alguma coisa. Essa é a graça do programa, mas encontrar esse ângulo especial também constitui um desafio para o roteirista."

— David Hoselton

O primeiro beijo entre House e Cuddy também estava numa das histórias de Hoselton. Evidentemente, House e Cuddy ainda estarão às voltas com a sua picuinha particular por muito tempo. Acontece de um roteirista não saber em que ponto os principais personagens foram deixados no episódio anterior até pouco antes de precisar escrever sua cena. "Você tem de descobrir. Ok, tenho isto", diz Hoselton. "Isto é alguma coisa com que eu tenho de lidar." Em "Santa Ignorância", House está tentando descobrir onde Cuddy e Lucas vão passar o dia de Ação de Graças. House pega o endereço de Cuddy, ou um endereço qualquer, e é mal-recebido. A questão que se coloca para o próximo roteirista é: e agora, o que ele vai fazer? A história maior, a relação entre House e Cuddy, com certeza não vai ser resolvida aqui. Evidentemente, isso talvez nunca aconteça.

Cada roteirista planeja sua história de modo diferente. David Hoselton escreve o ponto principal de sua história em fichas, que ele afixa num quadro. Ele utiliza uma ficha para cada cena, sendo que as fichas são arrumadas em colunas de acordo com os atos, que por sua vez são numerados de um a seis. Há dez fichas no primeiro ato, cinco no segundo, e assim por diante. As histórias possuem um código de cor: a história médica apresenta uma cor, o aspecto House/Cuddy, outra etc. Dessa forma, Hoselton pode verificar que ele não está pegando cenas invertidas da mesma história. Enquanto termina o esboço e começa a escrever o roteiro, as fichas o ajudam a verificar que a história está fluindo.

Escrever para *House* é um compromisso ao mesmo tempo solitário e de colaboração. Quando se trata de colocar o roteiro no papel, o roteirista se depara com a perspectiva solitária de

ter que lidar com a página em branco, seja no computador ou na máquina de escrever. ("Você sabe que esse episódio será gravado dentro de oito semanas, e nada é tão incisivo quanto um prazo-limite", afirma David Hoselton.) Assim que o esboço é fixado, inicia-se o processo de feedback, e o roteiro vai abrindo caminho do setor da redação até chegar à produção. Parte do trabalho dos roteiristas é ajudar os demais roteiristas com roteiros. Este é editado e reescrito pelos roteirista-chefes (Tommy ou Russel e Garrett), que depois o enviam para David Shore, onde será reescrito mais uma vez.

A última passada é realizada por Tommy ou Garrett e Russel, junto com o autor do episódio, na presença de David Shore. É aí que são feitos os retoques finais. A continuidade da personalidade do personagem é mais bem-resguardada quando o criador da série possui a palavra final em cada roteiro. A maior parte dos roteiristas já está trabalhando na série há tempo suficiente para conseguir notar se algo que Wilson diz no 112º episódio contraria o terceiro. Russel Friend menciona que Ira Hurvitz, supervisor de roteiro, tem uma memória incrível para assuntos de continuidade deste tipo, ao contrário da sua. "Todo mundo se lembra de algumas partes", afirma Tommy Moran. "É um esforço coletivo."

Os roteiristas reconhecem o valor da assistência que recebem dos colegas, especialmente no que diz respeito a lapidar a ideia original. "Conversamos sempre uns com os outros", diz David Foster. "Você vai, senta no sofá [de alguém] e diz: 'Estou pensando em fazer isto; o que você acha?' Isso acontece muito, até que a história decole de vez." David Hoselton atribui a David Shore a criação e a promoção de um ambiente de colaboração, acrescenta que ele é muito generoso com sua ajuda e seus insights, e frisa que não coloca seu crédito em todos os episódios, como alguns dos roteiristas principais fazem. E essa atitude contagia todos. "Sei que estamos em

Hugh Laurie com o supervisor de roteiro Ira Hurvitz.

Hollywood, [porém] isso aqui realmente parece estar isento de brigas de ego", enfatiza. Garrett Lerner salienta que ele e Russel vêm colaborando desse jeito desde a escola de cinema, há mais de 15 anos. "Não somos possessivos com nada, não nos sentimos donos de nada, nem ficamos amuados com nada. Queremos fazer o melhor."

"QUANDO ESCREVI o primeiro roteiro de minha vida, entreguei-o, e o administrador do programa, David Shore, me elogiou muito. Daí pensei: 'Uau,

fiz um ótimo trabalho!' Depois, voltei a ler o roteiro e achei que já não tinha mais nada daquilo que eu havia escrito nele. As pessoas que trabalham para a televisão estão acostumadas a ver seus textos serem reescritos, e muitas mudanças são feitas até mesmo depois de começarmos as filmagens."

— TOMMY MORAN

O roteirista participa plenamente do processo de reescritura, ao passo que, em outros programas, o roteiro pode se perder e nunca mais voltar suas mãos. Em outros seriados, a história é esmiuçada na sala dos roteiristas, sendo que todos decidem em conjunto o que vai acontecer em cada cena e onde as cenas terminam. Depois disso, determinado roteirista pode acrescentar texto aos diálogos. Muitas comédias são escritas assim, do início ao fim, por uma equipe de roteiristas, sendo que posteriormente é sorteado o nome que constará nos créditos. Já em *House*, os roteiristas são mais independentes, porém contam com um apoio substancial. "Acho que este programa pega o melhor de tudo", conclui Tommy Moran.

....

David Shore gosta de inserir o máximo possível de história dentro dos 44 minutos de televisão de que dispõe para cada episódio. Cada cena, cada fala é uma oportunidade para fazer avançar o enredo e os personagens. Um episódio, porém, só comporta um número limitado de falas. "A elegância é o que me atrai na escrita", declara Shore. "Gosto que tudo seja tão básico quanto possível. Não gosto que ninguém fique se repetindo... Eu detesto a fala 'O quê?' num diálogo. Isso pode ser observado na maior parte dos programas e é algo que eu corto quase sempre, substituindo-a por 'Thirteen* olha para ele

---

* No Brasil, a personagem interpretada por Olivia Wilde também é conhecida como Treze. [N. do E.]

enviesada', ou algo assim." E David Hoselton emenda: "Shore não permite que haja qualquer desperdício nos diálogos. Não pode haver qualquer 'O que foi que você disse?' Você não está autorizado a explicar coisa alguma duas vezes ou a realmente se aprofundar nas coisas. Isso força a pessoa a apurar tudo para ficar com o essencial."

Garrett Lerner explica que o impulso inicial do escritor, quando ele se depara com uma montanha de pesquisa sobre um problema clínico e toneladas de jargões, seria incluir muito dessa informação no roteiro. Ao adquirir experiência, Lerner percebeu que ele podia pegar a maior parte das histórias clínicas e dizer: 'Não precisa disso, nem disso, nem daquilo.' Isso deixa mais espaço para aquilo que os espectadores querem assistir no programa: os personagens interagindo uns com os outros. "Todos os atores são inteligentes", pondera David Hoselton. "Nosso público é inteligente. Quando se chega à sétima temporada, há muitas coisas implícitas entre os personagens. Sabemos como House vai entrar numa sala. Muitas coisas são expressas com um olhar." E David Shore confirma: "Estou lidando com gente esperta, aqui. E não quero ser condescendente com meu público."

Na maior parte das vezes, uma cena é escrita com muito texto e, depois, é cortada. David Shore brinca que, no primeiro programa em que atuou como roteirista-chefe, seu método preferido para cortar uma cena era suprimir a primeira fala e a última e, depois, retirar as primeiras duas palavras de cada fala, bem como as duas últimas. Já na opinião de David Hoselton, é na fase do esboço que muitas das cenas desnecessárias são cortadas. Posteriormente, David Shore vai enxugar isso ainda mais. Você pode fazer dessas duas cenas apenas uma? E se vai haver uma piada, ela precisa ter um significado.

A capacidade dos atores de transmitir algo sem dizer uma palavra sequer é um elemento inestimável para manter o tempo de televisão. Um aspecto importante é que os diretores de

House conhecem bem os roteiristas e o elenco, e conseguem pegar na hora. A abordagem não verbal pode melhorar a cena. De acordo com David Shore: "Muitas vezes aconteceu de termos uma tirada excelente, uma declaração pungente e incisiva sobre a vida ou algo assim e, então, descobrirmos que a cena fica melhor com um olhar de Wilson. House sabe exatamente o que Wilson quis dizer com esse olhar e o público também, portanto podemos suprimir o diálogo. Trata-se sempre de chegar ao ponto. Você precisa de excelentes atores e também de ter merecido, e precisa chegar a esse ponto com o roteiro também."

> "Eu toco violino; David escreveu a sinfonia. Posso dizer a você como é interpretar alguém."
> — Robert Sean Leonard

"**Atuamos em outros programas** e, às vezes, você pega os diários e é um tal de 'Puxa vida, o que aconteceu?'. Nesse programa [os atores] sempre realçam o material, o que torna nosso trabalho ótimo. É fantástico o que eles fazem com o material. Ninguém poderia pedir mais."

— Russel Friend

Katie Jacobs trabalha no aspecto visual do programa junto com o designer de produção Jeremy Cassells e o coordenador de construção Stephen Howard para criar cenários nos quais os roteiristas possam manipular seus personagens. Tomemos o apartamento que House e Wilson dividem. O roteiro dizia que Wilson estava se mudando, mas a única informação fornecida era que se tratava de um "loft descolado". Jeremy Cassells e Katie Jacobs discutiram o apartamento e os espaços onde House e Wilson poderiam se esbarrar mutuamente ou passar tempo juntos. Jeremy também pensou numa biblioteca — ambos são médicos bem-sucedidos e possuem muita literatura médica. Uma biblioteca lhes forneceria um lugar mais sofisticado que o sofá da sala de estar.

"**Procurei os roteiristas** e David Shore, e perguntei: 'Quantos quartos, quantos banheiros, quem tem um banheiro melhor, de quem é este apartamento?' Tentamos criar oportunidades para as histórias surgirem. Acho que precisa haver dois banheiros e, talvez, House só tenha um box e Wilson uma banheira, para que se possa ver qual é a cena a partir daí. Acordar grogue de manhã e encontrar House em sua banheira."

— Katie Jacobs

O apartamento ganhou sua própria história de fundo. Um homem o comprou, derrubou algumas paredes e repassou o financiamento. Originalmente, Cuddy ia comprar o imóvel com Lucas, mas Wilson se adiantou e o comprou para dividi-lo com House (Lucas se vinga por isso em "Família é família" — com o gambá, o corrimão solto, os sprinklers). Para começar, o espaço foi concebido bastante despojado e neutro para que a estranha dupla pudesse impor o próprio visual. A ideia de Katie era fazer os quartos de Wilson e de House abrirem para um mesmo hall. "Quero que Wilson possa dizer 'Boa noite, House', e House, 'Boa noite, Wilson', e, agora, podem fazê-lo." O lugar foi então construído por Steve Howard e sua equipe. Que comece a diversão!

Imediatamente (em "Segredos"), Wilson começa a flertar com a nova vizinha, Nora, e descobre que ela acha que ele e House são gays. "Não somos gays", diz Wilson. "Sério?", pergunta Nora. House, trajando camisa lilás e demonstrando interesse em musicais e nos sapatos de Nora, diz para ela que eles não se assumiram. O plano diabólico de House é transar com Nora; os dois estão conversando sobre um dormir na casa do outro, durante um jantar num restaurante aconchegante, quando são interrompidos por Wilson:

WILSON: Eu amo este homem. E não vou desperdiçar mais um momento de minha vida negando-o. *[oferecendo um anel a House]* Gregory House, você quer se casar comigo?

HOUSE: Uau. Isso é inesperado.

"**Ela pensou muito nisto**, o que nos ajuda do ponto de vista da narrativa. A ideia dela era que Wilson ficasse com a suíte que tem uma banheira sofisticada e House não tivesse banheira; ele usa o quarto destinado ao filho, que tem um chuveiro. É realmente engraçado, e vamos usar isso..."

— Russel Friend

Para o episódio de abertura da sexta temporada, "Derrotado", os departamentos de design e de redação tiveram que trabalhar especialmente juntos porque o set e os roteiros estavam sendo produzidos ao mesmo tempo. Há alguma coisa que precise ser acrescentada ao set para que a história possa ser contada? Qual será o aspecto do set, para que possamos escrever a história? Para os roteiristas, era inconveniente que tivessem de se deslocar para um novo local com todo um novo elenco completo de personagens. Tendo somente uma noção da história, procedeu-se o casting. Quando os roteiristas estavam "decompondo" a história nos quadros brancos na sala da redação, começaram a chamar de "Andre" o psiquiatra de House, porque imaginavam Andre Braugher no papel. Ele foi a opção consensual número um, sendo escalado por Katie Jacobs.

"**[Katie] chegou e disse** 'Achei um ator excelente para Alvie [Lin-Manuel Miranda]'. Assistimos à fita dele, ele era ótimo e construímos seu personagem em torno de sua persona real, como o fato de ele cantar, fazer rap e tudo isso. Inserimos isso depois de ele ter sido escalado."

— Russel Friend

"**Admiro muito** [os roteiristas]. Eles são ótimos. É uma relação muito legal. Nunca atuei num programa com uma vibração tão boa entre os roteiristas, os atores e os produtores. É uma relação muito calorosa e aberta. Quando entro no escritório e vejo que estão no computador trabalhando em imagens de algum procedimento médico bizarro, sei que estão bolando alguma coisa que, daí a algumas semanas, vai virar um roteiro."

— Peter Jacobson

....

Depois de terminar a gravação de seu último episódio, David Hoselton abre a janela e respira pela primeira vez em muito tempo. Então, está pronto para começar a próxima história. Ele tem uma ideia, a põe no papel, e volta a entrar no esquema de rotação da redação. Ele se inseriu de volta no 19º episódio ("Questão de escolha").

David Hoselton estudou Direito com David Shore na Toronto University. Juntos, editavam o jornal da faculdade de Direito, que se chamava *The Law School Newsletter* quando entraram, e passou para *Heresay* logo depois. Hoselton nunca advogou; 25 anos atrás, se mudou para Los Angeles com um amigo da faculdade, querendo trabalhar como roteirista. Fez roteiros sob encomenda e, então, escreveu *O primeiro cavaleiro*, com Sean Connery; também trabalhou em cinema com Pixar e Disney antes de passar para *House*. Hoselton elogia o fato de, na tevê, se trabalhar em equipe. Escrever roteiros pode ser um trabalho solitário, o que significa que, quando a coisa não está indo bem, é muito difícil. Ele não tem vontade alguma de voltar para aquele mundo. "Há tantas coisas fantásticas na tevê, agora", elogia. "Há *Dexter*, *Mad Men* e *Lost*. São simplesmente verdadeiras obras de arte."

Epílogo: House e Michael Caine

Em "Marcas de nascença", escrito por Doris Egan e David Foster, a paciente da vez é uma mulher chinesa cujos pais tentaram matar quando criança, enfiando agulhas dentro de sua moleira. "Todos nós somos ferrados pelos nossos pais", afirma House. "Só que ela tem comprovação documental." Eli Attie tirou a ideia de uma reportagem. É um bom exemplo de quando a história clínica se desenvolve e ilumina a segunda história dentro do episódio — neste caso, a morte do pai de House e a viagem de House e Wilson para ir ao funeral. Durante a cerimônia, House se debruça sobre o caixão do pai, aparentemente para sussurrar um adeus pungente, ou pelo menos um pouco pungente, mas, na realidade, é somente para arrancar um pedaço da orelha do cadáver e realizar um teste de DNA.

"**Honestamente,** essa ideia de fazer Michael Caine fazer o pai de House simplesmente surgiu. Era uma fantasia minha, uma ideia boba minha. Infelizmente, tive essa ideia depois de termos elencado o pai de House, mas isso me fez pensar: Como é que Michael Caine poderia ser o pai de House? Talvez pudesse se disséssemos que o pai que vimos não é seu pai de verdade. Talvez House tivesse nutrido a vida inteira a teoria de que sua mãe tinha tido um caso quando seu pai estava de serviço em algum lugar longe de casa. Já que ele odeia o pai, vai alimentando essa fantasia o tempo todo. 'Meu pai não é meu pai, e sei disso desde que tenho 12 anos, foi uma das minhas primeiras deduções.'"

— Russel Friend

As sementes podem levar muito tempo para germinar depois de plantadas. A especulação sobre o pai de House encontra um desenlace 35 episódios depois de ter sido levantada, em "Vidas privadas". Wilson flagra House lendo *Step by Step: Sermons*

for Everyday Life, sermões de verdade escritos por um ministro unitarista. É compreensível que Wilson fique perplexo quanto ao motivo que levaria um ateu confesso como House a procurar conselho espiritual dessa maneira; mas, quando Wilson vê a foto do autor na capa do livro (House havia ocultado sua cópia com a capa de *A taça de ouro,* de Henry James), entende tudo. House admite que o autor, amigo da família, é seu pai biológico. Ao ler o livro, House decide que não pode estabelecer uma conexão com esse homem, da mesma forma que não estabelece com seu suposto pai.

....

Tendo-se passado mais de 131 episódios, os personagens de David Shore já têm muita história. Ainda assim, muita coisa permanece não dita, e muito mais coisas ainda não foram escritas. Ou, para ser mais preciso, quase escritas ou meramente especuladas.

Quais personagens tiveram uma infância feliz e quais não? Cameron, talvez. Os pais de Foreman o teriam levado a ser um delinquente juvenil? Chase foi mimado?

RUSSEL: Mas o pai [de Chase] era distante.

TOMMY: Não lembro o que fizemos ao pai de Chase.

RUSSEL: Ele morreu, não foi?

TOMMY: É como estudar para provas finais: depois que leio as matérias, elas saem da minha cabeça e já estou ligado na prova seguinte. Hoje, durante o almoço, eu estava tentando lembrar o que nós tínhamos acabado de fazer no décimo episódio, que tinha sido na semana anterior e sequer tinham filmado. Agora, estamos trabalhando no 13º. Estamos sempre tendo de olhar para a frente.

"E não são apenas os episódios que fizemos; são todos os episódios que pensamos em fazer. Ontem eu estava falando com David [Shore] sobre uma ideia. Não consigo me lembrar de que se tratava, mas eu tinha certeza de que já havíamos feito isso. 'Não fizemos isso?' E ele respondeu meio que 'não, acho que falamos sobre fazer isso, mas nunca chegamos a pôr em prática'. Posso ver as cenas em minha cabeça."

RUSSEL: Foi o irmão de Wilson.

TOMMY: A questão toda do irmão de Wilson voltar ao hospital e sair dele.

GARRETT: Ele foi visitá-lo, mas não buscá-lo. Na verdade, você nunca viu o irmão de Wilson.

RUSSEL: Estávamos tentando lembrar isso também...

TOMMY: Ele estava ajudando, indo muito bem, e, no fim, ele meio que tem uma recaída e vai embora.

GARRETT: Tudo isso foi só uma ideia.

TOMMY: Eu achava que tínhamos feito isso...

RUSSEL: Acho que Peter [Blake] escreveu o esboço inteiro. Tivemos material completo sobre isso. É uma boa história. Deveríamos concretizá-la.

GARRETT: Às vezes, você abre uma velha pasta em seu computador e pensa: "Oh, Deus, a gente nunca fez isso? Graças a Deus, porque agora precisamos de alguma coisa."

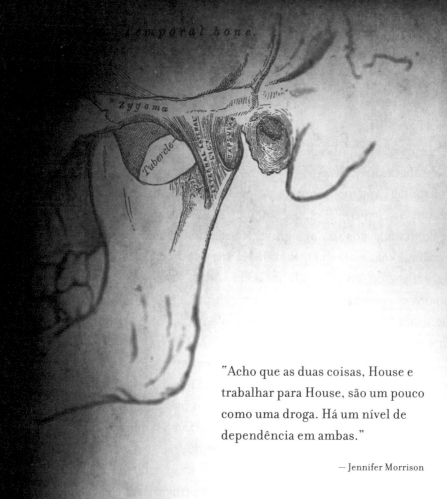

"Acho que as duas coisas, House e trabalhar para House, são um pouco como uma droga. Há um nível de dependência em ambas."

— Jennifer Morrison

CAMERON

Jennifer Morrison

Desde o início, Allison Cameron constitui um dos pequenos quebra-cabeças de House. No piloto, preocupada com o fato de House não respeitá-la, Cameron pergunta ao chefe qual de suas qualificações lhe garantiu o emprego. Então, seus piores temores são confirmados: ela foi contratada por sua aparência. House admite que ela era uma boa candidata, mas estranha o fato de ela ter se esforçado tanto para estudar, em vez de se casar com um homem rico. "Mulheres deslumbrantes como você não fazem faculdade de medicina", declara House, "a não ser que sejam tão problemáticas quanto são bonitas. Você sofreu abuso por parte de algum parente?"

Não é a intrusão de House que mina Cameron, mas o fato de ela ainda estar muito crua. Em "Maternidade", logo no início da primeira temporada, ela tem muita dificuldade para contar aos pais de um bebê o quanto ele está doente e, depois, é quase impossível para ela comunicar aos pais que o bebê morreu. "É mais fácil morrer que ver alguém morrendo", ela comenta, como se soubesse. House fica imaginando se a reação de Cameron se deve ao fato de ela mesma já ter perdido um bebê e pergunta isso para ela. "Você pode mesmo ser escroto", ela retruca. House descarta à sua teoria depois de fuçar a ficha clínica de Cameron ("Fidelidade").

> "Suas perdas avassaladoras a deixaram determinada a dar algum significado à própria vida. Embora suas batalhas éticas possam parecer extremistas às vezes, são um conforto para Cameron. Se ela estiver 'fazendo a coisa certa' às suas próprias custas, talvez ela consiga estabelecer um propósito em sua vida.
> — Jennifer Morrison

A despeito de receber esse tratamento vil, Cameron está pronta para dar a House o benefício da dúvida no que tange ao uso de drogas por

parte dele e argumenta com Foreman que ele não é viciado, porém está sentindo dores. Cameron está apaixonada por House, e muito. House tem duas oportunidades de ficar com ela e perde as duas. Primeiramente, ele a convida para uma competição de monster trucks ("Medicina esportiva"), algo que não pode ser considerado exatamente um convite romântico. House declara estar admirado com o interesse dela. Em "O exemplo", ele pergunta a Cameron por que ela gosta dele. "Eu não sou caloroso, nem fofo, e, basicamente, você é um bichinho de pelúcia feito pela vovó", afirma. O primeiro instinto de Cameron é de autoproteção: ela quer abandonar o hospital. Mas resolve voltar, desde que House saia com ela "e não apenas para uma refeição entre colegas, mas num encontro romântico". ("Crianças")

> "Cameron se sente atraída por talento, e House é brilhante em diagnose. Apesar de ser sarcástico e quase mau, às vezes, seu talento e sua determinação de salvar vidas compensam todo o resto."
>
> — Jennifer Morrison

House se arruma todo para o encontro (usa gravata!); compra um buquê para dar à Cameron; e escuta os conselhos de Wilson sobre como se comportar durante o encontro. No restaurante, Cameron diz a House que ele é maldoso por gostar dela e que, se ele começasse a ser gentil, isso significaria que ele estaria entrando em contato com as próprias emoções. Ela afirma só ter uma chance e quer saber o que House sente por ela. A essa altura, House já deixou de lado as recomendações de Wilson e, em vez de tentar fazer contato, ele procura resolver o quebra-cabeça. Ele diz que Cameron acha que pode consertar qualquer coisa, que por isso ela se casou com um homem que estava morrendo de câncer e que agora ela está procurando outro caso de caridade. Ele tem o dobro da idade dela, alega, não é bonito, nem charmoso, nem gentil. "Eu sou o que você precisa", emenda. "Tenho problemas." ("O amor dói")

Logo, Stacy aparece no PPTH e, quando ela e Cameron conversam sobre o interesse comum por House, fica claro que Cameron já superou o

que sentia. Em "Lua de mel", ela confidencia a House: "Eu achava que você estivesse com problemas demais para amar qualquer pessoa, mas estava enganada. Você só não podia amar a mim. Isso é bom. Estou feliz por você."

Quando se pede a David Shore para descrever Allison Cameron numa única palavra, ele diz: "Humanidade." Cameron é a anti-House, o positivo em relação ao negativo dele. Ela mostra compaixão e cuidado com os pacientes (*cuidado* é uma palavra que House lança para ela como um insulto). Em "Um dia, numa sala", Cameron fica sentada ao lado de um sem-teto solitário e deprimido que está morrendo e lamentando a insignificância da própria vida, Depois, ela lava o corpo dele com ternura. Enquanto isso, House, que sem dúvida concordaria quanto ao homem ter levado uma existência inútil, está tentando evitar conversar, e possivelmente consolar, uma vítima de estupro. House tem tudo a ver com enigmas, e Cameron, com pessoas.

> "O lance entre House e Cameron nunca poderia funcionar, porque, se estivéssemos todos apaixonados e felizes, o programa não existiria."
> — Jennifer Morrison

Há inúmeros exemplos da consideração essencial de Cameron: ela deseja feliz aniversário para House ("O método socrático"); quer saber por que Chase não fala com seu pai ("Amaldiçoado"); e tenta armar um encontro entre House e os pais dele ("O garoto do papai"). Ela é também uma pessoa cuja orientação moral é extremamente determinante. Quando Vogler declara guerra e insiste que House demita alguém, Cameron sugere que, alternativamente, ele reduza o pagamento de todos ("Gorda"); ao descobrir que Jeff, o ciclista profissional, esteve envolvido com roubos, ela chama os jornais para denunciá-lo ("A corrida"). Contrariando a vontade de House, em "Superficial" Cameron conta para Cuddy que o pai de uma modelo de 15 anos estava tendo relações com a filha. Ela sempre tenta fazer a coisa certa.

Cameron trabalha duro para fugir dos rótulos de House. Quando percebe que há um clima entre Cameron e Sebastian, o TB doctor (doutor tuberculose) ("Tuberculose"), ele imagina que ela se sinta atraída pelo

fato de Sebastian estar pronto para morrer por sua causa. Contudo, pouco depois ela está transando com Chase e, logo, sugere a ele uma relação aberta. É surpreendente ver Cameron sendo tão ousada. Em "A corrida", ela revela a Wilson que se apaixonou pelo melhor amigo do marido quando ele estava morrendo no hospital, embora nunca tenha transado com esse amigo.

Cameron está endurecendo por dentro. Kalvin, o paciente HIV-positivo que cospe sangue nela em "A caça" espera que ela fique irritada, mas Cameron aguenta as pontas. Então, em "Euforia", depois de Foreman espetá-la Cameron com uma agulha infectada, ela concorda em aceitar sua procuração para fins clínicos, mas não aceita suas desculpas imediatamente. "Vamos fazer você ficar bom primeiro e, depois, se você ainda quiser se desculpar, estarei por aqui." House está contaminando Cameron: ela administra uma droga a George, o paciente com obesidade mórbida de "O que será, será", para impedi-lo de deixar o PPTH antes que possa ser tratado. O detetive Tritter pergunta a Cameron por que ela fica do lado de House ("À procura do Judas"). Tritter afirma que ela está mudada, e podemos ver que é verdade. Dez anos antes, ela mesma denunciara alguém durante um teste de cálculo e, agora, ela está irritada com Wilson por ele ter dedurado House.

> "Cameron cresceu ao longo dos seis anos que passou no Princeton-Plainsboro. Acho que seria impossível trabalhar com alguém como House sem ficar grandemente abalado por suas decisões e os métodos que adota para resolver as coisas de sua maneira."
>
> — JENNIFER MORRISON

No dia dos namorados, Cameron faz uma proposta indecorosa a Chase, que reage perguntando: "E se eu tiver ficado ofendido?"

"Então, não é o homem que estou procurando", retruca Cameron ("Insensível é a dor"). No início é um arranjo à moda de House. Chase infringe as regras querendo mais e, por isso, Cameron termina a relação.

"Foi divertido. É isso. E, agora, acabou." ("Transportado pelo ar") Agora, Cameron não tem mais problemas em procurar o número um. Quando ela acha que House pode estar planejando abandonar o PPTH ("Meia capacidade"), ela redige sua própria carta de referência — está preocupada e quer garantir um trabalho. Lá pelo fim da terceira temporada, quando a equipe se divide e ela sai, Cameron confidencia a Foreman, Chase e House que sentirá falta deles, mas que não está desanimada. Ela vai ficar bem.

Quando volta ao PPTH para administrar a sala de emergência, Cameron é outra mulher, e não apenas por causa dos novos cabelos louros. Ela está noiva de Chase e feliz trabalhando longe de House, que a repreende severamente por aceitar um trabalho aparentemente menos prestigioso. "Posso praticar o bem aqui", replica ela. "Tirar isso do meu sistema." Em "Vivendo um sonho", Cameron demonstra ter superado os sentimentos por House quando ele pergunta se ela gostaria de voltar a trabalhar para ele.

CAMERON: Sinto falta do trabalho. Sinto falta de andar por aí brincando de investigador particular. Sinto falta dos enigmas.

HOUSE: É sério, vou demitir Thirteen. Ou Kutner, se você achar Thirteen gostosa.

CAMERON: Eu não sinto falta de você.

Ela amadureceu tanto que, quando Cuddy volta para casa para ficar com seu bebê, pede a Cameron para substituí-la ("Indolor"). Como grande parte (talvez metade) do trabalho de Cuddy é cercear House, na ausência dela, ele tenta imediatamente manipular Cameron. Ela pede demissão: está farta das brincadeiras de House.

Cameron tem problemas para assumir um compromisso com Chase. Ele reclama que ela o põe para fora de casa de manhã, que não cede uma gaveta para ele guardar suas coisas e que é tratado como visita na casa dela. "Eu não posso correr atrás de você para sempre", declara Chase ("A picada"). Mais tarde, quando Cameron encontra um anel de noivado ("Os salvadores"), inicialmente não quer que Chase a peça em

Cameron e Chase, casados

casamento, achando que ele só está reagindo à morte de Kutner. Mesmo após ter mudado de ideia sobre o casamento, ela quer que ele lhe doe um pouco de esperma para o caso de porventura se separarem, acordo idêntico ao que tinha com o primeiro marido ("Na minha pele"). Cameron confidencia a Chase que ainda tem dúvidas, que seria ingênuo não tê-las (Chase afirma não ter). Em "Os dois lados", House aconselha Cameron a destruir o esperma de seu marido, e ela conta para Chase que vai fazer isso, mas Chase afirma não se importar, já que as dúvidas foram dissipadas.

Evidentemente, a felicidade de Chase e Cameron dura pouco. Depois da morte de Dibala, Cameron percebe que há algo de errado. Ela desconfia que Chase esteja tendo um caso e precisa saber a verdade. "Amo você independentemente de qualquer coisa", ela declara em "Verdades não ditas". Chase reconhece: 'Eu matei Dibala." Cameron consegue perdoar Chase, mas o certo é que, ao matar Dibala, ele matou o amor dela. Quando Chase decide ficar, Cameron precisa ir embora. Ao se despedir de House, ela confirma o diagnóstico inicial de House quanto aos seus sentimentos por ele. "Eu era burra. Tentava ser igual a você, tentava compreender você, porque eu achava que poderia curar você."

CAMERON: Eu amava você. E amava Chase. Tenho pena de ambos pelo que vocês se tornaram, porque não há caminho de volta para nenhum dos dois.

Cameron estende a mão para House, mas ele se recusa a apertá-la, exatamente como aconteceu na primeira vez em que ela deixou o PPTH. E, mais uma vez, ela lhe dá um beijo e vai embora. House precipitou a crise do casamento de Chase e Cameron e arquitetou a reformulação da equipe: Taub, Thirteen e Chase voltaram. No que diz respeito a Cameron, House confidencia a Wilson: "Ela terminou com Chase e está deixando o hospital. Mesmo assim, ter três dos quatro não é ruim."

Se pudesse escolher de qual médico prescindir, é incerto que House tivesse escolhido Cameron. No início, House queria saber qual era a vulnerabilidade dela. No fim, caso esse seja o fim, ele descobre que se trata da mesma qualidade que confere a Cameron sua grande força.

PERGUNTA: O visual de Cameron: coletes, cores mais fortes...

CATHY CRANDALL: Havia um desenvolvimento para Cameron. Eram todos pesquisadores-bolsistas e não ganhavam tanto dinheiro. Então, atribuímos roupas muito mais baratas a eles. Quando ela conseguiu o emprego na sala de emergência, começamos a escolher roupas mais caras, porque ela administrava o lugar.

PERGUNTA: Então, as roupas ficaram melhores?

CRANDALL: Tentamos passar essa impressão. O modelo da roupa não mudou. Ela continuou usando blusinhas com mangas bufantes, coletes e calças.

Jennifer Morrison sobre... House

PERGUNTA: O que você acha que Cameron vê em House?

Cameron se sente atraída por um projeto. Ela percebe uma sombra de vulnerabilidade e compaixão nos olhos de House,

a despeito de sua aparência dura. Contra a própria vontade, ela sempre se sentirá atraída por ele.

PERGUNTA: Cameron abandonou seu emprego mais de uma vez. É muito difícil para ela abrir mão dele?

Quando você está acostumado a ser parte do processo de cura das doenças mais raras possíveis e de salvar vidas que não podiam ser salvas, imagino que tanto o trabalho como o homem que está por trás dele devam ser sedutores.

PERGUNTA: Eu perguntei a Hugh Laurie, Robert Sean Leonard e Lisa Edelstein se eles achavam que seus personagens ainda seriam amigos daqui a vinte anos. Será que Cameron visitaria House caso estivesse na mesma cidade que ele em 2030?

Acho que ela não precisaria visitar House caso estivessem na mesma cidade em 2030. Acho que ele iria visitá-la antes até que ela soubesse que ele está por perto. A despeito da grande atração romântica que existe entre eles, há também um vínculo paternal. Parece que, metaforicamente, os membros da equipe se tornam seus filhos [de House]. Imagino que esse vínculo, somado à sua curiosidade insaciável, o levaria a procurá-la.

Jennifer Morrison sobre... Cameron

PERGUNTA: Cameron se preocupa demais com os outros para ser feliz?

Cameron encontra uma noção de identidade em sua busca por ser uma pessoa boa. Conversei muito com David Shore sobre o fato de Cameron ter uma história muito marcada por perdas... A mulher real que inspirou Cameron perdeu

três irmãos pequenos em um incêndio e, mais tarde, perdeu o marido, com câncer, durante o primeiro ano de casamento. Eu sempre considerei tudo isso parte do passado de Cameron.

PERGUNTA: Ela se mostra muita dura com Foreman depois que ele nega que sejam amigos, não aceitando suas desculpas. Nunca é fácil lidar com ela. É divertido fazer um papel tão complexo assim?

Sempre apreciei o fato de Cameron não ser previsível. Na vida real, também, ninguém é totalmente previsível. Às vezes, todos nós fazemos coisas que parecem não combinar com nossa personalidade ou que nos surpreendem. David Shore faz um trabalho bonito ao infundir elementos de surpresa em todos os personagens. Aprecio demais poder fazer, na televisão, o papel de uma mulher que cresce e muda, e que está repleta de complexidades inesperadas. É empolgante e é um desafio, e isso me tornou melhor como atriz.

PERGUNTA: Quanto você acha que Cameron muda, ao longo da série?

Cameron é compassiva e tem uma profunda formação ética. Conforme vai passando mais tempo com House, ela vai aprendendo quando deve abrir exceções para ajudar alguém e quando deve fincar pé na ética em que sempre acreditou. Além disso, vai se acostumando ao sarcasmo de House e ao seu modo rude de se relacionar com as pessoas, criando uma casca mais rígida. No fim, ela já consegue enxergar melhor o conjunto da situação.

PERGUNTA: Bobbin Bergstrom [consultora médica de *House*] me contou que alguém parou você na rua, dizendo: "Você é

a pessoa que faz o papel de enfermeira em *House?*" Você se lembra disso? O que isso nos diz sobre a percepção que temos dos médicos?

Acredito que enfermagem seja um dos trabalhos mais nobres e abnegados do mundo, e tenho o máximo respeito pelas enfermeiras. Não tem nada a ver com alguém achar que eu fazia o papel de uma enfermeira; é que algumas pessoas realmente presumem que as mulheres não são médicos. Eu uso um jaleco, adoto o mesmo jargão médico e realizo os mesmos procedimentos pseudoclínicos que Jesse Spencer no programa, mas, mesmo assim, às vezes as pessoas nos procuravam quando estávamos juntos e diziam para ele: "Você é aquele médico em *House*", e para mim: "Ah, e você faz o papel de enfermeira naquele programa." Acho que é assim sempre, com tudo; leva algum tempo para que a percepção das pessoas mude. Na verdade, não faz tanto tempo que os locais de trabalho começaram a aceitar mulheres em condições iguais à dos homens. Aos pouquinhos certamente vamos chegar lá.

PERGUNTA: Você tem facilidade ou dificuldade com as terminologias médicas?

A terminologia médica foi difícil. E jamais deixou de ser difícil, a não ser quando eram palavras que apareciam com frequência.

PERGUNTA: Como você soube do papel de Cameron?

Eu recebi o material como qualquer outro piloto. Era chamado "Projeto Paul Attanasio/David Shore sem título". Nunca imaginei que sequer me considerariam para o papel. Eu estava com 24 anos na época, e o papel especificava uma médica de 32 anos. Há um episódio em que Cameron está elaboran-

do seu currículo, e constava lá que ela tinha se formado na escola de medicina no mesmo ano em que eu me formei no colégio. Acho que essa é a magia da tevê...

PERGUNTA: Agora, você foi imortalizada como a mãe do Capitão Kirk [em *Jornada nas estrelas*]. Como você se sente?

Acho que não consigo realmente compreender isso, mas é muito legal. Me sinto abençoada e feliz por ter estado envolvida naquele filme. A experiência toda foi mais que maravilhosa.

PERGUNTA: Você fez *Warrior*. Isso foi uma mudança em relação a *House*?

Sim, *Warrior* é uma mudança drástica em relação a *House*. Faço o papel da mulher de um lutador de vale-tudo. Eu realmente gosto do desafio de fazer coisas novas. Acho que tenho muita sorte por ter podido encaixar filmes todos os anos no tempo do recesso [entre as filmagens de *House*]. Isso me deu a oportunidade de continuar crescendo como atriz. Eu sentia que quanto mais trabalhos fazia fora de *House,* mais eu podia dar a Cameron e ao programa. *Warrior* e *Jornada nas estrelas* me obrigaram a me esforçar para encontrar diferentes partes de mim mesma que eu jamais tivera que expor antes.

Também me deparei com um desafio completamente novo quando encarnei o papel de Kate Keller, em *The Miracle Worker*, na Broadway. E sonhava com a Broadway desde que tinha cinco anos. Isso foi realmente um sonho que se realizou.

PERGUNTA: Você é uma das preferidas dos fãs no seriado de tevê mais assistido no mundo. Você fica orgulhosa por isso?

Ser uma das preferidas dos fãs do seriado de tevê mais assistido do mundo é uma honra incrível! Sou constantemente ovacionada pelos fãs de Cameron e Hameron [mistura de House-Cameron]. Há seis anos, consigo os trabalhos mais maravilhosos por causa desses fãs, e vou continuar a ter a oportunidade de fazer o que amo por causa deles. Estou orgulhosa por estar nessa posição, e, principalmente, fico sensibilizada e grata. O apoio com que os fãs me incentivaram, e à minha personagem, é um presente lindo. Isso aquece meu coração e me dá a esperança de que aquilo que faço traga alegria a outras pessoas. Eu gostaria de poder abraçar e agradecer pessoalmente cada fã.

OITO DIAS POR SEMANA

 Realizando o Programa, Parte I

PERGUNTA: No que diz respeito ao prazo de entrega de cada episódio, acontece de ficar em cima da hora?

GERRIT VAN DER MEER: Sim, em todos.

Katie Jacobs está em pé no meio de seu escritório, agitando um pedaço de papel amarelo do tamanho de uma carta. É um memorando da Fox, emissora que põe *House* no ar, programa que Jacobs coadministra e do qual ela é produtora executiva. Há muito que os mandachuvas da Fox voltaram a escalar *House* para outra temporada. Muito antes do início da temporada, eles enviam aos produtores de *House* um memorando em que traçam o cronograma para a temporada seguinte.

"Tudo é ditado pelas datas de ida ao ar", explica Jacobs. "'Essa é a data em que quero vocês no ar.' Essas datas é que mandam. Às vezes, você consegue uma retransmissão, mas as datas não mudam. Você retoma a partir daí. Então, você tem que bolar algo que não só esteja pronto, mas que seja ótimo."

House provou estar pronto a tempo com total regularidade e, assim, preencheu essa faixa de horário na grade da emissora entre 22 e 24 vezes a cada temporada, ao longo de seis anos (apesar de uma greve dos roteiristas) — totalizando 131 episódios.

E se ficar pronto já é difícil, ser ótimo é mais ainda. Tal responsabilidade é partilhada coletivamente por mais de 150 pessoas que trabalham, como Katie Jacobs, nas dependências da Fox em Century City, em Los Angeles (há mais pessoas relativas a *House* espalhadas em outras locações em L.A.). O criador e diretor de *House*, David Shore, está sempre na casa, bem como o diretor de produção Greg Yaitanes e David Foster, único médico de verdade que trabalha no programa. Todos os roteiristas, produtores, chefes de departamento — design de produção, maquiagem, efeitos visuais, cenografia, decoração de set, acessórios, casting, publicidade —, diretores assistentes, operadores de câmera, de foco, editores, demais técnicos, serviços de alimentação, assistentes de produção e estagiários povoam diversos escritórios e quatro grandes cenários à prova de som. O fato de *House* ocupar mais espaço nas dependências da Fox que qualquer outro seriado é um indício da popularidade do programa.

Todo mundo está empenhado em cumprir essas inflexíveis datas de ida ao ar. A emissora não aceita atestados médicos, nem emitidos por House. Os episódios são feitos um após o outro numa sequência regular, que se inicia quando a produção põe mãos a obra, no verão, para a programação do outono. Quando assistida episódio por episódio, a série possui um ritmo básico que compreende seções de oito ou nove dias correspondentes à filmagem de um episódio. (Cada dia de filmagem no set segue sua própria cadência de paradas e recomeços abruptos. Longas horas de preparação são seguidas por períodos de ação intensa, desde o chamado da equipe até o toque final pela manhã, o que pode ocorrer horas depois.)

Cada episódio de *House* costuma levar oito dias para ser filmado. Frequentemente há uma sobreposição no final, quando uma unidade termina um episódio e outra já começa a filmar o seguinte no mesmo dia. Às vezes é necessário um dia a mais para uma filmagem mais complicada, mas, se todo episódio se

estendesse por nove dias, a matemática não funcionaria e faltariam dias de gravação ao fim da temporada. Assim, enquanto um episódio está em gravação (episódio "A"), o seguinte já está sendo preparado (episódio "B"). Parte da equipe trabalha num episódio do começo ao fim, conforme passa de B para A, até o filme ser enviado para a edição, a fim de ser cortado pelo diretor. Durante certo tempo, o diretor de produção Greg Yaitanes esteve atrás das câmeras em episódios alternados. Um diretor assistente prepara o terreno enquanto o outro filma; os *prop masters* se alternam da mesma maneira.

Outros funcionários operam de acordo com um cronograma pessoal distinto. De acordo com os regulamentos fixados pelo seu sindicato, um diretor tem 15 dias para trabalhar em um episódio. Então, quando não está filmando, está preparando algo com um diretor assistente. *House* dispõe de três editores, sendo que cada um assume a responsabilidade por oito episódios dentro de uma temporada de 24. Projetos mais longos não se encaixam no ciclo de oito/nove dias. Um novo set, como o apartamento para o qual House e Wilson se mudaram na sexta temporada, leva mais tempo para ser projetado e construído, embora não tanto quanto você deva estar imaginando.

Nada pode acontecer sem um roteiro. O mais correto seria dizer quase nada, porque nem sempre o roteiro vem primeiro – a distribuição dos papéis, o projeto e a construção do set podem ter de começar antes de os roteiristas terem determinado os papéis que estão sendo elencados ou terem escrito a ação para a qual o set está sendo construído. O roteirista pode ter trabalhado sozinho em seu roteiro ao longo de dois meses antes que tivessem começado as intensas rodadas de edição e revisão. Ainda antes disso, com meia temporada de antecedência, a equipe de roteiristas e os produtores principais terão mapeado as estruturas dos enredos dentro da história. Então, o roteiro retorna para David Shore, e é feito o último retoque antes de ser distribuído aos chefes dos departamentos. Nor-

malmente, a primeira indicação sobre o que terá de ser preparado para o próximo episódio é recebida junto com o roteiro. E costuma-se receber o roteiro B no primeiro dia de filmagem do roteiro A, o que quer dizer que se têm aproximadamente uma semana para se aprontarem antes das filmagens recomeçarem.

Os chefes dos departamentos, como a designer de figurinos Cathy Crandall e os *prop masters,* Tyler Patton e Mike Casey, esmiúçam o roteiro inicial para identificar o que terão de providenciar para aquele episódio. No caso de Cathy, cada novo personagem precisará receber um visual e, de acordo com o número de dias que estão no roteiro do episódio, ela deverá encontrar o número adequado de trajes. Tudo o que um ator segura em cena é considerado um acessório, e Tyler e Mike têm de imaginar tudo o que precisarão juntar. Com frequência, os roteiros não incluem muitos detalhes descrevendo os personagens ou os locais em que se encontram.

O diretor realiza uma reunião conceitual com os chefes dos departamentos, durante a qual qualquer coisa que esteja escrita a lápis entre as linhas do roteiro pode ser descrita mais detalhadamente, de acordo com a visão do diretor, no que diz respeito ao desenrolar da ação. Enquanto isso, o roteiro ainda pode ser alterado. Vários esboços — esboço do diretor, esboço resumido, esboço da produção — se seguem, até que a versão final para a produção fique pronta. O esboço da produção normalmente incorpora o feedback recebido na reunião conceitual, e uma reunião final da produção é o desfecho das tarefas dos departamentos logo antes de as filmagens serem iniciadas

Geoffrey Colo, gerente de publicidade, supervisiona o andamento desse processo. O roteiro segue para uma companhia de liberação que gera um relatório em que são assinalados os nomes que podem representar

um conflito ou onde seriam necessárias autorizações em vermelho. Uma cópia do relatório é enviada ao advogado da Universal e ao setor que cuida dos critérios de difusão da emissora. Este último pode pedir que algo seja amenizado: "Tome cuidado para que não haja nudez na cena de sexo"; "em vez disso, diga aquilo". "Existe uma expressão recorrente no relatório", confidencia Gerrit van der Meer. "É: 'Por favor, faça isso com seu bom gosto habitual.'" O departamento jurídico às vezes pede para que um nome seja alterado. Existem leis que protegem figuras públicas em programas ficcionais. Você pode mencioná-las, desde que não seja de forma depreciativa ou falsa. Também temos um consultor em farmacologia que confere se as drogas podem ser utilizadas.

Ocasionalmente, há inclusões no roteiro que não parecem ter chances de sobreviver à revisão de acordo com os critérios de difusão. Em "Autópsia", uma garota de nove anos pede que Chase a beije porque acredita estar morrendo e que essa seja sua única chance. "Li aquele roteiro e pensei, ok, o episódio já era", comenta Marcy Kaplan. "David Shore passa dos limites e é por isso que ele acerta."

O processo é o mesmo para os outros departamentos. Depois de esmiuçar o roteiro, a chefe de efeitos especiais de maquiagem, Dalia Dokter, saberá se vai precisar de qualquer tipo de prótese e que um laboratório será contratado como terceirizado. Alguns dias depois da reunião conceitual, Tyler Patton e Mike Casey fazem uma reunião específica para os acessórios com os colegas-chave: consultores médicos, decoração do set, playback de vídeo, efeitos visuais. Depois dessa reunião, Tyler e Mike já têm suas ordens de trabalho. Se o roteiro pedir "uma bolsa", eles já saberão de que tipo de bolsa se trata e sua cor; onde o roteiro diz "sanduíche", saberão se o ator vai de fato dar uma mordida e se ele possui alguma restrição alimentar. Quando alguém precisa de um desfibrilador, os mestres dos

acessórios já terão um pronto, em funcionamento, caso seja requerido.

Quando as filmagens começam, o roteiro já foi subdividido. A ordem em que as cenas serão filmadas é determinada num cronograma que inclui os resumos dos departamentos sobre o que será necessário naquele dia em particular. Também são disponibilizadas para todos descrições das cenas resumidas em uma linha, para que todos saibam o que estará acontecendo a cada dia, antes que recebam a discriminação detalhada de como o dia procederá, minuto por minuto e fala por fala. Tyler e Mike têm um mural em seu escritório, onde listam tudo de que precisam a cada dia. Os itens pessoais dos protagonistas não figuram na lista. Coisas como óculos de leitura, óculos de sol, relógios, celulares, as bengalas de House — tudo isso fica à disposição o tempo inteiro.

"**Tomamos notas:** Robert Sean Leonard é canhoto, o que é bom ter em mente. Usa luvas grandes — luvas cirúrgicas tamanho 8 — e o próprio relógio. Caso ele esqueça o seu, temos um bem parecido."

— Tyler Patton

House possui dois primeiros diretores assistentes. Quando Robert Scott está trabalhando no set dirigindo a filmagem, Kevin Williams está preparando o próximo episódio. Quando o episódio fica pronto, eles trocam de posição. No caso do episódio que está se preparando no momento, Kevin está trabalhando muito junto com sua diretora, Lesli Glatter. Ela passa no escritório de Kevin para dizer que acabou de elencar os atores para o dia e relata que encontraram alguém para um papel principal no episódio deles, talvez um pouco mais novo do que haviam imaginado, mas que se encaixa perfeitamente. Kevin responde que o departamento de locação encontrou algumas casas, que devem vê-las amanhã.

Os dois primeiros diretores assistentes, Kevin Williams (esquerda) e Robert Scott

Para criar o cronograma de filmagem, Kevin desconstrói o roteiro em pedaços do tamanho de uma cena e volta a montá-lo na melhor sequência de filmagem que ele conseguir, mantendo um ritmo de aproximadamente seis páginas de roteiro por dia de filmagem. É um quebra-cabeça extremamente sofisticado. Utilizando um programa de computação produzido pela Entertainment Partners, chamado Movie Magic, Kevin acrescenta as informações pertinentes a cada cena: quais os protagonistas envolvidos, se são necessários atores figurantes, que câmeras vão para que sets, tudo isso acrescido de efeitos especiais, figurinos, maquiagem, exigências de acessórios – resumindo, tudo.

Kevin destaca alguns dos critérios que ele precisa levar em consideração ao decidir a ordem das filmagens. Quando há

uma cena externa durante o dia, faz sentido programar tal filmagem para o início da semana. A hora de chamada da equipe (o horário em que ela precisa estar no set), que é ditada pelos períodos de descanso regulamentados pelo sindicato, tende a ser cada vez mais tardia conforme a semana progride. Caso você tenha filmado uma externa à noite no início da semana, as horas de chamada ficarão impossivelmente tardias. Quando é preciso construir sets, as cenas afetadas podem ser adiadas mais para o fim da semana, a fim de disponibilizar mais tempo para sua construção. Uma forma de economizar um pouco de tempo é fazer com que a equipe não precise deslocar todo o equipamento de uma sala do hospital a outra depois de cada cena; evitar mudar de cenário, então, economiza muito tempo. Mesmo assim, alterar a ordem das cenas só porque serão filmadas uma ao lado da outra nem sempre agrada aos atores, que preferem filmar as cenas do roteiro na ordem de sua sequência, para ajudar em sua preparação. Enquanto elabora a coreografia da semana, o diretor assistente (DA) deve tentar deixar todo mundo feliz.

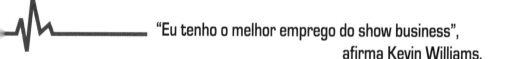

"Eu tenho o melhor emprego do show business", afirma Kevin Williams.

Kevin Williams pintou sets e arrastou móveis em seus primórdios, trabalhou dez anos em Miami antes de se mudar para Los Angeles. Quando *Miami Vice* foi para Miami, ele trabalhou como figurante e como *stand-in* para Philip Michael Thomas e fez trabalho de assistente pessoal enquanto distribuía seu currículo por aí. Na quarta temporada, ele já era o assistente pessoal do programa e havia trabalhado dias suficientes (seiscentos) para que se filiasse ao Sindicato dos Diretores, o que fez com que pu-

desse atuar como segundo diretor assistente. Depois de Miami, Kevin trabalhou em todo o país e chegou a Los Angeles. para atuar como segundo diretor assistente em *Arquivo-X* ("a three-ring circus") e *Seven Days,* da UPN, antes de ser contratado por Gerrit van der Meer para *Gideon's Crossing*. Ele estava trabalhando em *Crossing Jordan* quando Gerrit voltou a procurá-lo. *House* já era um programa de sucesso. "Como eu poderia recusar"?, pergunta Kevin.

Durante todo o processo, tudo está direcionado para que sejam oferecidas as melhores condições possíveis a fim de que o diretor realize sua visão de cada cena do roteiro. O diretor é quem define de quanta "cobertura" precisa, o que determina quantas vezes a cena terá de ser filmada com a câmera (ou as câmeras) focada num ator diferente, ou atores, por vez. Uma cena leve e engraçada pode precisar de apenas duas tomadas. Cenas intensas, essenciais, requerem muita cobertura. Elas talvez possam ser emendadas com cenas mais tranquilas a fim de que se garanta tempo suficiente para a maior parte da história. Tomadas de ação têm sua dinâmica própria e contam com a presença de coordenadores de acrobacia no set, supervisionando a briga. Diretores têm suas preferências. "Alguns diretores se sentem bem lidando com muito material pesado num único dia; muitos deles preferem ter apenas um big bang por dia", comenta Kevin.

Quanto mais um assistente de direção trabalha com um mesmo diretor, tanto melhor conhecerá seu estilo. Por sua vez, quanto mais um diretor tiver trabalhado com determinado elenco e equipe, tanto mais confortável se sentirá com eles. Nesse caso, ele poderá enviar menos "cobertura" para o departamento de edição (isto é, menos tomadas), porque sentirá mais confiança no material que filmou. Essa decisão é feita no

Armando uma tomada com a Steadicam. O diretor Greg Yaitanes está na frente, e o diretor de fotografia Gale Tattersall, à direita.

estágio de planejamento, quando o diretor olha para a cena e diz: "Eu quero essa e essa tomada", e assim por diante. Depois de ter trabalhado algumas vezes com um diretor, Kevin Williams pode prever como ele quer a cena para conseguir filmar o que precisa.

Enquanto a quantidade e o tipo de tomadas são resolvidos, Kevin precisa manter contato com a equipe para garantir que a vontade do diretor seja feita e para saber se ele precisa de algum equipamento específico naquele dia específico. Para uma cena de caminhada e fala (quando a câmera, olhando para trás, segue personagens conversando enquanto, digamos, vão caminhando por um corredor), o diretor pode querer utilizar uma Steadicam, uma estrutura contrabalanceada para a câmera que possibilita filmagens sem solavancos mesmo quando o operador está andando para trás. Neste caso, o assistente de direção pediria à equipe de câmera que alugasse uma Steadicam para aquele dia e que o operador estivesse pronto para o ensaio. Rob Carlson, o operador de Steadicam de *House*, é o operador de câmera B. Um operador de câmera recebe mais para operar uma Steadicam. Mas, quando entra na faixa de salário mais elevada, ele é pago por esta faixa o dia inteiro. Portanto essa é uma despesa que precisa ser levada em consideração.

Kevin toma cuidado para manter boas relações com os roteiristas. Quando ele consegue uma dica sobre algo inusitado que eles possam estar bolando, isso representa um adianto inestimável. Por exemplo, caso haja uma criança no elenco, especialmente quando ela for o paciente da semana e estiver em risco no episódio, devem-se tomar medidas especiais. Crianças só podem trabalhar um determinado número de horas por dia e requerem a presença de um professor ou de um assistente social no set. As regras para bebês são ainda mais restritivas: eles só podem trabalhar vinte minutos dentro de dois períodos

de duas horas por dia. Quando o bebê é mostrado dormindo, é possível usar uma boneca. Um bebê animatrônico (robô) pode ser usado caso só seja necessário mover um braço ou piscar os olhos. Contudo, isso requer dois manipuladores para mover o modelo fora da vista da câmera, o que pode vir a ser mais um problema do que uma solução. Em caso de participações de animais, é ainda mais complicado. Leva anos para treinar um cachorro a fazer o que você quer que ele faça, e ele só tem oito dias para isso, afirma Kevin, a partir de sua própria e amarga experiência.

....

A coisa mais difícil de programar, em matéria de cronograma, é o teaser, a abertura do episódio, que fornece a ambientação do enigma clínico da semana. Frequentemente, eles são filmados em locações longe do Princeton-Plainsboro (ou seja, longe das dependências da Fox). Sua qualidade é altíssima: a perseguição policial pelos telhados no início de "Coração Valente" não fica nada a dever a uma cena similar no cinema. Os roteiristas tentam manter os departamentos informados quando planejam um teaser particularmente ambicioso. Algumas ideias são simplesmente irrealizáveis, seja por falta de tempo no cronograma ou por saírem caras demais.

Os produtores que têm a palavra final sobre assuntos ligados a cronograma e orçamento são o diretor da unidade de produção, Gerrit van der Meer, e a produtora, Marcy Kaplan. Gerrit e Marcy fazem tudo o que está ao alcance deles para as coisas acontecerem, como construir uma estação de pesquisa na Antártica no set, capotar um ônibus urbano em Princeton ou um Humvee no Oriente Médio, estatelar um guindaste em Trenton ou criar um campo de refugiados africanos — desde que se encaixe dentro do orçamento. Cabe a Gerrit decidir

quando fazer com que todo mundo se canse e acrescentar um dia de filmagens se tornará contraprodutivo. Também podem ocorrer problemas de disponibilidade dos atores. E programar dias de filmagem sobrepostos com duas unidades de câmera é muito difícil, porque você precisa garantir que os atores não sejam solicitados em dois lugares diferentes ao mesmo tempo. Às vezes, é preciso mudar os roteiros. Originalmente, em "Wilson", na sexta temporada, Wilson velejaria com seu amigo Tucker, mas a cena acabou virando uma caça ao peru no meio dos bosques, muito mais barata.

"David Foster entrou e disse: 'Estou modificando [a cena] de navegação a vela para de caça. Isso cria qualquer tipo de dificuldade para vocês?' E respondemos: 'Não, adoramos caçar. É melhor que velejar.'"
— Mike Casey

O seriado como um todo possui dois orçamentos: o "amort" (amortizado) e o "padrão". O orçamento amort compreende os custos de capital que não são específicos de um episódio, tais como os grandes projetos de construção que acontecem entre as temporadas. O orçamento padrão corresponde às despesas planejadas para cada episódio específico somado ao orçamento amort dividido pelo número de episódios. Gerrit e Marcy têm plena consciência de que se alguma coisa planejada para o terceiro episódio vai custar centenas de milhares de dólares a mais do que o orçado inicialmente, então o 18º episódio, que ainda não passa de uma visão mental de David Shore, terá de ser mais simples. O objetivo é conseguir fazer tudo, mas de olho no teto. "Meu objetivo", declara Marcy se referindo ao orçamento da série, "é não gastar nem um centavo a mais."

House é realizado pela NBC/Universal. Até dezembro de 2009, o programa esteve sujeito ao regulamento financeiro da GE, uma das maiores corporações dos Estados Unidos, então

sócia majoritária da NBC. O programa recebe auditoria periódica, e tudo o que foi produzido ou comprado pelo programa – qualquer coisa que envolva custos – é teoricamente um bem que pode precisar ser comprovado para um auditor. Ao término de cada temporada, o departamento de contabilidade faz um inventário dos bens de cada departamento, coisas que devem ficar disponíveis. Isso significa que jamais alguém joga qualquer coisa fora. (Dentro de limites razoáveis – os sets são normalmente grandes demais para serem desmontados e armazenados.) O programa também deve estar pronto a fazer a refilmagem de uma cena para ser inserida no todo, caso surja algum problema na pós-produção (depois do término das filmagens), e também a retomar a cena sem deixar emendas caso um velho personagem retorne ou os roteiristas resolvam começar a revisitar o passado. Mesmo assim, a maioria dos itens que são usados uma vez só são guardados de qualquer maneira.

Tyler Patton e Mike Casey guardam todos os acessórios que já usaram, sendo que a maior parte deles está armazenada em montanhas de caixas de plástico transparentes, empilhadas no fundo de um dos cenários. No meio de corpos de plástico, de aparelhos de fax e de filmes pornôs de mentira, há uma caixa com os dizeres "Chuveiro Vintage" e outra com "Sapos de plástico transparente". Na primeira temporada, House jogou um sapo em alguém, e a turma dos *props* selecionou sapos para que se pudesse escolher (nunca há apenas um tipo de qualquer acessório). Eles os guardam, só para garantir. "Quando somos auditados, eles chegam com uma lista aleatória de coisas", explica Mike. "Onde está o chuveiro vintage?", "Onde está o sapo de 2 mil dólares?". A televisão era diferente dos outros negócios da GE.

"Não estamos gastando como pródigos bêbados", afirma James Wallace, um assistente pessoal. Uma das tarefas do escritório da produção é ficar de olho no custo de tudo. O es-

critério mantém listas com os bens dos departamentos e com cópias de todas as ordens de compras geradas pelo programa. Se você quiser saber quanto foi gasto em alimentação numa filmagem de três anos atrás, é só perguntar para o escritório da produção. Eles também gastam dinheiro. Meg Schave, coordenadora da produção, está planejando implementar uma nova política na NBC, banindo o uso de pratos e copos de isopor para economizar aterros sanitários, o que significa comprar talheres biodegradáveis. Entre garfos com cabo de fibra de batatas e os projetos de construção envolvendo vários milhões de dólares, há uma quantidade enorme de coisas que devem ser mantidas sob controle. "Fazer um programa de tevê é algo muito grande", explica Elisabeth James Rhee, supervisora de produção. "É uma enormidade. Há muitos fatores envolvidos, de todos os mais distintos departamentos. Nós tentamos encontrar maneiras de aprimorar a relação custo/benefício."

PERGUNTA: Vocês tem de ser capazes de atender a qualquer pedido concebível?

JAMES WALLACE: No episódio "A cabeça do House", há uma cena em que Cuddy está fazendo um striptease na frente de House, e tiveram que trazer uma garota [para ensaiar]. Tínhamos que facilitar as coisas fornecendo a ela um ambiente ideal, e então fomos lá e compramos um poste para strippers, daqueles extensíveis, que veio com um DVD legal ilustrando como usar o poste.

ELISABETH JAMES RHEE: Os técnicos instalaram o poste em um de nossos quartos para pacientes, para que os ensaios pudessem proceder — Lisa precisou praticar; e também teve outra stripper no mesmo episódio. — ... [depois das filmagens], os

técnicos me ligaram, perguntando se eu queria que eles deixassem o poste no quarto dos pacientes ou se já tínhamos terminado de usar.

MEG SCHAVE: E o que fazer com ele, já que é um bem e é preciso guardá-lo em algum lugar?

PERGUNTA: Onde ele está, agora?

MEG: No quarto dos fundos.

O assistente de produção Dan Horstman descreve o escritório da produção como sendo o centro nervoso do programa. Eles mantêm registro de tudo: todas as folhas de chamada, as diferentes versões dos roteiros e os cronogramas de filmagens, que estoque de filme foi utilizado para quais cenas e quanto sobrou no término de uma filmagem. Eles garantem: que as informações relevantes cheguem aos departamentos; que memorandos sobre reuniões sejam distribuídos; e que haja comida e bebidas disponíveis durante a reunião; que todos os que precisam de um roteiro recebam uma cópia quando precisarem dele, o mesmo acontecendo com as folhas de chamada e as informações sobre locações. Evidentemente, é de vital importância que todos aqueles cuja presença numa filmagem em locação se torne necessária saibam onde devam estar. Eles também precisam ter tudo de que necessitem para facilitar as filmagens.

Uma das tarefas de Elisabeth James Rhee é cuidar da viagem de um ator que esteja fora da cidade. Os atores são sua responsabilidade até que eles cheguem ali, momento em que passam para a do segundo assistente de

direção, que organiza seus cronogramas. Se as condições climáticas forem ruins na Costa Leste no domingo, e Hugh Laurie precisar viajar para Los Angeles de Nova York para filmar na segunda-feira, Elisabeth precisa encontrar uma solução (quando isso aconteceu, ela fez com que ele fosse levado de carro para a Filadélfia, para que ele pegasse um voo dali).

Como se seu personagem, Detetive Tritter, já não tivesse sofrido humilhações o suficiente, David Morse ficou retido num avião que demorou horas para decolar, em uma viagem que fora marcada em cima da hora. Ele precisava de um roteiro, e Elisabeth, com muita dificuldade, conseguiu enviar uma cópia para ele numa parada programada em Salt Lake City, o que implicou uma entrega especial de encomenda para um passageiro em trânsito (por motivos de segurança, os roteiros não podem ser enviados por correio eletrônico). Mesmo assim, Morse nunca chegou a Utah e foi redirecionado para Cincinnati, onde teve de passar a noite. Ele pegou um voo na manhã seguinte, chegando exausto e um pouco abatido.

Para a locação de hoje, Elisabeth alugou um operador de gerador para o dia todo e se assegurou de que ele sabia onde devia estar. Como é que ela soube que precisariam de um operador de gerador? Durante uma visita técnica à locação do roteiro, o departamento de iluminação de sets mensurou quanta luz seria necessária e verificou que não havia essa quantidade de força disponível no set. O departamento de transporte, que possui um pessoal enquadrado na categoria trabalhista adequada para operar geradores, não possuía qualquer unidade disponível, o que significa que Elisabeth teve de apelar e contratar um de fora. É dessa maneira que as linhas de um roteiro se transformam nas linhas de um cronograma de filmagem, para virarem tarefas reais.

"Disseram: 'Vamos refilmar a cena 21A do quarto episódio.' Isso consta do cronograma em uma linha, e eu respondi: 'Putz, não me lembro dessa cena.' Então, consulto o cronograma, verifico o detalhamento, e não existe uma cena 21A. Isso acontece porque novas páginas do roteiro são produzidas enquanto já estamos filmando. Então, devo checar as páginas. Há diferentes cores para representar cada fase de alteração do roteiro, mas, mesmo assim, ainda não acho a 21A. Vou até o escritório de produção, pedindo ajuda: 'Estamos fazendo a cena 21A do quarto episódio, mas eu não consigo achá-la.' Todo mundo procura, e eles também não a localizam. Então, resolvo apelar para os roteiristas. Daí eles ligam, e os roteiristas respondem: 'Ah, sim, ainda não escrevemos isso.'"

— Mike Casey

Quando alguém se vê confrontado com um abacaxi que não consegue descascar, leva o problema ao escritório da produção. O assistente pessoal Lee Perez Gonzalez concorda: "Quando qualquer pessoa de qualquer departamento tem um problema, ela vem nos procurar. Mesmo que não possamos resolver coisa alguma, nos procuram". Meg Schave emenda: "Inclusive quando não conseguem usar a impressora, ou quando não têm mais café, ou se precisarem de uma banana." E Dan Horstman acrescenta: "Todos esses exemplos são reais."

Problemas de produção mais complexos são levados a Gerrit van der Meer e Marcy Kaplan, a pedido da dupla. Na medida em que sua tarefa é dar conta do todo, eles querem estar cientes do problema, mesmo que alguém já esteja resolvendo. Ambos sabem muito bem que os problemas de um departamento acabam repercutindo nos outros, por efeito dominó. "E isso

me dá a oportunidade de ajudar. Se eu não ficar sabendo, é porque alguém tomou essa decisão por mim", diz Marcy.

"Eles dizem que não quiseram me contar porque custaria dinheiro", revela Marcy. "Bem, custaria mil dólares ontem e, agora, vai nos custar vinte mil."

....

O episódio que você acabou de ver na segunda-feira*, que corresponde a uma das folhas do papel amarelo de Katie Jacobs, provavelmente foi filmado entre seis e oito semanas atrás. O processo inteiro constitui um excelente exemplo da lei que afirma que a tarefa se expande para se adequar ao tempo disponível. A exemplo de Tyler e Mike, Gerrit e Marcy têm cronogramas definindo as etapas da produção afixados à parede. No caso destes, pontos azuis representam a entrega de roteiros; pontos verdes marcam quando o diretor começa; as datas de filmagem estão em vermelho; e tudo o que está ligado à pós-produção fica em amarelo. Dezesseis dias são alocados para a edição do episódio, e outros dez, para a mixagem de som, o *layback* (acréscimo de áudio ao vídeo) e a correção das cores. Os produtores precisam vê-lo, o estúdio precisa vê-lo, a emissora precisa vê-lo. Muitos desses prazos são arbitrários, admite Gerrit. "Normalmente, leva muito mais tempo."

Os editores de *House* são Amy Fleming, Dorian Harris e Chris Brookshire. Eles começam a trabalhar em seu episódio assim que o veem sob forma de "diários" das filmagens do dia anterior. O aspecto e o som do programa, que são arranjados na pós-produção, são um capítulo à parte. No grande esquema de processos, eles estão no fim do cronograma. Ao passo que

---

* No Brasil, o Universal Channel exibe *House* às quintas. [N. do E.]

a data de ida ao ar é inflexível, o cronograma, de forma geral, tem algumas folgas aqui e ali, mas não tanto na pós-produção. "Eles começam a filmar em junho, nós vamos acompanhando, e nosso objetivo é que nunca fiquem muito adiantados; estamos constantemente procurando manter o mesmo passo", afirma Chris Brookshire. "Às vezes, o cronograma fica um pouco apertado, e, como somos o último grupo a cuidar do programa, temos que trabalhar mais rápido por volta do fim do ano."

Depois de fixar o elemento visual do programa, acrescentar a música e mixar o som, o escritório da pós-produção entrega o programa à emissora, sob forma de uma fita de alta definição. A emissora então a transmite para estações distribuídas por todo o país. Quando a Fox deslocou *House* de terça para segunda-feira, nos Estados Unidos, isso significou que o programa passou a ser entregue na sexta-feira em vez de na segunda. Quando já estamos em cima da hora, como acontece de vez em quando, essa mudança pode ser significativa.

Quando o último episódio da temporada for entregue, a maior parte de *House* entrará em recesso. Também há uma interrupção de duas semanas no período das festas de fim de ano. As temporadas longas têm intervalos muito curtos entre elas, e alguns departamentos estão sempre trabalhando — um recesso é o momento perfeito para projetar e construir sets, porque não estão ocorrendo filmagens. O escritório de produção permanece aberto, empacotando o material da temporada concluída e preparando a próxima. É importante que os registros sejam minuciosamente mantidos. Meg Schave costumava trabalhar em *Everybody Loves Raymond*. Ao fim das filmagens de uma temporada, o programa terminava e o escritório de produção fechava. No ano seguinte, o programa foi nomeado para um certo número de Emmys e não havia ninguém no escritório para atender ao telefone. "Assim, caso eles precisem

de alguma coisa, você tem de poder consultar os registros, procurar quem era o fotógrafo naquele dia... Quando não há registros minuciosos, fica impossível localizar as informações", explica Meg. "E nunca se sabe quando precisaremos encontrar aquele sapo."

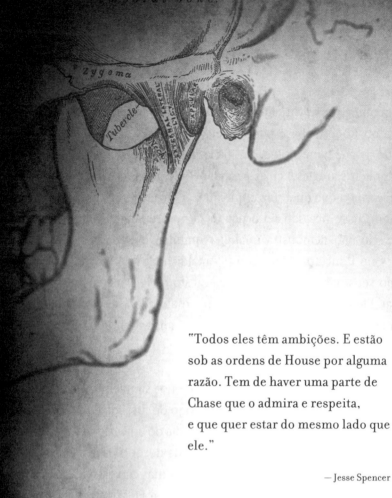

"Todos eles têm ambições. E estão sob as ordens de House por alguma razão. Tem de haver uma parte de Chase que o admira e respeita, e que quer estar do mesmo lado que ele."

— Jesse Spencer

CHASE

Jesse Spencer

Enquanto House viu algo especial em Foreman e Cameron, ele contratou Robert Chase porque seu pai, médico respeitado, telefonou pedindo a vaga para o filho. No início da temporada, Chase está ansioso para agradar seu chefe, cujas qualidades ele admira. "Gosto desse cara", diz. "Ele fala o que quer, faz o que quer."("Medicina Esportiva"). E se por um lado Chase fica satisfeito por ter a oportunidade de trabalhar para House, ele não demonstra qualquer gratidão quando seu pai, Rowan, aparece no Princeton-Plainsboro ("Amaldiçoado"). A exemplo de House quando seus pais o visitam, Chase se esforça enormemente para evitar seu pai. Ele conta ao chefe que seu pai o abandonou e à sua mãe alcoólatra anos antes, quando Chase tinha 15 anos. Contudo, ele não odeia o pai.

"Eu o amei até entender que dói muito menos simplesmente não ligar. É só não esperar que ele apareça ao seu jogo de futebol, e não haverá decepções. É não esperar um telefonema no dia do aniversário e não esperar vê-lo ao longo de meses, e, pronto, nada de decepções. Você quer que a gente se reconcilie — que a gente tome algumas cervejas juntos, que nos abracemos gentilmente como se faz em família? Eu já o abracei o suficiente. E ele já me deu desilusões o bastante."

— CHASE

House deduz que Rowan está de visita para ver Wilson por estar com câncer. Chase e seu pai ficam juntos por um momento, ambos sem graça, e o pai diz que verá Chase com calma na próxima vez que passar pela cidade. Mas, o pai sabe que não haverá próxima vez. Em "O erro", Chase descobre que seu pai faleceu e, preocupado, ele realiza pessimamente a entrevista de um paciente crônico. O paciente morre, e Chase tenta se punir exagerando seu grau de negligência. Contudo, House não vai

deixar Chase virar mártir e o mantém na equipe, com apenas uma repreensão.

> **PERGUNTA:** Chase parece ter uma noção de o que House está pensando. Foreman fica frequentemente horrorizado, assim como Cameron. Todo mundo fica muito mais que você.
>
> **JESSE SPENCER:** Eu mesmo fiz um pouco dessa escolha. Em grande parte do tempo, o personagem de Chase não estava plenamente detalhado, e então tomei conscientemente a decisão de que, quando nada estivesse escrito, eu gostaria de ser o cara que talvez concordasse com House. Todos nós trabalhamos para ele por uma razão... Alguma parte de nós concorda com o que ele quer. No fim das contas, nenhum desses personagens é completamente desprendido.

Com o falecimento do pai, Chase se torna mais independente. Em parte, é por necessidade. Ele arranja um segundo emprego na UTI neonatal porque seu pai o cortou do testamento. Chase já não é mais um garoto rico ("Para sempre") — os dias em que ele ia praticar snowboard na chiquérrima estação de Gstaad, como o fez na primeira temporada ("Controle"), ficaram para trás. Quando Vogler procura alguém para dedurar House, Chase se prontifica. Entretanto, posteriormente, ele não fará o mesmo por Tritter ("À procura do Judas"). O detetive Tritter, que sabe da história com Vogler, faz parecer que Chase foi o delator ao congelar as contas bancárias de todos, exceto a de Chase. Contudo, ele permanece leal, embora House pense que ele o tenha dedurado novamente e dê um soco nele. Chase também enfrentou House, se recusando a lhe prescrever Vicodin. Isso dará má fama a Chase — em "Família", House o chama de "escroto traiçoeiro".

"Eu sempre achei que havia algo de similar nos personagens [de Chase e Thirteen]. Desde a quarta temporada, pelo menos, eu diria que Chase vem

demonstrando esse tipo de atitude teimosa e muito independente, por falta de uma expressão melhor, uma atitude de 'Ah, dane-se' em relação a House, e isso é algo que Thirteen respeitaria."

— Olivia Wilde

Evidentemente, há um conflito muito profundo dentro de Chase — ele também tem um lado muito humano. Em "Autópsia", ele faz a vontade de uma paciente com câncer de nove anos e a beija — ela acha que essa seria sua única chance de ser beijada.

E, claramente, desde o início o interesse de Chase em Allison Cameron foi romântico. Ele a convida para sair no terceiro episódio, "O princípio de Occam", mas Cameron o interrompe antes que ele consiga terminar a frase. Foi um não. Em "A caça", Cameron transa com Chase quando está doidona ("Vê se não dá uma de bonzinho, agora", ela pede.) Mais tarde, em "Insensível é a dor", Cameron sugere a Chase uma relação puramente sexual: eles estão muito ocupados, portanto é conveniente. E ela não aparenta vir a se apaixonar por ele. Chase fica feliz em aceitar, embora pense que Cameron só esteja dormindo com ele para provocar ciúmes em House ("Posição fetal"), conforme conta para Foreman. No entanto, Chase acaba assumindo que quer aprofundar o relacionamento entre eles (em "Transportado pelo ar"), e, imediatamente, Cameron termina com ele.

Chase é persistente. Compra flores para Cameron e, toda segunda-feira, lembra a ela que está apaixonado. Eventualmente, Cameron percebe que seus sentimentos são recíprocos. (Muito depois, em "Vidas privadas", Chase se preocupa com o fato de Cameron só ter gostado da sua aparência o tempo inteiro. Ele sai com House e Wilson para conhecer mulheres e, como era de se prever, acaba pegando um monte de números de telefone. Será que as pessoas são mesmo tão vazias? Diante das evidências, Thirteen assegura a Chase que os sentimentos de Cameron eram genuínos.) Quando House é levado embora para o hospital, no fim da quinta temporada, Cameron já superou suas grandes dúvidas e se casa com Chase.

PERGUNTA: Fiquei surpreso por vocês se casarem.

JESSE SPENCER: Pois é, nós também. Por outro lado, isso dá um bom contraste com o fato de House perder a cabeça e ser internado no hospital.

PERGUNTA: Isso também significa que você pode se machucar mais.

SPENCER: Certo.

Talvez Chase, sendo autossuficiente, tenha condições de se dar bem sem House. No fim da terceira temporada, House demite Chase: "Já que você esteve aqui mais tempo, ou você aprendeu tudo o que podia ou não aprendeu absolutamente nada. De qualquer maneira, está na hora de mudar" ("Erro humano"). Chase só responde: "Ótimo." E acrescenta: "Conseguir esse trabalho foi a melhor coisa que me aconteceu. Tudo nele foi bom. E perdê-lo? Bem, acho que também vai ser bom." House procura substitutos para sua primeira equipe e acha que Chase encontrou trabalho numa filial da Mayo Clinic no Arizona. E que ele está com Cameron. Mas, Chase, especializado em cardiologia e terapia intensiva, está de volta ao hospital e aparentemente realizado, trabalhando como cirurgião. Na sexta temporada, no período em que House está sem licença para trabalhar, Foreman pede que ele e Cameron retornem para ajudá-lo, depois de ele demitir Thirteen e de Taub largar o emprego.

"Não acho que Chase seja particularmente ingênuo em relação a House. Ele é mais ingênuo em relação a si mesmo."

— DAVID SHORE

Entretanto, Chase não consegue se livrar de House. Cameron acredita que House tenha criado as circunstâncias que fizeram Chase (dependendo do ponto de vista) causar a morte do tirano Dibala antes que ele pudesse regressar ao seu país e desencadear um genocídio envolvendo centenas

de milhares de seus compatriotas ("O tirano"). No fim das contas, Chase não é igual a House, e a morte de Dibala prova isso. "Ultrapassei alguns limites", confidencia a Foreman, seu comparsa conspirador, "e venho tendo dificuldades para voltar a me enquadrar" ("Carma imediato"). Foreman perguntou antes a Chase: "Você realmente acha que pode matar outro ser humano sem trazer qualquer consequência para si mesmo"? E Chase sabe que isso não é possível. Em "Criticado de uma forma ou de outra", Chase afirma ter abandonado o seminário quando perdeu sua fé. Depois de Dibala, ele procura a ajuda da Igreja e se confessa, mas o padre não quer absolvê-lo caso ele não se entregue. "Eu matei um homem, mas fiz a coisa certa", argumenta. Quando vê seu casamento se desintegrar aos poucos, ele declara a Cameron que, mesmo que isso o destruísse, ele mataria Dibala outra vez.

> "Mesmo quando ele perde sua fé, a consciência da espiritualidade fica, e isso tem um impacto sobre a vida dele. Vou me confessar... é sempre demorado. Nada é preto e branco... tudo é cinza. Isso é o que gosto de ver quando assisto ao programa — essas questões que são levantadas e não necessariamente respondidas, mas que mostram ter impacto sobre os personagens.
>
> — Jesse Spencer

Depois de abafar o assunto por certo tempo, Chase acaba admitindo à esposa ter trocado os resultados dos exames de Dibala para que o ditador recebesse o tratamento errado e morresse. Inicialmente, Chase concorda em deixar o Princeton-Plainsboro com Cameron e começar de novo. House acredita que o casamento de Chase e Cameron não sobreviverá à questão envolvendo Dibala e precipita o fim da união, ao plantar na cabeça de Chase a ideia de que Cameron não o considera responsável. Isso funciona. Quando Chase se dá conta de que Cameron culpa mais House do que ele próprio, ele decide reafirmar que a decisão de matar Dibala foi sua, não de House. Como House previra, e de acordo com seus

planos, Chase quer voltar a trabalhar para ele a fim de provar que não é uma marionete, e de mostrar que não depende de ninguém. Cameron considera que a decisão de Chase prova exatamente o contrário.

> "Isso é o que House diz para Chase e Cameron — isso será descoberto, e é melhor que seja agora e não mais tarde."
> — David Shore

House teria mesmo transformado Chase num assassino? Cameron certamente pensa dessa forma, e é isso que ela diz para House, quando deixa o hospital e seu marido: "Você acabou com ele de tal modo que ele nem sequer consegue distinguir o certo do errado. Ele nem consegue mais perceber a santidade de uma vida humana." ("Trabalho em equipe"). Quando Cameron procura Chase no hospital para assinar a papelada do divórcio ("A sete chaves"), este está com a ideia fixa de que Cameron jamais o amou. Inicialmente, ela afirma não saber se o amava ou não – mas isso não é verdade. Cameron culpa a si mesma, dizendo que foi ela que arruinou tudo – primeiro, casando com um homem que estava morrendo e, depois, expulsando Chase de sua vida. O mínimo que se pode dizer é que os dois se despedem de forma amigável: Cameron afirma que sentirá falta de Chase o abraçando quando dançam. Então, Chase toca *Alison* de Elvis Costello para ela, eles dançam, se beijam e fazem amor. Chase parece se sentir aliviado: o divórcio não foi por sua culpa. Então, House ganhou.

Provavelmente, Chase mereceria ser lembrado de algo que dissera para Foreman sobre House, lá no terceiro episódio: "Ele pensa além do enquadramento. Isso é tão ruim assim?"

KATIE JACOBS: Chase foi escrito como um personagem americano. E mais velho que Jesse. Quando ouvi sua leitura, gostei de sua essência natural, e não quero que ele trabalhe para suprimi-la.

CATHY CRANDALL (DESIGNER DE FIGURINO): Ele parece um pouco seminarista. É australiano, mas possui a sensibilidade da Costa Leste. Ele é mais de tipo *Esquire*, e Foreman, mais GQ. Eu quero que ele pareça sempre jovem, fazendo o tipo que não está nem aí, mas que sabe que é bonito. Ele sabe que pode ser atraente. Eu quero mantê-lo sempre antenado e jovem.

Jesse Spencer sobre... a filosofia

PERGUNTA: A filosofia do programa é sombria, às vezes. Como é que isso se encaixa em seu ponto de vista pessoal?

O programa é diferente de muita coisa que passa na tevê. Parte do sucesso do seriado se deve ao fato de ele permanecer fiel aos seus valores fundamentais. Às vezes, isso pode ser bastante cínico e, definitivamente, não é um ponto de vista idealista. Eu gosto disso. E faz com que os momentos de esperança ou de surpresa, quando fica provado que House está errado, ou quando algo acontece que leva House a repensar sua visão de mundo, se destaquem ainda mais. É uma questão de contraste. Permitimos que o lado mais light de House possa brilhar por um momento.

PERGUNTA: Isso pode ser engraçado.

Há humor dentro do sombrio. House costuma transformar até o sombrio numa piada ou zombar da maneira como os seres humanos reagem em algumas situações. Isso tem de ser feito com humor, senão seria deprimente demais.

Jesse Spencer sobre... House

PERGUNTA: House não tem um filtro.

Todos nós gostaríamos de ser assim. House não se pauta por regras e convenções.

PERGUNTA: Quando ele diz "Todo mundo mente"...

"... há muitas mentiras."

PERGUNTA: Você teve a oportunidade de dar um soco em Dr. House [em "Santa Ignorância"]. Você queria fazer isso havia muito tempo?

Isso se encaixa muito bem, porque ele já me deu um soco antes ("À procura do Judas"). Ele estava fazendo tratamento de desintoxicação, eu corri e tentei interromper uma cirurgia. Percebi que se tratava de protoporfiria eritropoética — nunca mais esqueço essa aí, ele virou e me socou no nariz. É bom eu poder bater nele no fim. Acho que é surpreendente, porque o público pensa: "Por que é que ninguém enfrenta o House?" Ele acha que isso nunca vai acontecer.

PERGUNTA: Você diz para ele: "Eu só quero que as pessoas me deixem em paz."

Existem modos opostos de se lidar com uma situação. Você segue o modo americano e senta para conversar a respeito numa terapia, ou você simplesmente segue em frente com sua vida?

PERGUNTA: O modo australiano de resolver as coisas é assim, simplesmente abaixar a cabeça?

Ah, é, totalmente. Isso se encaixa com o ponto de vista australiano. Os americanos adoram psicoterapia.

Jesse Spencer sobre... Jesse Spencer

PERGUNTA: Há um episódio em que você é acusado de ser inglês por Foreman, que diz "vocês têm a rainha no dinheiro; você é inglês". Você ficou ofendido com isso?

Não. Eles sempre me taxam de inglês, porque não sabem. Alguns australianos ficam ofendidos com esse papo de ser inglês. Seria a mesma coisa que chamar americanos de ingleses. Os Ingleses às vezes são chamados de australianos por aqui. Eu mesmo ouço muito que sou inglês. Originalmente, Chase era americano, mas... pensamos, por que não torná-lo australiano? Achamos que era uma opção mais interessante.

PERGUNTA: Você pagou sua própria passagem para vir a Los Angeles?

Paguei. Eu quase não fui à audição para o papel. [Chase] era um americano de 37 anos, e eu só tinha 24. Não achei que fossem querer mudar isso, mas, nos Estados Unidos, é o que acontece. É só se apresentar e fazer a audição e, caso gostem de você, vão mudar o personagem. O texto era diferente de tudo o que eu já havia feito.

PERGUNTA: Você tem familiares que trabalham na área médica.

Meu pai é clínico geral. Meu irmão mais velho é oftalmologista, depois vem um cirurgião ortopedista, então venho eu e, finalmente, minha irmã mais nova tem um jeito ligeiramente parecido com o de House, no sentido de ser superinteligente e não conseguir lidar com pacientes. Ela vai ser anestesista. Bem, e eu faço o papel de médico na tevê. Não é tão esquisito assim [que eu interprete um médico], porque, nos Estados Unidos, se você trabalhar em filmes, você vai fazer o papel de

médico, de policial ou de ambos em algum momento. Isso sempre acontece.

PERGUNTA: Você chegou a pensar em seguir essa carreira?

Eu passei para a universidade, mas nunca apareci por lá. Eu tencionava fazer medicina, mas não era bem o que eu queria. Eu tinha decidido seguir a carreira porque era o que minha família fazia. Eu sabia que tipo de vida seria.

PERGUNTA: Música é algo importante para você.

Tenho um violino e um amplificador [no set]. [Toco] violino, violão, um pouco de piano. Eu toco com Hugh numa banda de caridade [Band from TV]. Essa é uma coisa extra, não tem nada a ver com ser ator. Nós tocamos em cassinos, já tocamos no Atlantis, nas Bahamas. Somos pagos e repassamos o dinheiro para obras de caridade.

PERGUNTA: E você é muito bom?

Sim e não. Para alguém que não saiba tocar, pareço bom. Para quem sabe, sou terrível. Parei de tocar por oito anos, quando estava no Reino Unido. Eu estava tentando fazer minha carreira decolar e me concentrei em interpretar. Eu não deveria ter parado. É duro tentar retornar. Voltei a tocar dois anos atrás. Os dedos se movem muito mais lentamente do que antes.

Jesse Spencer sobre... Chase

PERGUNTA: Chase fez algumas coisas sem escrúpulos — passar informações para Vogler...

É mesmo; ele é dedo-duro.

PERGUNTA: Como você justifica esse comportamento?

Ele sabe que vai ficar por isso mesmo.

PERGUNTA: Você acha que House respeita Chase?

Ele jamais assumiria isso diante de todos, mas você sabe que ele mantém essa equipe porque todos são bons em seu trabalho. Muito embora ele tenha tentado me demitir algumas vezes.

PERGUNTA: Aquele lance com seu pai foi muito intenso...

Foi algo triste de se ver. Relacionamentos nunca são perfeitos e eles criam grandes intrigas em torno de coisas que as pessoas desconhecem.

PERGUNTA: Chase não queria voltar atrás...

Não. Ele estava bastante determinado.

PERGUNTA: Surge a questão de que você esteve num seminário. É uma mudança de rumo fazer você pensar em Chase como um menino de coral da igreja?

Nós investigamos as similaridades entre ciência e religião. O que é fé? O que ela significa? As pessoas estão cegas pela fé ou seus olhos se abrem através dela?

PERGUNTA: E Chase compartilha a visão de House neste aspecto?

Esse jovem tinha fé e a perdeu em algum momento ao longo do caminho. Então, ele decidiu que a ciência era mais adequada ao seu modo de perceber o mundo ao seu redor.

PERGUNTA: Com Dibala, você tomou uma decisão.

É melhor se livrar de alguém que vai cometer um genocídio? Isso está bem? É a coisa certa a se fazer? É homicídio, porém não diretamente. Foi um pouco ambíguo. Não tínhamos cem por cento de certeza sobre o que ele tinha. Ainda havia uma parcela de suposição nisso. Desconfio de que eu o estou matando. É um erro médico que acarreta sua morte. Então, você tem de arcar com as consequências, mesmo que julgue ter feito a coisa certa.

PERGUNTA: Mas você prestou um juramento...

Certo, eu quebrei o juramento hipocrático de não praticar o mal. Mesmo que Chase acredite ter feito a coisa certa, o sentimento de culpa por ter tirado deliberadamente a vida de alguém é algo de que não é possível fugir. E nunca haverá escapatória.

PERGUNTA: Qual é o motivo pelo qual Cameron deixou você?

O casamento já está balançado porque ela sabe que há alguma coisa errada, e acaba culpando House em vez de me culpar. Mas dizer que teve a ver com House e não com Chase, quando Chase acredita ter tomado sua decisão de forma independente, representa um insulto supremo. Ele não foi infectado por um vírus House que o tenha levado a agir daquela maneira. House não faz esse tipo de coisa; o lance dele é solucionar o caso. Ele realmente não se importa com o fato de Dibala viver ou morrer, só quer resolver enigmas. E ela o deixa por achar que ele foi corrompido por House.

PERGUNTA: Vocês tinham acabado de casar.

Dava para imaginar que ia dar nisso. Fiquei pensando, bem, quanto tempo vai durar? Ninguém se casa e desaparece, fe-

liz para sempre. Ele percebe que não pode fugir do que vai acontecer. Então, decide ficar. Ele precisa ficar na equipe. Ele precisa estar o mais próximo possível de seu inimigo e do hospital. Ele precisa ficar.

PERGUNTA: Você curte essa montanha-russa de emoções?

Sim, isso é ótimo. Espero que estejamos trabalhando bem, porque é um texto tão bom que precisamos fazer isso direito e aproximá-lo da realidade.

PERGUNTA: Você consegue se lembrar dos termos médicos?

Lembro-me do primeiro. Leucoencefalopatia multifocal progressiva. Mas foi cortada do piloto.

JORNADAS DE 14 HORAS

 Realizando o Programa, Parte II

> "Eu amo a natureza colaborativa da tevê, a noção de trabalho em equipe. Há uma cena maravilhosa em *Apollo 13*, em que Ed Harris joga um monte de coisas na mesa. 'Isso é o que eles têm para levá-los de volta.' Me sinto assim com os episódios da tevê. Temos sete dias para prepará-los, oito para executá-los e temos este roteiro, estes atores, este diretor. Como é que fazemos isso? Como é que podemos fazer isso da melhor forma possível? Como é que fazemos isso juntos? E resolvemos a questão."

— GREG YAITANES, DIRETOR

O horário de chamada para um dia de filmagem no set de *House* é determinado pelo sindicato, de acordo com o tempo de repouso entre o término da filmagem de um dia e o início da próxima. Os membros do sindicato de câmera são os que recebem o menor intervalo, de 11 horas. Portanto, se as filmagens foram encerradas às 19h30, pode-se proceder à chamada da equipe às 6h30 na manhã seguinte. Os atores recebem 12 horas de descanso durante a semana e no mínimo 54 horas no fim de semana. Independentemente da hora em que as filmagens começarem, a decisão de encerrá-las ao fim do dia,

O diretor Greg Yaitanes (esquerda) com o primeiro assistente de direção, Robert Scott.

dez, 12 ou 14 horas mais tarde, é do diretor. Durante parte da sexta temporada, o diretor foi Greg Yaitanes em metade do tempo.

Greg Yaitanes tem dois empregos em tempo integral — como produtor diretor, ele dirigiu episódios alternados, entre "Simples assim" e "Santa Ignorância", e encaixou suas responsabilidades de produção — na edição, na pré e pós-produção — em torno disso. Yaitanes gosta de manter contato com a base de fãs do programa via Twitter. Ele ficou entusiasmado com esse meio desde seus primórdios — é amigo de um dos fundadores — e gosta de receber feedbacks instantâneos. Encorajou seus colegas a entrarem, para que *House* tivesse uma presença massiva no Twitter. Yaitanes se conecta pelo iPhone durante a

armação das tomadas no set. Ele está sempre em movimento; aproveita cada minuto em que não está dirigindo para produzir. "A sensação de estar constantemente fazendo várias coisas ao mesmo tempo mantém minha mente ágil. É como fazer cem palavras cruzadas ao mesmo tempo", brinca. O trabalho de Yaitanes começa às quatro ou cinco da manhã e se estende por 16, 17 ou 18 horas por dia; quando chega em casa, desaba. Aos fins de semana, ele passa o máximo de tempo possível com sua esposa e sua jovem família.

Chamadas de equipe constantemente atrasadas por causa de longas filmagens obrigam outras pessoas a ficarem longe de suas famílias. Mesmo trabalhando mais de 14 horas por dia, Yaitanes fez mudanças para tentar garantir que nem todo mundo tivesse de fazer o mesmo. Ele quer usar da melhor forma possível o tempo que essa "nobre seleção" de atores passa no set, especialmente Hugh Laurie, que está em quase todas as cenas. Yaitanes dita o ritmo das filmagens e é conhecido por trabalhar muito rapidamente.

O designer de produção Jeremy Cassells, o coordenador de construção e Yaitanes juntaram esforços para motorizar as paredes dos sets com muito vaivém, de tal forma que elas se movam para cima e para baixo, possibilitando que as equipes entrem e saiam de um set com mais rapidez. "Ele tem um ritmo bem ligeiro", confidencia Jeremy Cassells, "e não gosta de esperar". A parede entre o gabinete de House e sua antessala é móvel, assim como a parede atrás da máquina de café na antessala. Segundo Steve Howard, um trilho e um sistema de deslocamento feitos com precisão milimétrica foram embutidos nas laterais das paredes durante sua construção.

A partir de sua posição no centro da ação, Yaitanes se sente especialmente sintonizado com as necessidades da equipe e dos atores. Amparado pela paleta criativa de Katie Jacobs do ponto de vista visual, e em parceria com os produtores prin-

cipais Gerrit van der Meer e Marcy Kaplan, Yaitanes se esforça para garantir que as filmagens ocorram da forma mais eficiente possível no dia a dia. Ele também prepara seus colegas diretores e trabalha para oferecer a eles o ambiente criativo mais seguro possível a fim de que possam dar o melhor de si em *House*.

Como produtor, Greg Yaitanes conhece o teor de uma história muito antes de receber o roteiro; na condição de diretor, sete dias antes do início das filmagens. Quando vê um roteiro pela primeira vez, o diretor procura um jeito de entrar na história. Yaitanes encoraja cada diretor a escolher a forma que o agrada pessoalmente. Os estilos dos diretores são tão variados quanto os dos roteiristas. Em "O grande fiasco", Yaitanes queria manter o movimento e a fluidez da sequência de video game do teaser no resto do episódio. Ele filmou com apenas uma câmera em vez de utilizar duas ou três por sequência, para assim replicar a sensação de primeira pessoa oferecida por um video game. Isso ficou bem diferente da maneira como Katie Jacobs filmou a abertura da temporada, em duas partes, ou de como David Straiton trabalhou em "O tirano", utilizando intensidade e gravidade do tom para combinar com o assunto tratado no episódio.

"O grande fiasco" marcou o retorno de House ao Princeton-Plainsboro depois de sua internação no Mayfield Psychiatric Hospital e foi quando houve a primeira aparição da maior parte do elenco desde o fim da temporada anterior. Yaitanes explica como isso afetou sua direção. "Eu me aproximei muito com a lente para obter uns closes [e] rostos muito esculpidos, porque achei que não tínhamos visto ninguém por muito tempo. Eu busquei uma intimidade física real com todos por meio da câmera."

....

Todo o esforço investido em programar e preparar o dia de trabalho deve ser executado detalhadamente para que as filmagens comecem sem problemas na segunda-feira de manhã. Vince Duque, principal segundo diretor assistente, sempre trabalha no set. Ele verifica se tudo está no lugar e leva a informação sobre o estado em que se encontra o set para o primeiro diretor assistente e o diretor. Enquanto a equipe fica de prontidão para armar a primeira cena, os atores chegam ao set para um ensaio fechado. Ali, costumam trabalhar a marcação junto com o diretor e o roteirista, e discutir com eles como pretendem interpretar. Para ajudar em sua concentração, todos saem do set até que os atores estejam prontos. *House* é um set fechado, o que significa que somente a equipe tem acesso. O gerente de publicidade Geoffrey Colo trabalhou como assistente pessoal em *Dra. Quinn, a mulher que cura*, que foi filmado em Paramount Hills, num parque público. Uma parte desagradável de seu trabalho era manter os curiosos longe.

Os atores de *House* são constantemente solicitados para coisas que variam de entrevistas para a mídia impressa ou em vídeo a eventos televisivos. Todos os pedidos são filtrados antes de chegarem a Geoffrey Colo, cujo trabalho é facilitar os que forem aprovados. Quando um ator concorda com a solicitação, Geoffrey senta com os assistentes de direção para encontrar algum tempo no cronograma. O fato de programas terem seu próprio diretor de publicidade, como acontece com *House*, é incomum; os atores também possuem seu próprio pessoal para lidar com eventos de gala e de mídia que não sejam especificamente relacionados a *House*. A emissora também organiza sua própria publicidade, inclusive a grande "Fox Gallery Shoot" a cada temporada, em que são feitas fotografias publicitárias e

filmadas as "chamadas" para os comerciais ("Estamos apresentando *House*"). Na tentativa de fugir da ambientação familiar do hospital, essas filmagens têm se tornado mais complexas. Hugh Laurie foi fotografado com duas cobras, imitando o símbolo médico do caduceu. Na verdade, foi uma cobra só, torcida na marra para ficar na posição correta, e então espelhada. Por sua vez, a cobra é uma veterana da série de filmes de Indiana Jones.

Laurie se meteu a dirigir um *gallery shoot* em um traller quebrado, em que o elenco fazia poses características. Cameron, de vestido de tafetá, consertava o motor; Taub fazia a barba no espelho lateral; Cuddy se bronzeava no teto; Chase assava hambúrgueres na churrasqueira; Foreman ficou sentado num degrau puxando ferro; Wilson praticava golfe; e Thirteen, vestida de Lara Croft, do *Tomb Raider*, com uma besta. Todos eles ficam no fundo. House está na frente, olhando fixamente para a câmera e usando um chapéu com os dizeres: "Estou no comando."

House é a sétima série em que Geoffrey Colo trabalha. Sobre os atores, comenta: "Essas pessoas são de longe as mais fáceis para se trabalhar. Não têm ego; são bastante pé no chão, muito convidativas, muito positivas." Geoffrey conclui dizendo que todos têm sua vez e que ninguém tenta diminuir ou rebaixar alguém, e acrescenta: "E posso dizer que, na maior parte dos programas em que trabalhei, isso rolava direto."

Quando os atores terminam de ensaiar a cena, as equipes de luz e câmera podem se preparar para a filmagem. À primeira equipe de atores se junta à segunda, formada por seus *stand-ins*, que ficam nos lugares que os atores ocuparão, literalmente, para ajustar a iluminação e o foco das lentes da câmera. Depois de os stand-ins terem observado as paradas e os movimentos dos atores num ensaio de "marcação", a primeira equipe é dispensada. Pode-se levar entre vinte a 45 minutos

Equipamento pesado

para se armar uma filmagem. Conforme os stand-ins vão se deslocando, o diretor de fotografia Gale Tattersall vai selecionando as luzes e os saltos para cada parte da cena.

House dispõe de cinco stand-ins. Patrick Price é o stand-in de Hugh Laurie e substitui Jesse Spencer. Cuddy e Thirteen compartilham uma substituta. Também há um "segundo" Taub, outro Foreman e outro Wilson. Caso outra pessoa seja necessária, algum dos figurantes será chamado. Os stand-ins devem ter altura e tom de pele similar aos dos atores que estão substituindo, para que o foco e a luz sejam os mesmos. Os vinte ou trinta minutos que passam no set enquanto a tomada está

sendo preparada é o tempo que a primeira equipe aproveita para descansar, ensaiar ou reler suas falas. O ritmo de trabalho do primeiro grupo é bem desgastante. Sem os stand-ins, seria insuportável.

Patrick Price aparece em *House* como o enfermeiro Jeffrey Sparkman. Ele também aparece como partes de Hugh Laurie, para tomadas ocasionais sobre seus ombros, um de seus braços ou de uma mão injetando algo com uma seringa. Patrick trabalhou com Hugh Laurie em *Stuart Little* e entrou na equipe de *House* para fazer o piloto. "Eu sabia desde o início. Senti essa vibração. Eu sabia que era um programa incrível, eu simplesmente sabia", recorda.

Patrick tem passado praticamente todos os dias de filmagem em *House*, desde a chamada da equipe até o encerramento, e considera seu trabalho um treinamento maravilhoso para ser ator. Quando trabalha em comerciais, ele sempre aconselha outros atores a pegarem trabalhos de stand-in se puderem. A essa altura, ele está intimamente familiarizado com a maneira de Hugh Laurie se mover e mexer sua bengala. Ele sabe replicar seu passo para mostrar à câmera como Laurie pode ir balançando para dentro e para fora do enquadramento numa tomada em que ele anda e fala. "Fico em cima dele, observando. Posso ser ele até dormindo", brinca.

O diretor fica no que chamamos de "video village", uma sala separada, adjacente ao set onde ocorrem as filmagens. Ali estão os monitores que mostram o que as câmeras estão captando. Ira Hurvitz, supervisor de roteiro, senta ao lado do diretor junto aos roteiristas do episódio. Às vezes, sentados

Patrick Price, stand-in de Hugh Laurie, deitado no trabalho.

no fundo da sala em altas poltronas, produtores ou atores que não estão na cena ficam observando enquanto descansam. O pessoal da maquiagem e dos cabelos fica ali de prontidão para fazer retoques. Caso haja necessidade de um acessório em cena, Eddie Grisco, *prop* assistente, o mantém disponível. Caso alguém queira ouvir a cena, há fones de ouvido à disposição.

Robert Scott, primeiro assistente de direção, está saltitando de ansiedade para começar a filmagem. Do set, o diretor de fotografia o alerta de que está quase pronto, ao gritar "em cinco minutos" ou "menos de cinco", e este é o sinal para o assistente de direção de que os atores devem estar prontos. Este é o momento para os retoques de maquiagem. A ação de fundo — figurantes andando de um lado para outro ou interagindo com o elenco — é coreografada por um segundo assistente de direção, John Nolan, que também precisa ter seu pessoal a

postos, e estar pronto para seguir seu caminho predeterminado de um lado para outro do set quando a filmagem começar.

Há luzes vermelhas posicionadas do lado de fora das portas que levam ao set e, quando estão acesas, ninguém pode entrar. O mixador de som controla uma campainha instalada numa viga do cenário, cujo toque indica que todos no set devem ficar em silêncio. Também serve para sinalizar que o mixador está pronto para começar. Um assistente de direção lembra a todos que os telefones celulares devem permanecer desligados. A equipe deixa o set, todos estão em silêncio; o diretor se concentra no monitor. O assistente de direção grita "rolando", que significa que o mixador de som já está captando o som. Antes da era digital, a batida da claquete diante da câmera, acompanhada da indicação "cena 6, primeira tomada", era usada para sincronizar o som com a imagem. Agora, a claquete está ligada ao painel do mixador de som. A batida da claquete faz o visor do dispositivo de tempo ser congelado e sincronizado. Quando há figurantes, o assistente de direção grita "ação de fundo!" para que eles já estejam se movimentando quando os atores entrarem, sem que, assim, todos entrem de uma vez na tomada. Só então, o diretor pede: "Ação!"

Os atores vão gravando a tomada, enquanto o diretor observa em seu monitor. Às vezes, a tomada dura apenas alguns segundos; ela pode se concentrar num ator reagindo à fala de outro. Para a próxima tomada, farão o mesmo diálogo com a câmera filmando o outro ator. As câmeras se deslocam de acordo com os movimentos preestabelecidos, se aproximando ou se afastando. A cena é realizada rapidamente, e Greg Yaitanes grita "corta" e emerge de trás de seu monitor. Daí, ele pode dizer "bom" ou "muito bom", e então vai até os atores, dando a elas uma nota por sua atuação. Pode acontecer de ser necessário ajustar a iluminação. Das duas uma: ou a tomada

está feita, ou tornarão a fazê-la até que fique satisfatória. A tomada três está pronta, e Yaitanes pode dizer: "Isso foi sensacional. Foi maravilhoso."

ROBERT SEAN LEONARD: Toda semana, fazemos uma leitura completa do programa, e é preciso fazer isso antecipadamente, para garantir que se saiba a pronúncia dessas palavras. Às vezes, digo: "Bem, com esse desempenho, deve ser… não consigo pronunciar isso. Está bem, próxima fala." E simplesmente não me incomodo. Quando alguém avacalha, costumo dizer: "Se você disser isso assim no dia da filmagem, vou lhe dar alguma coisa." Como é um programa a que eu assistiria, o médico diz: "Talvez ele tenha por-pro-por-por-porfia?" Eu diria: "Jennifer, Deus queira que você diga isso desse jeito quando estivermos filmando."

PETER JACOBSON: A gente dá um jeito de se acostumar com essas expressões. Acho que tenho bastante facilidade verbalmente, portanto não tenho problemas para pronunciar as palavras. Mas leva algum tempo, porque se eu não soar como alguém que sabe sobre o que está falando, então nada feito. Uma que eu simplesmente não conseguia acertar foi *pancitopenia*; eu dizia "panci-to-penia" (e não pan-ci-to-penia), e o roteiristas disse: "Você faz isso parecer uma brincadeira boba de criança; por favor, corrija isso." Foi constrangedor.

PERGUNTA: O que é pancitopenia?

PETER JACOBSON: Quando dizem "Corta. Encerra essa cena", isso me sai literalmente da cabeça. É a ocorrência mais dispersa de citopenia, seja lá o que isso for.

Todos em *House* elogiam unanimemente o diretor de fotografia Gale Tattersall e o visual do programa. "Ele é uma espécie rara de diretor de fotografia, incrivelmente rápido, e que garante imagens lindas", afirma Greg Yaitanes. "Ele filma todos os episódios, que é algo que não é mais feito em muitos programas", comemora Katie Jacobs. "Fico maravilhada com sua ética de trabalho e a qualidade do aspecto visual de nosso programa... Acho que, em termos de visual, nosso programa não perde para nenhum outro".

O próprio Tattersall quase não admite fazer alguma coisa. Quando pressionado, Gale diz: "Meu trabalho é interpretar o que o diretor quer em imagens, sugerir tomadas e controlar o aspecto visual do programa, fazendo a iluminação com a equipe de técnicos, de iluminação e de câmera, adotando o aspecto certo para uma cena, ora triste ou melancólica, ora alegre." Para Gale, que tem experiência em comerciais e cinema, a rapidez com que tudo é feito é notável na televisão. É bom você ter um plano muito claro, senão será atropelado.

Tattersall nega que o programa tenha um visual característico; cada episódio é tratado de forma diferente. Ele gosta de se esforçar constantemente para atingir a perfeição. Cita o episódio com o suicídio de Kutner ("Simples assim") entre os que, visualmente, foram completamente diferentes, com um visual sombrio e despojado para combinar com a gravidade do assunto tratado.

O britânico Gale Tattersall dirigiu e filmou comerciais na mesma época que seus conterrâneos Alan Parker e Ridley Scott, que viriam a ser diretores de cinema. Trabalhou muito nos Estados Unidos e, depois de filmar *Orquídea selvagem*, com Mickey Rourke e Carrie Otis, no Brasil, ele assumiu às pressas o cargo de diretor de fotografia do primeiro filme

da Família Addams. Ao vir da Inglaterra para Los Angeles, trouxe consigo a família e nunca mais voltou a trabalhar em solo inglês.

A Califórnia pode ter ótimas condições climáticas, mas, para um perito como Tattersall, a iluminação é péssima. Nos primórdios do cinema, as filmagens eram lentas, e a indústria cinematográfica procurava um lugar com muitas horas de luz solar, motivo pelo qual se instalaram no sul da Califórnia. Usavam luz natural e passaram a pintar os lados das paredes do estúdio para que não ficasse "quente" demais em cima. Então, segundo Gale, algum idiota decidiu colocar telhados sobre os estúdios e usar iluminação artificial. A luz fora do estúdio é forte, criando longas sombras e olheiras profundas, já que não há nuvens. A luz que ele prefere? "Lá em cima, perto do Círculo Ártico, em fevereiro, quando o sol jamais se eleva acima de 11 graus e é filtrado por uma ligeira neblina. Ela permanece umas cinco horas exatamente assim. Aqui [em Los Angeles] uma hora mágica não passa de um minuto, como acontece no pôr do sol. Então, surge uma escuridão profunda, e tudo acaba num segundo.

Greg Yaitanes menciona o trabalho excepcional que Tattersall investiu no teaser de "Dividido", ambientado num ginásio e mostrando secundaristas surdos praticando luta romana. Dentro do prazo usual de uma semana para um roteiro, Tattersall encontrou um jeito de permitir que Yaitanes filmasse num arco de 360 graus ao redor dos pugilistas: construiu um trilho pelo chão. O ginásio utilizado para as filmagens tinha um alto telhado de vidro, e Tattersall projetou uma armação de iluminação, suspensa por um guindaste gigantesco a cinquenta metros do chão, que criava um único feixe de luz direcionado para baixo. As luzes eram tão poderosas que foi preciso espalhar um difusor de luz translúcido sobre o telhado, sendo que depois a luz era refletida nos olhos das crianças com painéis refletores.

"'**Congelada' foi um** de meus primeiros episódios. Trabalhei muito próximo de Gale, e nossa ideia era criar um cenário claustrofóbico. Construímos uma cúpula circular com luzes que achei que pareceriam com um relógio de sol, e o Sol estava tão baixo que vinha entrando pelas janelas... Gale é um excelente diretor de fotografia. Ele adora feixes de luz, fumaça. Certamente, esse é um visual que Gale criou fazendo um excelente trabalho.
— Jeremy Cassells, Designer de Produção

Conversa entre diretores: Greg Yaitanes e Katie Jacobs

Tattersall tinha certeza de que sua ideia funcionaria e que, caso contrário, teria sido "o maior vexame". "Mas eu só posso ser tão bom quanto nossa equipe", desconversa e menciona Monty Woodard, chefe eletricista; Shawn Whelan, chefe da equipe técnica e Tony Gaudioz, operador de câmera e que também filma

a unidade B. Em seguida, fala sobre os diretores "maravilhosos, talentosos", Katie Jacobs, David Straiton e Greg Yaitanes. "Tenho muita, muita sorte." Às segundas-feiras, os produtores mostram o episódio daquela noite em Los Angeles num telão durante a hora do almoço da equipe, e cinquenta pessoas aparecem para assistir e aplaudir. "Somos realmente uma família", conclui Gale. E, na medida em que a equipe passa mais tempo com a família do trabalho do que com a sua própria, é muito importante que todos se gostem e se respeitem.

Infelizmente, Gale Tattersall não tem qualquer controle sobre o modo como muitas pessoas percebem seu trabalho na televisão. Cada televisor está ajustado de forma diferente, e grande parte do público assiste ao programa com todas as luzes acesas, às vezes com uma luz refletida bem no meio da tela. Gale já pensou em fazer um filme com uma lâmpada sobreposta à tela, e questiona quantas pessoas repararam nisso. As estatísticas provam que muitos espectadores mudam de canal quando acham que um programa está escuro demais. Portanto, tentar criar um clima sombrio é uma faca de dois gumes. "Depois que o episódio é enviado para a emissora, está fora de nossas mãos. Tenho certeza de que existe algum cara, dentro de uma caixa obscura em algum lugar, que tem um grande botão com os dizeres ESCURO e CLARO. Nós não temos controle algum sobre isso."

....

É importante impor um ritmo acelerado desde o começo do dia de filmagem. Parte do trabalho do assistente de direção é garantir que não se desperdice tempo. Se um ensaio se estender demais, ele pode sugerir que os atores se agrupem num lado para discutir a cena, para que o pessoal da iluminação possa começar seu trabalho. E, um assistente de direção pode

perguntar "Você tem certeza?" a um diretor que pediu para uma tomada ser refeita, mas a seu próprio risco. Às vezes, um diretor estreante pode estar refazendo tomadas demais, e então o assistente de direção deve dizer "não conseguimos pegar isso?" ou "você não acha que podemos prosseguir?". "O assistente de direção Kevin Williams explica: "Se ao refazer a cena pudermos torná-la melhor, todo mundo concorda. Mas [não] se você estiver repetindo apenas por estar nervoso ou inseguro."

Gerrit van der Meer gosta de contar uma história. Peter Medak estava dirigindo "O método socrático" e se encontrava montando uma mordaça, um truque em que o paciente vomita sangue em jato. Ele levou muito tempo para ligar a mangueirinha utilizada no truque no rosto da mulher e para conseguir um fluxo aceitável. Eram 2h30 quando a tomada ficou pronta, 13 horas depois do início das filmagens daquele dia. Gerrit assiste à tomada no monitor, e a coisa se desenvolve como em um filme de terror. "Estava perfeito, [o diretor] gritou 'corta' e se virou para mim, sugerindo 'fazemos outra?', ao que respondi: 'Não, é isso aí.'"

Em qualquer programa, se o Número Um, o ator principal, quiser fazer outra tomada, é mais que provável que isso aconteça. O próprio diretor pode perceber pequenas falhas numa filmagem e pedir outra tomada. Greg Yaitanes já fez dois atores repetirem quatro ou cinco vezes uma cena com caminhada e fala. Nas tomadas que

> "Nunca vi graça em filmar. Há muitos atores que adoram isto; eu nunca gostei. Jornadas de 12, 14 horas, alguém merece isso? No teatro, você ensaia das 11h às 17h ao longo de três semanas, e é isso aí. [Durante a temporada], você chega no teatro às 19h30 e chega em casa a tempo de assistir *Letterman*. Você está brincando? Teatro é o que há de melhor; o problema é que não compensa financeiramente."
> — ROBERT SEAN LEONARD

utilizam uma Steadicam, muitas coisas podem dar errado. "Você simplesmente se desloca aos solavancos", diz Yaitanes. "Você tenta dirigir ao bater nas laterais. Eu tento deixar um caminho bem largo para todos poderem passar e então marco seus limites, para que todos saibam onde devem trabalhar." Um ator pode não ter conseguido o timing ideal. "Havia apenas mínimas intenções e inflexões na interpretação que eu queria ajustar. Todo mundo conhece bem seu personagem, e eu converso com eles antecipadamente. Na maior parte das vezes, eles chegam exatamente ao ponto que eu preciso. É um elenco de fato fenomenal."

Fazer outras tomadas proporciona a oportunidade de fazer outras mudanças sutis. A luz pode ser ajustada. Talvez tivesse muita movimentação no fundo ("dilua isso"), ou não o suficiente.

"As expressões *E o vento levou* e *Dukes of Hazzard* se aplicam, respectivamente, à manhã e à tarde. De manhã, temos 12 horas e todo o tempo do mundo pela frente. Então, depois do almoço, a coisa desanda, e temos que terminar até uma certa hora, e aquela última cena é encurtada porque todo mundo fez corpo mole mais cedo, durante o dia. 'Dukes of Hazzard' quer dizer simplesmente executar uma coisa, fazer de qualquer maneira."
— Kevin Williams

Quanto mais tomadas se faz de uma cena, mais difícil fica manter a continuidade. As falas e ações dos atores devem ser replicadas. Os atores de fundo devem tomar cuidado para passar pela tela exatamente da mesma maneira em todas as vezes. Uma passada fora de hora significa que a mesma pessoa pode aparecer na tela da esquerda para a direita duas vezes seguidas. Além de marcar as cenas e as tomadas dentro de uma pasta formidável, o supervisor de roteiros Ira Hurvitz fica de olho

na continuidade para garantir que um ator realize o mesmo movimento no mesmo momento dentro da ação.

Acontece ocasionalmente de um ator dizer uma fala de forma ligeiramente diferente da que está escrita. Ele pode estar utilizando uma formulação que lhe é mais familiar e com a qual se sente mais confortável. Nesse caso, o supervisor de roteiro deve conferir com o roteirista se o significado original foi mantido. E não é qualquer programa que permite a presença de roteiristas no set; *House* funciona assim. Nuances na página escrita podem ficar bastante diferentes no set, e os atores também podem encontrar significados que o roteirista não previu. "Quero que as pessoas recorram a mim", afirma David Hoselton. "Felizmente, ninguém conhece melhor a história desse roteiro específico do que eu. Assim, se alguém tem alguma pergunta, 'Por que estou dizendo isto?' [Estou aqui.]" Hoselton interrompeu a filmagem de "Santa ignorância" para observar que é algo marcante o gênio Sidas admitir sua dependência de xarope contra tosse para sua esposa. Sua interferência vai no sentido de que a cena precisa de mais ênfase.

"Não queremos perder o momento", explica Yaitanes. "Amo trabalhar com o roteirista no set porque, assim, temos outro par de olhos... David achou que talvez eu estivesse sendo sutil demais em relação a isso, e queremos ter certeza de que o público entende esse momento. Às vezes, temos que aprofundar isso um pouquinho mais." Outro par de olhos é providenciado por Hugh Laurie, que se envolve constantemente no processo de filmagem. "Hugh é como um segundo diretor no set", brinca Greg Yaitanes. "Ele é um ótimo colaborador. Seria loucura não querer ouvir suas opiniões."

Em "A sete chaves", o 16º episódio da sexta temporada, Hugh Laurie trabalhou dos dois lados da câmera ao dirigir o episódio. Katie Jacobs contou ao *New York Times* que ela vinha tentando persuadir o personagem principal do programa a

dirigir havia anos. Laurie declara ter ficado fascinado pelo processo de direção e as diferentes habilidades que isso envolve. Deixá-lo dirigir pode ser comparado ao comissário de bordo procurando alguém para pilotar a aeronave em *Airplane*. "Não estou dizendo que eu brigaria para fazer isso se houvesse outra pessoa mais qualificada. Mas, se ninguém mais se habilitasse, eu adoraria experimentar."

"Hugh é um verdadeiro perfeccionista. E também trabalha duro. Ele nunca tira um dia de folga. Às vezes, o roteirista está no set e diz: 'Está bom', e Hugh insiste 'não, não, deixaram isso de fora'. Ele é disciplinado e trabalhador, o que ajuda em todos esses pequenos momentos, porque ele não deixa que nada passe despercebido."

— TOMMY MORAN

"Hugh é como um segundo diretor no set."

Em algumas tomadas, o diretor termina a filmagem e diz "rolando ainda, rolando ainda" (referindo-se ao som), porque quer fazer somente uma pequena emenda. Em vez de perder tempo dizendo "corta", fazendo com que as pessoas se precipitem no set para fazer seus ajustes ou retoques de cabelo e de maquiagem, às vezes é mais fácil deixar rolando, pedir que a cena seja armada de novo, rapidamente, para que o fundo coincida, e voltar a filmá-la. E todo esse esforço, é claro, é

realizado até o ponto em que Greg Yaitanes diga "Corta. Está bonito. Manda revelar". A frase "manda revelar" é hoje ligeiramente redundante devido aos avanços tecnológicos, mas transmite um caráter final. (Alguém também pode mandar abrir a câmera para verificar que não haja ar do lado de dentro, o que acontece, mas raramente.)

....

Qualquer superfície plana desocupada nos cenários e nos escritórios de *House* é coberta de lanches — cereais matinais, barras energéticas, frutas frescas, biscoitos e castanhas de todos os tipos. O elenco e a equipe dispõem de café da manhã com pratos quentes, almoço e jantar, que são servidos em locais próprios em cada cenário. Num caminhão à parte, há uma copa plenamente equipada e abastecida, onde a equipe pode fazer um sanduíche ou preparar uma xícara de café. A expressão "tem comida para um batalhão" se aplica perfeitamente ao nosso caso. Todos esses serviços são administrados por um casal, Susan e Brian Bourg, que trabalham artesanalmente. A não ser que haja duas unidades filmando, os dois montam tudo sozinhos, suprindo uma equipe regular de 125 pessoas, mais os atores coadjuvantes. "Às vezes, a comida acaba, e a coisa pode ficar feia", reconhece Susan. "Mas, então, corremos lá para o armazém [da Fox] e trazemos algumas coisas para cá", emenda Brian.

Os regulamentos do sindicato mandam que, seis horas após o início do trabalho, seja servida uma refeição quente, mas Gerrit van der Meer e Marcy Kaplan decidiram oferecer um café da manhã com pratos quentes, o que não é obrigatório. "As pessoas passam tanto tempo aqui que é preciso tentar tornar isso o mais confortável e conveniente possível", comenta Gerritt. "Se só porcarias forem oferecidas o dia inteiro, então

as pessoas se alimentarão só de porcarias. Optamos por trilhar um caminho diferente e oferecer comida de verdade. Claro que é mais caro, mas as pessoas ficam mais felizes", analisa Marcy.

O café da manhã com pratos quentes é uma escolha difícil: há ovos, batatas, torradas, mingau de aveia. A refeição principal é o almoço (hoje, carne enlatada e repolho), e o cardápio se repete a cada três semanas mais ou menos. "Há frango e carne de vaca... e peixe com batatas fritas, que Hugh Laurie adora", confidencia Susan. E também sempre há uma alternativa vegetariana. ("Lisa [Edelstein] se preocupa muito com a própria saúde.") Susan conta que Hugh Laurie se esforça para ajudar a arrastar, ladeira acima, as latas com o lixo produzido no caminhão. Susan sempre manda Brian ficar atento para que ele não se incomode em retirar o lixo:

"Um dia, eu estava me aprontando para sair, ele apareceu e não pude detê-lo. Então, perguntei para ele: 'Por que é que, todas as vezes que vamos levar o lixo, você está aqui?' Ele olhou para seu relógio e respondeu: 'Bem, estou aqui há trinta minutos esperando por você. Onde raios você se meteu?' Ele é uma pessoa ótima.

— Susan Bourg

Brian Bourg trabalhou toda sua vida em serviços de alimentação em comerciais e filmes industriais. Brian e Susan estavam prestes a se mudar para Phoenix quando ouviram dizer que havia um trabalho não regulamentado pelo sindicato em serviços de alimentação — eram trabalhos com "licença", que acabaram sendo reconhecidos pelo sindicato, e isso foi essencial. Então, Susan foi convocada para ajudar com o trabalho em *House*, mas, como estava sozinha, chamou Brian. "Marcy [Kaplan] nos entrevistou e acreditou que éramos capazes", lembra Brian. Os Bourg não cozinham: a comida quente é levada de caminhão para o set e descarregada sobre carrinhos, para depois

ser transferida para braseiros elétricos alocados nas várias estações. Os atores e diretores podem trazer sua própria refeição, e os Bourg também conseguem que restaurantes como Panda Express, Versailles e In-N-Out Burger entreguem comidas no set. "Eles adoram Panda Express", diz Brian.

Susan Bourg conta outra história. Todo dia, no café da manhã, infalível e pontualmente, os Bourg servem o que chamam de *cheesy eggs*. Quando Hugh Laurie ganhou o Screen Actors Guild Award, ele os mencionou em seu discurso: "Quero agradecer Brian e Susan Bourg pelos melhores *cheesy eggs* deste lado do Rio Grande."

PERGUNTA: Qual é a receita?

SUSAN BOURG: Não são nossos! Um dia, mudamos de fornecedor, e isso causou um tumulto. Eles não gostaram dos novos *cheesy eggs*.

"É difícil um casal trabalhar junto", declara Susan. "Eu era mãe e dona de casa, e ele era muito bem-sucedido. Se alguém tivesse me dito que eu estaria fazendo isso aos 59 anos... mas nós amamos nosso trabalho." Susan e Brian estão casados há trinta anos. E Brian se declara: "Eu amo minha mulher mais do que nunca."

....

Enquanto a equipe começa a armar a próxima cena, muitas pessoas no set não têm outra coisa a fazer senão ficar esperando. Os atores coadjuvantes se reúnem do lado de fora da porta da frente do saguão do hospital, diante da cortina de fundo

do cenário. Sentam-se, leem jornais, verificam suas mensagens ou visitam a mesa do serviço de alimentação. Avisos nas latas de lixo junto à entrada do saguão lembram a todos que elas não são de verdade; são, sim, parte do set. Já os atores podem descansar em seu trailer ou se acomodar para ler uma revista no video village. Num canto, alguém está tirando um cochilo. Na hora do almoço, as pessoas se retiram, indo procurar o serviço de alimentação de outro cenário, o armazém da Fox, seu escritório ou seu trailer.

Outros membros da equipe realizam tarefas muito especializadas. June Park, o carregador de câmera, pega o filme rodado e o insere cuidadosamente dentro de uma caixa por meio de uma fenda, para que seja levado ao laboratório a fim de ser processado. Uma vez entregue ao laboratório, o filme passa a ser responsabilidade da pós-produção. Todo filme é meticulosamente identificado com etiquetas e registrado num inventário diário. Neste, constam informações detalhadas de que filme foi utilizado e qual foi desperdiçado ou reciclado; Meg Schave, do escritório de produção, é que gerencia esse processo. June carrega a câmera com o filme novo para a próxima tomada.

O set é uma arena na qual o diretor está seguramente no comando. A atmosfera é de grande atividade, mas sem estresse, o que não significa que se deixe passar qualquer deslize. Todo mundo executa seu trabalho com eficiência e precisão;

Brian Bourg, do serviço de alimentação, prepara outra rodada de petiscos.

Atores coadjuvantes esperando a chamada nas dependências do hospital.

o elenco e a equipe, coletivamente, tentam cobrir cada oitavo de página do roteiro com a maior rapidez possível. O elenco e a equipe se conhecem há muito tempo, e eles brincam muito entre si. Hoje, o diretor está numa tomada externa interpretada por Olivia Wilde. Uma paciente reclama da demora da equipe em descobrir o seu problema. Estou doente, você disse que era isso, depois aquilo, e Wilde a interrompe: "Será que sou a única aqui que assiste a esse programa? Isso é o que fazemos." Momentos como este ajudam todos a se soltarem e alimentam o anedotário desfiado na festa de encerramento das filmagens.

Embora os assistentes de direção façam questão de lembrar que todos devem desligar seus celulares antes de uma tomada, de vez em quando

um celular toca na hora errada. Pode ser engraçado quando é o telefone de um assistente de câmera que esteja ao lado dos atores, e se é um toque engraçado, ainda mais. "Mas quebra o ritmo, e os atores reagem negativamente. Rarissimamente, é o celular do ator que toca, e já aconteceu até de ser o do diretor."

PERGUNTA: E isso já aconteceu com você?

KEVIN WILLIAMS: Aconteceu uma vez. Não é uma sensação agradável.

Patrick Price afirma que, quando um celular toca, há uma política de "nada de palavrões no set". Ninguém quer saber de quem é; é só não acontecer novamente. Mas acontece. "Bem no meio da cena, pimba! E é meio irritante. Então, você pensa "Tomara que não seja em uma cena com Hugh". Mas, em 99 por cento dos casos, é.

A prioridade de Greg Yaitanes não é fazer as coisas do próprio jeito, mas da melhor maneira possível. Ele não quer constranger os atores com um estilo rigoroso. Seu lema é: "Vá para onde quiser. Vou fazer umas tomadas legais em qualquer lugar que você esteja." Consequentemente, trabalhou para construir um ambiente favorável ao processo e a todos que dele participam: Gale, os assistentes de direção e toda a equipe. Cada vez que dirige um episódio, ele tem plena consciência de que todo mundo precisa trabalhar de novo na semana que vem com o mesmo nível de intensidade. Ele sabe que não pode trabalhar no set 14 horas por dia, porque, segundo ele: "Então não vai sobrar nada para o outro cara fazer... Preciso que todos estejam em condições de trabalhar com excelência até março." Por opção, Yaitanes não se poupa de trabalhar por muitas horas. "Para que todos no set possam fazer o melhor trabalho possível, tenho que fazer esse esforço extra, e este programa

transforma tal compromisso num prazer, faz com que eu não sinta estar trabalhando; só que toma essas horas todas. Sou do tipo que prega: Faça como eu digo e não como faço. Mas esse programa merece."

Mesmo variando um pouco, o cargo de diretor produtor existe também em outros programas, e foi oferecido a Yaitanes muitas vezes. Ele estava feliz por dirigir *House* e ganhou um Emmy por seu trabalho em "A cabeça de House". Quando o diretor produtor anterior saiu para fazer um piloto, foi a oportunidade de Yaitanes participar de uma parceria de criação pela qual estivera procurando, e ele aceitou o trabalho. Quinze anos atrás, se tivessem perguntado, ele teria dito que pensava que estaria fazendo cinema a essa altura da carreira. Ele acha que teve sorte por ter entrado para a tevê quando ela ainda não era tão boa quanto hoje. Consequentemente, ele teve a oportunidade de ir se destacando. Embora resista à ideia de qualificar a atual como a idade de ouro do drama televisivo (para identificar algo assim, você precisa esperar que tenha passado), Yaitanes se mostra relutante em largar tudo, agora que já aportou uma contribuição pessoal significativa.

"Cerca de três anos atrás, cheguei à conclusão de que estou perfeitamente confortável com o fato de não estar dirigindo um filme. Os filmes que me oferecem não apresentam a qualidade de um episódio de *House*. E nem são tão exitantes quanto *Lost* ou desconcertantes quanto *24 horas*. Não se sustentam." Ao ser perguntado sobre os episódios de que ele mais gosta, Yaitanes cita o primeiro que fez como diretor, "Criticado de uma forma ou de outra", "A cabeça de House", "Infiel", pelo qual David Hoselton ganhou o Prêmio Humanitas, e os últimos seis episódios da quinta temporada, começando por "Encarcerado", que

foi o primeiro episódio que fez como produtor. "Foi uma grande sequência de seis episódios. Olhando para eles de perto, não há um que seja igual ao outro." E isso se refere ao visual, em termos de interpretação, das histórias, "Dividido", que ganhou o Emmy de som, o final... "Se estar aqui não fosse uma experiência tão maravilhosa, estaria trabalhando em outro lugar", conclui Yaitanes.

O duro trabalho coletivo realizado pelo elenco e a equipe, e sua habilidade e aplicação, resultaram num trabalho maravilhoso em qualquer nível que se queira analisar: seriado, episódio, cena, tomada. É difícil imaginar a exclusão de qualquer uma das pessoas envolvidas no programa, mantendo o mesmo nível de qualidade. Kevin Williams recorda uma filmagem particularmente memorável. Chase esteve fatidicamente envolvido na morte do ditador Dibala, e Foreman sabe disso. O trabalho de Chase, seu casamento e até sua liberdade estão em risco. Foreman o ajudaria? Os questionamentos éticos estão colocados por cima da trama: é correto acabar com uma vida para salvar outras? E onde é que uma alma em crise procura ajuda quando foi desiludida antes?

Foreman pergunta a Chase se ele acha que pode fazer isso sem que haja qualquer consequência para si mesmo. William conta: "Tínhamos três câmeras, uma pegando Chase de perfil, uma tomada num close extremo dele com seus cabelos caindo em seu rosto, recortando sua silhueta na penumbra: metade dela estava no escuro. Mal se consegue distingui-la quando ele responde 'não'. Ele sabia que haveria consequências. A profundidade da emoção que ele estava sentindo foi transmitida através daquela resposta monossilábica e daquela tomada dura de seu rosto enquanto estava sentado ali, desolado. Aquilo foi maravilhoso, e aí eu disse ao diretor: 'Acertou em cheio.' E ele confirmou que era isso aí.

"Foi preciso tanta coisa para iluminar e arrumar o set, e para tornar a atmosfera condizente com Jesse naquele lugar... umas pessoas em pé por aí tomando refrigerante pelo set, deixe isso de lado só por um momento. Deixem-no chegar ali e fazer essa coisa dele, e, quando ele terminar, a festa vai poder começar... Corta. Revela. É isso aí. Então, que horas vamos nos encontrar na boate? Tudo tem seu tempo certo."

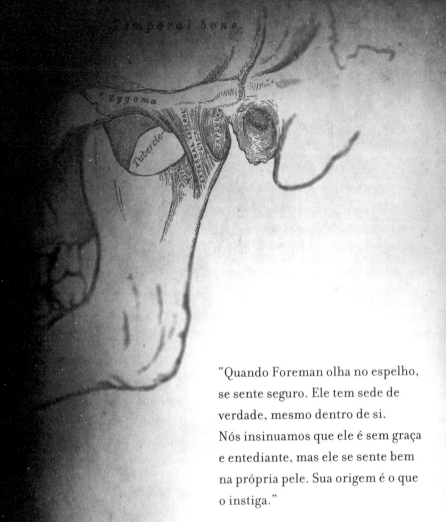

"Quando Foreman olha no espelho, se sente seguro. Ele tem sede de verdade, mesmo dentro de si. Nós insinuamos que ele é sem graça e entediante, mas ele se sente bem na própria pele. Sua origem é o que o instiga."

— Omar Epps

FOREMAN

Omar Epps

Todos os médicos das equipes de diagnóstico de House deixaram a equipe em algum momento e foram atraídos de volta – somente Cameron conseguiu sair viva. Eric Foreman foi quem se mostrou mais relutante em retornar. Entre os membros da equipe, Foreman sempre foi o primeiro a criticar House e seus métodos. Ele sabe que House é capaz de roubar o bloco de receituários de Wilson. "House é um viciado", diz ("O filho do sujeito em coma"). E repele qualquer sugestão de que ele seja parecido com seu chefe. "Pois é, eu sou exatamente como ele", retruca em "Veneno". Com exceção de seu lado raivoso, amargo, imponente e aleijado. A mãe do adolescente que House e Foreman trataram vê pouca diferença entre eles. "Você é tão imponente e se acha tão superior quanto ele", ela diz a Foreman. O garoto pergunta sobre House e Foreman à mãe: "Quem são esses caras?" E ela: "São os cretinos arrogantes que salvaram sua vida." Quando House e Foreman entram no elevador do hospital e olham para baixo, percebem que estão usando tênis idênticos.

"House só vive para resolver enigmas. Foreman se sente igualmente atraído pelo enigma; só que ele percorre um caminho diferente para chegar lá."

— Omar Epps

Desde o piloto, ficou estabelecido que Foreman esteve envolvido num processo judicial por arrombar uma residência aos 16 anos e que House o contratou pela sua "sabedoria das ruas". O que House parece não saber é que Foreman já foi suspenso academicamente por adulterar um teste de laboratório. Taub surpreende Foreman tentando retirar o registro de sua pasta em "A sete chaves" (Foreman justifica seu ato dizendo que tinha que ser melhor que os garotos da elite). Taub remenda o registro para

ajudar Foreman, mas somente depois de ambos descobrirem que House já tinha editado a própria ficha.

O detetive Tritter sabe que o irmão de Foreman está na cadeia e tenta coagir Foreman a entregar House para apressar a condicional para seu irmão ("À procura do Judas"). Foreman agarrou sua segunda chance e está constantemente se esforçando para provar que ele a mereceu. Em "Treinamento", Foreman não consegue estabelecer ligação com uma mulher, Lupe, que desperdiçou suas próprias oportunidades. Durante o tratamento dela, a equipe, incluindo Foreman, toma decisões equivocadas que destroem seu sistema imunológico, e ela não consegue combater uma infecção. Foreman fica com Lupe e conta a ela que roubou carros e assaltou casas, mas que conseguiu uma segunda chance e entrou num mundo completamente novo.

> **FOREMAN:** Há alguma parte de mim da qual não consigo me livrar [...] [que] sempre pensa que, se eu não for o mais esperto, que se eu não for o melhor, em qualquer lugar que eu vá as pessoas vão perceber que eu não deveria estar ali. E vão me mandar de volta.
>
> **LUPE:** Você sabe que isso não vai acontecer. Você está fora.
>
> **FOREMAN:** Eu nunca estarei fora.

House acredita que não haja nada a perdoar em relação à morte dela; erros sempre acontecerão. Naquele momento, os pais de Foreman estão de visita. Ele não foi vê-los por oito anos, e sua mãe está doente. Quando Foreman conta à mãe o que aconteceu, ela o absolve, mas fica claro que ela não conhece o próprio filho.

Em "Histórias de paciente", Foreman adota inicialmente uma atitude hostil para com uma paciente sem-teto, mas acaba indo confortá-la enquanto ela está morrendo. Ele sabe que o marido e o filho morreram quando ela bateu com o carro em que viajavam. Ela está delirando, e Foreman se faz passar por seu marido e a perdoa. Foreman não demonstra

qualquer simpatia pelo presidiário condenado à morte LL Cool J ("Aceitação"), mas, ao descobrir que seus ímpetos assassinos foram causados por um tumor, ele se prontifica a testemunhar a seu favor. (House insiste que faça isso em seu tempo livre.) Mais uma vez, o distanciamento que Foreman pretende impor entre si e o próprio meio de origem acaba sendo reduzido pelo fato de que, no fim das contas, ele se importa.

> "Há um episódio excelente em que LL Cool J, o presidiário, está tentando estabelecer com Foreman uma relação entre negros, e Foreman não é dado a esse tipo de coisa. Você se endireita, dá duro e então terá bons resultados. Ele não é do tipo que atua dentro de limitações de raça, de status ou econômicas."
> — Omar Epps

Obcecado pela necessidade de autoafirmação, Foreman é o mais ambicioso dos médicos de House. Em "Desintoxicação", se queixa de ter estudado 14 anos (ele é neurologista de formação), e House o mandar desenterrar um gato morto. E mais de uma vez ficou encarregado pela equipe: quando House foi suspenso na segunda temporada por ter mentido para o comitê de transplante e quando House perdeu a licença médica depois de sua internação no Mayfield Hospital, na sexta temporada. Embora Cuddy tenha gostado do pulso firme com que Foreman atuou na primeira ocasião, House simplesmente não respeitou a autoridade de Foreman. "Uma pessoa que tem coragem de transgredir uma regra ruim é um herói", declara Foreman. "House não transgride regras, ele as ignora. Ele não é nenhuma Rosa Parks; é um anarquista." ("A decepção"). Foreman demonstra a extensão de sua obstinação quando, para evitar que sua relação com Thirteen, sua namorada, afete seu modo de dirigir o departamento, a demite ("O grande fiasco").

Foreman teve sua oportunidade para dirigir o departamento — só que não foi no hospital. Depois da morte de Lupe,

sua autoconfiança entra em crise, até que sua Ave-Maria salva dois irmãos que haviam passado por uma aflitiva provação diagnóstica. Ele pede demissão.

> **FOREMAN:** Detesto poder ouvir uma criança gritando de dor e nem sequer parar para pensar se estou fazendo a coisa certa. Detesto ter que ser como você enquanto ser humano para poder ser como você enquanto médico. Eu não quero me transformar em você.
>
> **HOUSE:** Isso não está acontecendo. Você tem sido como eu desde os oito anos.
>
> **FOREMAN:** Você vai salvar mais vidas do que eu. Mas vou me contentar em matar menos. Considere isso como sendo meu aviso prévio. ("Família")

Cuddy assegura a Foreman que há coisas piores em que se transformar do que House. "Não vale a pena", diz ele ("Resignação"). "Eu não quero ser você. Você é infeliz", declara a House.

Então, consegue um trabalho no Mercy de Nova York. Agora, ele é o chefe: tem sua própria equipe e seu próprio quadro branco ("97 segundos"). Entretanto, colocando em prática o que aprendeu em Princeton, ele infringe uma regra para salvar uma vida. Só que, ali, dizem que ele está confundindo salvar uma vida com fazer a coisa certa, e o demitem. Agora que não consegue mais emprego algum, ele procura Cuddy pedindo trabalho. Ele quer um aumento, uma sala e um assistente; ela oferece a ele o cargo antigo. "Você vai ser infeliz", implica House. "Eu já estou infeliz", replica. Ele simplesmente não consegue escapar.

> "Acho que, no início, ele trabalhava dentro das limitações das regras, e o que ele aprendeu com House foi que você tem de transgredir regras para conseguir uma resposta."
>
> — OMAR EPPS

> "Foreman fez o seguinte comentário: se nós deixássemos todo médico agir como House, o necrotério estaria saindo pelo ladrão num piscar de olhos. Ele teceu uns comentários ótimos sobre House."
>
> — David Shore

Foreman certamente conseguiu deixar seu passado de delinquência para trás. Quando House manda Lucas espionar a equipe ("Treze da sorte"), este diz que Foreman não fez nada de remotamente interessante desde os dezessete anos. Quando perguntado, Chase concorda que Foreman é entediante, embora ele tenha uma tatuagem. Foreman é trabalhador. No que tange aos relacionamentos, na página do perfil on-line de Foreman constam três amigos ("O grande fiasco"). Ele pensa que o garoto cigano de "Uma agulha no palheiro" deve querer escolher o próprio caminho sem interferência da família, mas o garoto observa que Cameron, Chase e Foreman estão sós. Cameron e Chase encontram um ao outro; e Foreman, o que tem?

Uma boa forma de testar a adequação de qualquer personagem à interação humana é fazê-la enfrentar Cameron. Em "Cachorro que dorme não mente", Foreman escreve um artigo numa revista científica sobre um caso em que Cameron estava trabalhando. Cameron fica horrorizada — as pessoas simplesmente não podem fazer isso. Evidentemente, House não se surpreende — isso é exatamente o que as pessoas fazem. Cameron consegue superar sua decepção e declara a Foreman que ela deveria ter lidado melhor com a situação e que não quer que o episódio atrapalhe a amizade entre eles. E Foreman diz: "Eu gosto muito de você, mas nós somos colegas, não amigos, e eu não tenho que pedir desculpas por nada."

> "Quando Foreman está morrendo e pica Cameron com um pouco de seu sangue, aquilo foi intenso. Mais uma vez, se você cria um monstro e ele se desconecta da tomada em que estava ligado, começando a caminhar por conta própria, você não poderá controlar os movimentos dele."
>
> — Omar Epps

Pouco depois, Foreman é internado numa sala limpa com um policial devastado pela dor ("Euforia: parte 1"). A fim de obrigar Cameron a voltar ao apartamento do policial para procurar a origem da doença dos dois, Foreman a pica com uma seringa contaminada. Ele sobrevive e tenta fazer as pazes com Cameron. "Desculpe, Allison. Eu não devia ter roubado seu artigo. Eu não devia ter exposto você. Você era uma amiga. Preciso saber que estamos bem." Mas Cameron não aceita seu pedido de desculpa de imediato. Talvez leve algum tempo até que Foreman convença alguém. Na sexta temporada, ele salva a pele de Chase no caso de Dibala e o convida a tomar um drinque depois de Cameron sair ("Santa ignorância"). Porém, no fim da terceira temporada, ele tinha dito a Chase: "Eu não gosto de você. Nunca gostei. Nunca vou gostar" ("Resignação").

Distante de seus pais e frio com seus colegas, Foreman pode parecer destinado à solidão dos solteirões. Ele teve um relacionamento com uma representante de laboratório medicinal na primeira temporada ("Medicina esportiva"). Assim que conhece Thirteen, Foreman se junta a House para fazer piadas sobre ela ser bissexual. Mesmo assim, ele acaba se apaixonando por ela — claro que ela não é entediante. Poucas semanas depois, ele se vê confrontado com um problema ético quando passa a administrar o teste farmacêutico de Thirteen. Em primeiro lugar, Foreman não deveria ter alguém que ele conhece no teste. Ele invade o apartamento de Thirteen para descobrir se ela está guardando o protocolo ("Deixe que comam bolo"). Depois, manipula as sessões de tratamento para fazer com que Thirteen veja Janice, paciente que está reagindo bem ao medicamento ("Indolor"). Quando Foreman descobre que Thirteen está tomando placebo, quer passar a administrar a verdadeira substância a ela, o que ele não pode fazer sem arruinar a própria carreira, que é seguramente a coisa mais importante na vida de Foreman.

O tempo extra que o remédio pode lhe oferecer com Thirteen, entre um e três anos, vale sua carreira? Isso é o que House pergunta a Foreman. Pôr sua reputação e sua carreira a perder não parece ser o estilo de Foreman. "A não ser que você a ame. Quando você ama, faz coisas estúpidas" ("Bebezão"). E Foreman troca os remédios de qualquer maneira.

Thirteen se dá conta do feito por Foreman e para de tomar o remédio que, entrementes, lhe causara um tumor cerebral. Finalmente, Foreman detona o teste e consegue ficar com sua licença e com Thirteen ("O bem maior"). Foreman foi imprudente — e só conhecia Thirteen havia pouco. House não está preparado para ter a dupla Fourteen em sua equipe: Foreman mais Thirteen. "Separadamente, são bons médicos", comenta com Kutner. "Mas, juntos, são uns boçais." Ambos procuram outro emprego depois do ocorrido com o teste farmacêutico, House demite os dois e somente volta a contratar Foreman quando este parece não estar mais com Thirteen ("Infiel").

> "A sexta temporada já não tem mais a ver com Foreman tentando substituir House. Como Cuddy diz, o departamento de diagnóstico só existiu enquanto House esteve ali... Foreman diz sobre isso: 'Você mantinha todos nós na folha de pagamento. Se você não nos quisesse aqui, teríamos ido embora e seguido em frente com nossas vidas. Vamos reabrir o departamento e tocar adiante.' Acho que é a partir dali que Foreman parte. Acho que o público interpretou como se ele estivesse tentando substituir House, e House nunca poderá ser substituído."
>
> — Omar Epps

Contudo, Fourteen sobrevive, até que a ambição de Foreman esmague seu coração. Cuddy entrega o departamento a ele quando House fica sem licença, depois de sua estada no Mayfield, mas Foreman se distrai com a presença de Thirteen na equipe. Os dois ficam infelizes no trabalho quando Foreman ocupa a chefia, mas ele a quer na vida dele. Foreman resolve agir ("O grande fiasco").

THIRTEEN: Você está terminando comigo?

FOREMAN: Não. Em outra noite, quando achei que eu estava acabado, você estava aí. Eu preciso de você. Eu não quero perder você.

THIRTEEN: Por que você... Você está me demitindo?

FOREMAN: Sinto muito.

PERGUNTA: Foreman é educado. Quando ele demitiu Thirteen, você o fez basicamente com um aceno de cabeça.

OMAR EPPS: É o estilo dele. Ele tem muito coração.

Foreman não está preparado para deixar o cargo de chefe da equipe, o que Thirteen implica que faria em seu lugar. (Até House, em "Remorso", diz que o que Foreman fez foi "cretinice".) Foreman acaba perdendo dos dois lados: Thirteen se foi, e House retorna e reassume o controle, independentemente de estar tecnicamente no cargo ou não. Quando House decide chamar Taub e Thirteen de volta, ela resiste até que Foreman declare não ter qualquer problema com o fato de ela trabalhar na equipe ("Trabalho em equipe"). Mas não dá para perceber isso. Finalmente, em "Remorso", Foreman pede desculpas a Thirteen por tê-la demitido, reconhecendo que o fez em benefício próprio. "Estraguei tudo. Espero que ainda possamos trabalhar juntos", diz. Dessa vez ele talvez seja sincero. Na medida que sua ambição foi esmagada, talvez Foreman consiga cuidar de seu coração.

Como era inevitável, o passado de Foreman é ressuscitado. Em "Família é família", House emprega o irmão de Foreman, Marcus (Orlando Jones), recentemente saído da cadeia. House está tentando conseguir mais poder sobre Foreman, que por sua vez presume que seu irmão recairá no crime. Além de revelar algumas histórias triviais de xixi na cama, Marcus não é de grande ajuda para House. Mas quando ele trai a confiança do irmão, contando a House que, quando a mãe deles faleceu, Foreman não realizou um elogio fúnebre, House trai a confiança de Marcus e revela

o que sabe sobre a mãe deles. Marcus e Eric se aproximaram em função da intriga de House, e Eric acaba acolhendo o irmão em sua casa. Wilson imagina que House houvesse arquitetado o plano desde o início.

Independentemente da qualidade da relação entre eles, Foreman precisa do desafio de House como uma força negativa e positiva em sua vida. Quando Foreman estava próximo à morte ("Euforia: parte 2"), o pai de Foreman, Rodney, conversou com House sobre o que poderia acontecer se o filho entrasse em coma. Quando Rodney diz para House: "Eric diz que você é o melhor médico com quem já trabalhou", ele parece estar articulando a coisa mais importante no mundo para o filho.

PERGUNTA: **Não dá para imaginar Foreman indo embora para casa.**

OLIVIA WILDE: **Ele dorme numa cama dobrável no escritório. Usando um terno fantástico.**

PERGUNTA: **Ele está sempre bem-arrumado.**

OLIVIA WILDE: **Isso é porque Omar Epps está sempre bem-arrumado. Parece tirado das páginas da *GQ* o tempo inteiro. Ele está sempre impecável. A esposa dele sempre mexe com ele por causa disso.**

CATHY CRANDALL (FIGURINISTA): **As roupas dele são muito bonitas. E ele é um homem bonito. Quero dizer, meu Deus, ele ficaria ótimo em qualquer coisa. Ele está em excelente forma, se cuida e é exigente. Isso repercute em Foreman. Seu visual é sempre limpo e certinho. Foreman realmente tem bom gosto em matéria de roupas. Usa principalmente Paul Smith. Um pouco de Hugo Boss.**

Omar Epps sobre... Foreman

PERGUNTA: Seu personagem está sempre impecavelmente arrumado.

Que coisa boa, hein?

PERGUNTA: Você já usou algo diferente de terno?

Ele só usa moletom, ou coisa parecida, quando a cena se passa em seu apartamento. Foreman é bastante formal. E muito fechado.

PERGUNTA: Foreman é um cara ambicioso...

Com certeza. Ele esteve num posto interessante ao longo dos últimos anos. Chase e Cameron saíram, e ele também, que administrou o próprio departamento em outro hospital, até que fez uma coisa ao estilo de House e foi demitido. Ele acaba voltando ao hospital a contragosto. Quando a nova equipe assume, a hierarquia fica estabelecida plenamente. Eu estive aqui antes e estou meio que no comando. House é o chefe de todo mundo, mas eu sou o líder da equipe. E há dois outros médicos que intervêm: "Mas não há líder na equipe."

PERGUNTA: Você está ali há seis anos...

Eu conheço alguns médicos, e eles perguntam: "Bem, por quanto tempo eles continuarão sendo bolsistas?" Na verdade, eles escolhem trabalhar para House e se tornarão os melhores em seus campos por meio desse aprendizado. A preocupação principal de Foreman é se ele está se tornando um médico melhor.

PERGUNTA: Quando demitiu Thirteen, em que você pensou?

Seguramente, alguém no mundo real se sentiu vingado pela escolha de Foreman.

PERGUNTA: Já tentaram dar a Foreman uma namorada, a representante farmacêutica.

Que estava usando Foreman. É claro.

PERGUNTA: Você se pergunta onde Foreman vai acabar?

Sim, claro. Às vezes, converso com David Shore. A coisa realmente interessante é que eles também não sabem. Tudo é feito de forma tão certinha que você poderia achar que eles já escreveram a temporada inteira, mas realmente não é assim.

Certamente, eu quero que Foreman continue evoluindo enquanto personagem, porque isso me mantém atualizado. Para onde vai? Será que ele quer ficar no hospital e trabalhar num departamento próprio? Ou vai querer um consultório particular? Ele quer formar uma família?

PERGUNTA: E Thirteen?

Thirteen tem um número limitado de anos para viver, e, caso ela tivesse um filho, ele teria cinquenta por cento de chances de nascer com a doença de Huntington. Posso ter minhas ideias e dizer algo, e eles fazerem o oposto. Talvez Foreman fugisse disso, mas eles diriam: "Não, ele a ama tanto que quer dar um filho a ela."

"Acho que o público achou a relação deles tão interessante porque isso permitiu que Foreman e Thirteen fossem vistos em sua vida particular. É algo muito engraçado ver Foreman de pijama, comendo cereais na mesa do café da manhã. Seu personagem nunca tinha sido visto daquela maneira. Essa vulnerabilidade é engraçada, interessante e surpreendente."

— Olivia Wilde

PERGUNTA: E quanto a Foreman e o teste farmacêutico?

Contar para ela foi um ato de respeito e confiança, bem como um elemento de audácia, sabendo que ela confia nele.

PERGUNTA: Foreman trocaria sua carreira pela oportunidade de ficar dois ou três anos com Thirteen?

Tudo depende de alguém descobrir. Um dos elementos centrais do programa é a atmosfera familiar disfuncional. House é o pai, muito protetor. Chase fez umas coisas malucas, Foreman fez... Cuddy tem consciência disso tudo e é uma espécie de mãe. Wilson é a consciência de House, mas ao mesmo tempo é um facilitador. No processo, Foreman quis ser honesto: "Vou lá dizer para eles." E House o reteve: "O que você está fazendo? Eles vão cassar sua licença." E ele teve que trazer Foreman de volta à realidade.

PERGUNTA: Temos que mencionar seu péssimo comportamento com Cameron. Você roubou o artigo dela...

Tudo aquilo foi resultado de ambição e autojustificativa. O interessante é que Foreman justifica isso com a ideia de que Cameron não usaria [o material].

Omar Epps sobre... House

PERGUNTA: Você acha que Foreman e House estão mentalmente sintonizados?

Certamente, eles têm a mesma ambição... House esfrega na cara de Foreman sua adolescência, porque este se desencaminhou em determinado momento. Obviamente, ele é um médico talentoso que sabe pensar fora das convenções e

que aceita assumir riscos. Talvez House soubesse disso e Foreman, não.

PERGUNTA: Ele vai descobrir coisas do seu passado...

Isso nos traz de volta ao enigma. House tem uma obsessão por saber. "Ok, vou contratar você, mas vou vasculhar cada capítulo de sua vida e descobrir cada detalhe sobre você, e, então, estaremos quites." Ele era viciado, e foi muito franco em relação a isso. "Todo mundo sabe de mim, então devo saber de todo mundo também."

PERGUNTA: A diferença é que Foreman se preocupa mais com as pessoas?

Definitivamente. Com House, o cara entra, ele está todo mal, o curamos, resolvemos o problema, e então o cara é posto para fora. Já Foreman é mais do tipo: o curamos, resolvemos o problema, mas se a gente simplesmente o puser para fora, ele vai voltar a fazer isso. Então, talvez a gente o encaminhe para um psicólogo.

O caráter é um dos traços principais de House. Tudo para ele gira em torno da verdade. Quer queira, quer não, há sempre a tentativa de ser verdadeiro, mesmo que precise mentir e fazer joguinhos. Tudo em prol da verdade, e acho que as pessoas respeitam e admiram isso. Todos nós, como seres humanos, almejamos ter essa qualidade.

PERGUNTA: Existe algo que seja uma verdade absoluta?

Sim. E não precisa de qualquer razão para ser justificada; é o que é, e pronto. E isso é algo distinto de fatos. Não, a verdade é a verdade. Independentemente de as pessoas serem religiosas ou acreditarem num poder superior ou não, elas possuem a verdade dentro de si. Quando você olha para o es-

pelho, sabe o que é e o que não é. Essa é a batalha cotidiana. É com isso que lidamos todos os dias.

PERGUNTA: Foreman filtra o que diz um pouquinho mais que House...

Com House, as pessoas passam a viver de modo vicarial — eu adoraria dizer isso ao meu chefe. Eu adoraria dizer isso ao meu amigo. Na vida real, há uma hora e um lugar para as coisas, e House vive naquele pequeno espaço em que ele perde a noção do tempo. Ele diz certas coisas aos pacientes e Foreman diz tipo: "Que isso!"

PERGUNTA: Foreman tenta manter House na linha quando Kutner morre.

Ele precisa segurar o tranco. O problema com Kutner foi que House nem sequer desconfiou do que estava acontecendo. E todos os outros personagens tentam dizer justamente isso para ele: "Olha, às vezes, dá merda." E House insiste que não, que há uma razão para tudo, que há ciência em tudo. Antes de fazer isso com os pais, ele fez isso a Thirteen e Taub, e eles o tranquilizaram. "Ei, isso não é culpa sua. Ninguém podia saber." E House tem muita dificuldade em aceitar isso. Ele simplesmente entra naquele estado natural de tentar encontrar uma razão e projeta isso nos pais. Foi uma filmagem muito intensa.

PERGUNTA: House fala para Foreman umas coisas que são terrivelmente preconceituosas em termos raciais.

Isso não incomoda Foreman, porque ele conhece House. Na última temporada, House estava fazendo almôndegas com Wilson, e Wilson perguntou: "Você vai fazer alguma piada com bolas?" Você já espera isso, mas, mesmo assim, é engra-

çado. Esses caras nos mostram nossas próprias falsidade e hipocrisia. Jogam com o que há no subconsciente de algumas pessoas. Foreman é casca grossa.

Isso nos remete àquele aspecto da família. Você pode dizer e compartilhar certas coisas com os membros de sua família, independentemente de quão disfuncional ela seja, que você não pode com pessoas de fora desse círculo. Nossos personagens residem naquele mundo.

PERGUNTA: Ele está cuidando de você?

Sem dúvida. Nós também estamos cuidando dele. No fim das contas, trata-se de salvar vidas.

PERGUNTA: Embora todos vocês tenham matado gente.

Bem, não dá para acertar sempre.

Omar Epps sobre... Omar Epps

PERGUNTA: Você frequentou La Guardia High School [a escola de "Fama" em Nova York].

Pois é, vim de longe.

PERGUNTA: Você gosta daqui de Los Angeles?

Me mudei para cá há uns 13 ou 14 anos. E me mudei pela minha profissão. Durante os primeiros anos, eu nunca prestava atenção às coisas ao meu redor. Eu estava aqui para tentar trabalhar. Agora que tenho família e filhos, presto mais atenção. Eu amo Los Angeles, mas sinto saudades de casa. E a qualidade de vida aqui é incrível.

Quero me sentir em casa onde eu estiver. Sinto falta de certas coisas e, quando volto lá, procuro me impregnar de-

las. No entanto, estou aqui, e é aqui que estou vivendo, então tem de ser assim.

PERGUNTA: Você interpretou algumas cenas intensas, closes em que você sentia dores intoleráveis.

Muito disso é resultado das pessoas com quem trabalho, a equipe, o elenco; todas essas coisas influenciam meu desempenho. Quando esses fatores estão em ordem, não é que isso torne a coisa fácil, mas fornece o apoio necessário para se chegar onde for preciso. Me sinto amparado, por isso posso ser vulnerável e chegar aonde quero.

PERGUNTA: Você está fazendo isso há muito tempo. Você busca novos desafios relativos a interpretação?

Sim, certamente, uma das maiores recompensas desse programa é sentir que cresci muito como artista. Acho que nosso roteiro está entre o que há de melhor na tevê e é um desafio constante. É diferente... Quando você começa, não há expectativas, o que significa que não existe apoio, tanto faz para a emissora. Depois que consegue índices de audiência e consegue tocar o projeto adiante, você fixa o próprio parâmetro. E você sabe que a natureza do negócio é superar o que você acabou de fazer. O engraçado desde o primeiro dia foi que todos nós acreditamos no primeiro roteiro; todos nós reagimos a ele pelos motivos certos. Do ponto de vista criativo, o programa é o mesmo de quando começou.

PERGUNTA: É o programa mais assistido no mundo. Isso afeta seu trabalho?

De jeito nenhum. Somos humildes e nos sentimos lisonjeados... E o público é muito volúvel; portanto, você não pode achar sempre que está tudo bem.

Temos uma base de pessoas fanáticas. Quando fomos ao ar pela primeira vez, tivemos seis milhões de espectadores. Mas essas pessoas se apaixonaram pelo nosso programa e elas continuam nos assistindo agora; a divulgação boca a boca é enorme. Toda hora, há pessoas que se aproximam de mim e dizem: "Minha mãe é fissurada no programa, acabei assistindo e amei"... Ou então: "É o programa preferido dos meus filhos. Eles ficavam me perturbando para assistir e, finalmente, assisti e amei." Para mim, isso é incrível. Todas as coisas na tevê são vendidas para uma determinada faixa social, e parece que nós alcançamos todas, o que me deixa maravilhado.

CIDADE DE ATORES

 Escalando o elenco

> "Às vezes, a melhor laranja é a melhor laranja ou o melhor John Wayne é o melhor John Wayne."
>
> — AMY LIPPENS, DIRETORA DE CASTING

As três profissionais de casting de House — Amy Lippens, Stephanie Laffin e Janelle Scuderi — têm a responsabilidade de encontrar atores para interpretar todos os papéis com falas na série. O trio está com *House* desde o início e entrevistou milhares de atores para centenas de papéis. A equipe de casting conhece inúmeros atores: assistem a quase tudo na televisão, bem como no cinema, em peças de teatro e workshops. Com frequência, se lembram de um determinado ator, esperando que um papel adequado apareça para ele. Ou, então, acontece de alguém se candidatar a um papel e ser chamado para outro, um ano mais tarde. Um retrato de Dave Matthews ficou pendurado na parede de Janelle Scuderi — o nome dele era sempre mencionado e, por fim, foi elencado (em "Meia capacidade"). Stephanie Laffin carregou com ela, de escritório em escritório, uma foto amassada e rasgada de Zeljko Ivanek, e ele também conseguiu um papel, interpretando o homem desesperado que faz reféns em "Último recurso".

A equipe de casting opera numa base ampla: elas dispõem de pessoas em Nova York que podem pôr um ator numa fita; sabem quem está fazendo sucesso no West End, teatro em Londres. Para alguns papéis, elas têm centenas de opções. "Nós só fazemos isso, pensamos em atores maravilhosos e onde aproveitá-los", explica Amy Lippens. A cada semana, o roteiro abre múltiplas oportunidades, e, frequentemente, o rosto que se encaixa é familiar. Pessoas que Amy Lippens já havia elencado em filmes quando tinham 12 anos agora conseguem papéis em *House*. "Há algumas pessoas com as quais trabalhamos diversas vezes no correr dos anos", conta. "E também há aquelas com quem quisemos trabalhar por anos e, finalmente, conseguimos... Para nós, essa é uma carreira e não um trabalho; portanto, faz muito tempo que estamos envolvidas com isso. Os atores ficam em aberto para nós ao longo de sua carreira inteira, até que se aposentem. Apenas somos sensatas quanto à maneira como elencamos cada temporada", emenda.

....

Como todo mundo, a equipe de casting recebe o roteiro oito dias antes de as filmagens começarem. (E ainda são gratas por ser assim. As três sabem de casos de programas em que os roteiros chegam atrasados, e os atores devem ser escalados a partir de algumas páginas ou até nenhuma.) Elas podem receber algumas informações adiantadas sobre alguma circunstância excepcional, mas tudo está sujeito a mudanças até que recebam as páginas definitivas. Quando a equipe recebe o roteiro, começa a determinar quantos atores são necessários e que considerações especiais devem ser levadas em consideração. Precisarão de crianças? Já tiveram que perguntar a atores se sabiam atirar; achar alguém que não fosse sensível a látex e

pudesse usar muitas próteses; que não tivesse alergia a gatos ou cachorros; ou que não se incomodasse em ter vermes se arrastando sobre seu corpo?

Frequentemente, o roteiro não especifica coisa alguma sobre uma personagem além de sua idade. Alguns papéis passam de homem no roteiro para mulher no elenco, ou de personagem étnico para ator não étnico. O mesmo acontece em outros seriados: o personagem de Dr. Ben Gideon no episódio de Katie Jacobs *Gideon's Crossing* foi inspirado por Jerome Groopman e interpretado por Andre Braugher, futuro aluno em *House*. O papel escrito representa sempre uma oportunidade para se encontrar alguém maravilhoso, e não uma definição obtusa em que alguém tenha que ser espremido para caber nele.

> "Trabalhamos rápido e precisamos definir o tom, porque muitos departamentos esperam que recrutemos o talento para que possam fazer seu trabalho. E os editores são os que, no fim, fazem a coisa toda acontecer para que o programa possa ir ao ar."
>
> — Amy Lippens

Depois de ler o roteiro detalhadamente, elas começam a conversar com Katie, com o roteirista e com o diretor. Sempre há alterações que afetam o trabalho da equipe de casting – um personagem que fica um pouco mais novo ou um pouco mais velho. Conforme as exigências vão ficando um pouco mais específicas, a equipe vai listando os potenciais candidatos. Para um papel mais importante cuja audição será realizada na presença do diretor e dos produtores, elas querem escalar no máximo oito atores em apenas uma sessão. (Somente os personagens fixos precisam fazer testes diante dos executivos dos estúdios e da emissora.) Se contiver entre 12 e 15 nomes, a própria lista pode se redimensionar para mais perto de oito,

pelo fato de alguns atores não estarem disponíveis. Depois, procede-se aos últimos cortes antes de a sessão ser armada.

O que talvez possa causar surpresa é que, para papéis menores, como uma enfermeira que tenha apenas uma fala, é necessário ver um número maior de atores, aproximadamente 15 por papel. Os que se candidatam para esse tipo de papel geralmente possuem menos experiência e precisam de mais treinamento. *House* tem um padrão que deve ser mantido. "Precisamos que as pessoas estejam no mesmo nível de todos os atores que já atuaram no programa", justifica Amy Lippens. "Temos um nível muito elevado no que se refere a interpretação. Mesmo que o sujeito só tenha uma fala, é preciso que ele demonstre categoria para interpretar esse papel."

O rol de atores é enorme, incluindo desde pessoas que fizeram a atuação uma segunda carreira ou que iniciaram tardiamente, a experientes atores de teatro e atores que tiveram os próprios programas e interpretaram papéis principais no cinema. "Nós lidamos com todos eles", diz Amy. Los Angeles concentra tantos talentos porque aqui é feita a maior parte do trabalho em televisão. Alguns seriados filmam na Costa Leste, e *House* tem contratado pessoas de Nova York, como Cynthia Nixon em "A decepção". "Há um jeitinho nos atores da Costa Leste e de Chicago do qual às vezes sentimos falta. São pessoas que têm ótimos rostos para personagens", conta Amy Lippens.

Na verdade, relativamente poucos atores são *mesmo* de Los Angeles. Sem contar os estrangeiros, em *House*, Jennifer Morrison é de Chicago, onde Peter Jacobson também nasceu. Jacobson mora em Nova York, onde Omar Epps nasceu, tal como Robert Sean Leonard, que é natural de Nova Jersey, lugar em que Lisa Edelstein foi criada, mesmo tendo nascido em Boston. E Amy, Stephanie e Janelle? São de Baltimore, Boston e Connecticut, respectivamente.

Hugh Laurie está longe de ser o único ator britânico a trabalhar em Hollywood. Laurie trilhou um caminho recente. *Flash Forward* tinha uma cabine de telefone vermelha repleta de britânicos: Joseph Fiennes, Sonya Walger, Jack Davenport e Dominic Monaghan (também em *Lost*). Acrescente-se a isso Tim Roth, de *Lie to Me*. Um número igual senão maior de australianos também tem aparecido em programas recentes: Anna Torv e John Noble são dois dos principais atores de *Fringe;* Simon Baker (*The Mentalist*); Julian McMahon de *Nip/Tuck*; Anthony LaPaglia e Poppy Montgomery atuaram em *Without a Trace*, bem como Marianne Jean-Baptiste, que é inglesa. E assim por diante. Nem todos esses atores fazem papéis com sotaque americano, e não é qualquer ator do Reino Unido que consegue fazer isso. "De jeito nenhum", diz Janelle. "Você precisa ouvir os ruins."

O fato é que a televisão, o cinema e o teatro são negócios internacionais, e também há muitos atores americanos trabalhando na Europa. A equipe gosta de elencar o que está no roteiro: quando pede um indivíduo japonês, elas querem um ator japonês; se o personagem é britânico, busca-se um britânico. Stephanie Laffin possui uma lista de atores britânicos com quem adoraria trabalhar e menciona Gina McKee e Henry Cavill. É problemático conseguir um visto de trabalho para os não residentes e leva pelo menos seis semanas, o que Franka Potente aceitou encarar quando foi elencada em "Derrotado" durante o recesso de verão, mas não costuma funcionar para alguém que opere no esquema habitual do cronograma de oito dias. Assim, geralmente, os atores precisam ter visto de residente ou ter a cidadania americana para serem cogitados para um papel.

A equipe de casting é unânime quanto aos elogios ao sotaque de Hugh Laurie. Na opinião de Stephanie Laffin, os únicos que podem competir com ele são Mark Rylance (*Boeing-Boeing,* na Broadway) e Damian Lewis (*Life*). "Quando alguém diz que uma pessoa faz um sotaque americano muito bom, eu pergunto: "Deixe-me ver. É tão bom quanto o de Hugh?" Normalmente, segue uma pausa muito sugestiva, e, então, a resposta é: "Bem, nem tanto."

Amy Lippens considera que essa é só uma coisa a mais a ser admirada em Laurie. "Vimos muitos, muitos outros atores britânicos, e eles nem sequer chegaram perto... Ele tem um sotaque americano impecável; também interpreta um personagem muito complicado que tem de andar de bengala. E o vocabulário! É um papel difícil. E o fato de ser britânico acrescentou ao papel uma dimensão completamente distinta. E, com tudo isso, ele ainda é brilhante!

Para encontrar atores, a equipe se apoia em gravações de audições anteriores e em notas feitas ao longo das horas em que o trio assiste a tevê e filmes. As três constantemente checam a disponibilidade dos atores. A televisão costumava funcionar de acordo com o período letivo nas escolas, de setembro até a primavera (no caso dos países com divisão de estações igual à de Los Angeles). Mas, hoje em dia, novas programações surgem o ano inteiro, e os atores podem ser contratados a qualquer momento. Clientes são agenciados todo o tempo: por carta, cartão-postal, e-mail, telefone, quando veem alguém do programa tomando alguma coisa numa iogurteria. "Eu adoro quando os agentes me fornecem um contato", diz Stephanie. "'Eles interpretaram um padre em outro programa.' Isso me deixa louca. Eu não tinha a menor ideia de que eles só poderiam fazer o papel de padre." Quando se fala em confiar nos agentes, Amy Lippens pergunta: "Isso facilitaria nosso trabalho? Sim. Faria com que sentíssemos seguros quanto ao melhor trabalho possível? Não."

Katie Jacobs está na origem de muitas ideias para o elenco. "Katie nunca esquece um ator", comenta Janelle Scuderi. Ela costuma arquivar um rosto e lembrar mais tarde onde ele poderia se encaixar. Ao elencar os atores para "Três histórias", na primeira temporada, Jacobs perguntou quem era o ator

que lera a parte de Chase, de quem tinha gostado; ele deveria ler para esse papel. Foi assim que Andrew Keegan se tornou o estudante de medicina que responde a House nas cenas do anfiteatro.

"Para o episódio de Mos Def, elaboramos uma lista de pessoas. Russ e G [Russel Friend e Garrett Lerner] queriam alguém que não se incomodasse por sua fala ser mais ouvida do que vista, portanto precisava ser alguém que tivesse uma voz marcante. Acabamos conseguindo um ator perfeito, um cara que passa sua vida contando histórias por meio de sua música e que se tornou um astro do cinema."

— Stephanie Laffin

Os escritórios em que se escala o elenco são os mais velhos e os mais reduzidos nas dependências [da Fox], e as audições são realizadas num lugar muito próximo dali. O que se poderia imaginar como situações tensas e competitivas às vezes acaba se revelando exatamente o contrário. Recentemente, durante uma audição de homens com mais idade, os candidatos falavam tão alto na sala de espera que tivemos que silenciá-los. Eles se apresentam juntos para audições há trinta anos e, quando se encontram, é como se fosse uma festa. "Todos os atores são diferentes. Alguns gostam de conversar, outros saem para ficar sozinhos e quietos", observa Amy.

Quando a chamada é feita, os atores se reúnem e entram na sala de audição, onde fazem sua leitura. A equipe repassa os filmes que foram feitos durante a audição, porque a câmera consegue captar sutilezas que podem escapar ao olho nu. Às vezes, uma decisão pode ser tomada logo ali na hora, mas isso também pode levar um dia ou dois. O timing é essencial. Se os produtores ou a equipe acharem que não está bom, o processo é reiniciado e continua até o último minuto. E podem voltar a buscar pessoas a qualquer momento, uma vez que, como

Stephanie Laffin gosta de dizer, Los Angeles é uma cidade de atores.

....

As diretoras de casting desenvolveram um olho crítico para avaliar um ator. Raramente têm de apelar para a ajuda de colegas de outros programas, a não ser que estejam procurando algo muito específico, como um ator que fale mandarim ou um adolescente com problemas de audição. É importante criar uma personalidade para um programa e garantir que ele não se pareça com qualquer outra coisa que passe na tevê. "Nós damos um duro danado para que *House* pareça diferente", assegura Stephanie Laffin. É importante que os espectadores não vejam um mesmo ator em todos os episódios. De acordo com Amy Lippens, "procuramos fazer algo novo e conferir um visual característico e uma voz própria ao nosso programa".

Então, o que elas procuram num ator? Eles precisam ser convincentes, independentemente de serem médicos, pacientes ou pilotos da Força Aérea. Talvez precisem dizer "rabdomiossarcoma alveolar". Precisam demonstrar confiança durante sua leitura e ter capacidade de trabalhar com os outros membros do elenco. Até aí, tudo bem. Eles também precisam interpretar alguém que está vivendo em Nova Jersey, onde é mais difícil exibir um bronzeado natural em dezembro do que em Los Angeles. O que está sendo procurado é algo intangível, e é exatamente aí que entra a competência da equipe de casting. "E, quando a pessoa é a certa para o trabalho", explica Janelle, "pode não ter referência alguma ou ser James Earl Jones." É sempre importante não ser óbvio demais. Se um ator sempre faz o papel de rico, de trabalhador ou de vítima de crimes, então provavelmente será elencado de forma diferente em *House*. Embora, como Amy reconhece, de vez

em quando seja necessário fazer isso, porque o que é melhor é melhor.

O fato de um ator ser famoso não significa que ele vai conseguir um papel. Alguns programas escrevem rotineiramente papéis para atores específicos, mas isso não acontece em *House*. Evidentemente, isso também não quer dizer que se o ator for famoso não conseguirá o papel. James Earl Jones foi elencado como o ditador Dibala dentro das limitações do cronograma habitual de oito dias. Jones estava em Nova York enquanto os outros atores faziam suas leituras para o papel em Century City. Alguns atores apresentam uma atuação suficientemente estabelecida para que não precisem ler, mas o processo é realizado mesmo assim.

"Elenco de atrações" é quando um programa utiliza alguém famoso para um papel simplesmente pelo fato de essa pessoa ser famosa. Quando um programa está indo bem, a emissora frequentemente pede que os produtores incluam grandes nomes para atrair o espectador curioso. "Ao longo da primeira temporada, diziam: "Vocês vão ter que recrutar atrações", conta Katie Jacobs. "O engraçado é que realmente é difícil escalar atrações quando ninguém sabe quem você é. Agora, que não precisamos mais, ficou muito fácil elencar atrações."

A história de como Peter Jacobson se tornou — e quase não conseguiu se tornar — Taub é instrutiva. Antes de Taub existir, oferecemos a Jacobson um papel como convidado, para interpretar o advogado de Vogler numa cena de tribunal com House, na primeira temporada. Jacobson nem precisava fazer audição; o papel era dele e seu agente o aconselhou a aceitá-lo. Mas, dez dias depois das filmagens, ele devia ir à Austrália para uma filmagem que duraria três meses, para o se-

riado *A ex*. No último momento, achou que era demais e, por meio de seu agente, recusou o papel em *House*. Caso ele tivesse aceitado o primeiro papel (de duas cenas), Jacobson jamais teria sido considerado para fazer Taub. ("Ei, aquele cirurgião plástico não foi um advogado três anos atrás?")

Katie Jacobs havia trabalhado com Peter Jacobson num episódio de sua série *Gideon's Crossing*, em 2001, e Jacobson foi o primeiro nome que Jacobs cogitou para Taub. Disseram à equipe de casting que ele estava em Nova York. Elas iriam atrás dele para colocá-lo em fita, mas Stephanie Laffin viu o ator almoçando no restaurante Venice. "O que ele está fazendo aqui?", pensou. "Com certeza, era para ser ele." (Jacobson e sua esposa estavam em Los Angeles por acaso.) Jacobson descobriu que o papel poderia ser recorrente, o que sem dúvida era interessante. Sua esposa olhou para as falas da audição e imediatamente teve uma reação visceral. "Esse papel é totalmente você." Quando Jacobson hesitou um pouco, por ser a segunda vez que tentava atuar em *House*, ela falou: "Você enlouqueceu?" E Taub foi elencado.

Os problemas assumem formas diferentes de acordo com o departamento envolvido. Com relação ao casting, eles surgem quando se tenta escalar um ator sem poder se basear num personagem bem-delineado. Antes de o roteiro ter sido escrito, Katie Jacobs elencou muitos dos papéis para o episódio "Derrotado", de duas horas de duração, que ela também dirigiu. Elencou Andre Braugher, que conhecia de *Gideon's Crossing*, e Lin-Manuel Miranda, que ela havia visto na Broadway em seu próprio musical, *In the Heights*. Franka Potente (*Corra, Lola, corra* e a trilogia Bourne) expressou seu interesse no programa, se encontrou com Katie no fim da quinta temporada e foi escalada para "Derrotado" pouco depois.

Jacobs fez a seguinte proposta a estes e outros atores: "Estamos fazendo alguma coisa diferente. Eu acho que você seria ótimo como companheiro de quarto de House [por exemplo], nem você gostaria de vir fazer o papel?", conta Jacobs. "E todos eles aceitaram, sequer viram o roteiro. Os roteiristas trabalharam pensando neles." Caso Jacobs tivesse esperado até o roteiro ficar pronto para começar a escalar o elenco, o episódio jamais teria conseguido ir ao ar na data prevista.

Alternativamente, pode acontecer de uma carga de trabalho inusitadamente pesada cair do céu de repente. "Fomos embora no fim da terceira temporada, e eu lembro que Katie disse, por alto, 'Vamos botar um pouco de sangue novo na próxima temporada', recorda Stephanie Laffin. E eu respondi algo como: 'Está bem, a gente se vê, tenha um ótimo verão.' E Amy recebeu um telefonema: 'Estamos acrescentando algumas pessoas...'" Quarenta pessoas. "E não recebemos nenhum prazo suplementar", frisa Amy. A demanda provocada por House para substituir sua primeira equipe de diagnóstico foi elencada durante um período de dois episódios. Eram quarenta candidatos, mas não quarenta papéis com fala: House dispensou uma fileira inteira, sem dar tempo para que as pessoas articulassem uma só palavra. Mesmo assim, ainda sobravam mais de vinte papéis falados, incluindo três que passariam a fazer parte do elenco fixo, o que requeria cinco atores para serem testados pelos estúdios e a emissora, a saber: Taub, Kutner, Thirteen, Big Love e Amber.

"Metemos a mão na massa", diz Amy Lippens. "Você tem um início, um meio e um fim ao fazer casting para a tevê, e tem um prazo muito curto para isso, o que é uma coisa ruim. Temos o cuidado de fazer o melhor trabalho possível, e dentro de oito dias, como se dispuséssemos de dois meses.

"A doença de Huntington não está sempre na cabeça dela. Eu cheguei à conclusão de que ela não poderia seguir em frente se esse fosse o caso. O motivo pelo qual ela gosta de mergulhar no trabalho é porque é o único momento em que ela consegue esquecer isso, mesmo que só por um momento. Isso a leva a ser uma médica melhor, a salvar mais vidas, já que ela não pode salvar a própria. Essa é a terrível ironia da coisa toda: nem House pode salvá-la. Uma vez que, aparentemente, eles estão sempre fazendo o impossível, fico imaginando se alguma parte dela não pensa que poderia acontecer um milagre."

— Olivia Wilde

THIRTEEN

Olivia Wilde

Ninguém no hospital está muito preocupado com os nomes das pessoas – até Chase chamava sua mulher pelo sobrenome "Cameron". Quando os quarenta candidatos aparecem em "A coisa certa" para substituir Eric, Allison e Robert, House faz agrados à sua maneira. Ele chama a candidata de número 13, a Thirteen, de "Kitty Carlisle", referência aos tempos em que a socialite era atriz na Broadway, setenta anos atrás. Thirteen acerta que o paciente é um piloto. Ela não diz seu nome, então fica Thirteen mesmo. Para ela, ser chamada pelo número é bem melhor que "Cutthroat Bitch" (como ficou conhecida Amber, que poderia ter sido "Vinte e Quatro") ou "Ex-garoto adotivo superexcitado" (Kutner, número seis), e certamente muito melhor que qualquer coisa referente a Cole: Dark Religious Nut ou Big Love.

A despeito de seu status de mero número, Thirteen desperta a curiosidade de House, tal como acontecera com Cameron. Logo no início, Thirteen causa a morte de um paciente por desleixo, já que não verificou se ele tinha tomado os remédios prescritos contra o parasita *Strongyloides* ("97 segundos"). Isso pareceria uma razão para que se demitisse alguém (House despede candidatos que confundem Buddy Ebsen com Neville Chamberlain), porém Thirteen fica.

> "Me senti tão honrada por eles imediatamente confiarem a mim esse enredo intenso; pensei: Uau, eles estão realmente deixando que eu me divirta. Se posso matar alguém logo no início, é porque ele tem de gostar de mim. Você não faz um personagem matar um cão, por exemplo, pois isso vai significar que todo mundo vai odiá-lo."
>
> — OLIVIA WILDE

O sexto sentido de House lhe diz que há algo de errado com Thirteen. Wilson chama atenção de House por sua atitude diante de mulheres

como Thirteen, Cameron e Amber. "Você contrata garotas bonitas, as escraviza, as força a ficarem ao seu redor porque você não sabe manter um relacionamento de verdade. Se elas forem qualificadas, fique com elas. Caso contrário, demita e as convide para sair." Mas House só segue esse conselho com a Dra. Terzi, da CIA. Em vez disso, ele droga Thirteen com café cafeinado, o que é o suficiente para causar tremedeiras violentas nela ("Não queira saber"). House sabe que há alguma história familiar, pois encontrou o atestado de óbito de sua mãe, que havia falecido de uma doença de longa duração. Parkinson? Não, Huntington. Até House declara: "Sinto muito."

> "É boa para fins dramáticos, porque é uma doença terrível para a qual não há tratamento até agora. Na concepção do personagem, você tem a noção de que pode haver uma doença grave em seu futuro; você quer descobrir se isso vai acontecer ou não? É um dilema interessante."
>
> — David Foster

A doença de Huntington é um distúrbio implacável que atinge a mente e o corpo. Os doentes com Huntington perdem gradualmente o controle dos movimentos, até não conseguirem falar ou comer. Podem permanecer alertas, mas também acontece de ficarem deprimidos ou com tendência suicida. Há cinquenta por cento de chances de que o filho de alguém com a doença passe a desenvolver a enfermidade em algum momento de sua vida. A partir daí, a doença leva de dez a vinte anos para fechar seu ciclo. Huntington costumava ser chamada "Dança de São Vito" — acreditava-se que os doentes eram possuídos; mais tarde, passou a ser Huntington "coreia", este último termo se referindo aos movimentos descontrolados, já que a palavra originalmente significava dança. No início, Thirteen ainda não havia sido testada e, portanto, ela não sabia se desenvolveria a doença ou não.

THIRTEEN: O fato de não saber me leva a fazer coisas que penso ter medo de fazer. Ter aulas de pilotagem, escalar o Kilimanjaro, trabalhar para você.

HOUSE: Pois é, porque, se soubesse, não poderia fazer nada disso.

Claro que esse conhecimento é algo que não dará sossego a House. Ele procura Thirteen e deixa claro que ele gostaria de saber. Quando Amber é ferida em um acidente de ônibus, Thirteen não consegue fazer seu trabalho. Ela não gostava de Amber, mas o pensamento de uma mulher jovem morrendo antes de sua hora era demais para ela. "Vai ter de lidar com isso: Volte lá para dentro ou arrume suas coisas", adverte House. Thirteen resolve fazer o teste de Huntington depois da morte de Amber. O teste dá positivo. Em "Morrer muda tudo", Thirteen conta a uma paciente que acha que só viverá mais uns dez anos. "Não quero apenas apertar porcas e seguir instruções. Quero que algo seja diferente por minha causa." Como esperado, House deflaciona: "Quase morrer não muda nada. Morrer muda tudo", diz para Thirteen.

DAVID SHORE: Gostei da noção de que se tratava de um gigantesco ponto de interrogação pairando sobre a cabeça dela. A ideia de que alguém poderia ter uma vida extremamente curta, mas escolheu não ter certeza disso.

PERGUNTA: E algo em que House não vai conseguir deixar de se meter.

SHORE: Exatamente. Se ela tivesse sabido, de um jeito ou de outro teria fugido do objetivo dentro da série desde o início.

Em "Treze da sorte", Thirteen acredita que sua doença esteja progredindo rapidamente e resolve aproveitar a vida, mesmo sem estar alegre. Quando uma mulher que conheceu num bar entra em convulsão, Thirteen a leva ao hospital admitindo não saber o nome dela. "Sexo casual e vazio", observa House. "Eu já esperava que você fosse ficar totalmente

fora de controle desde o dia em que sua doença de Huntington foi diagnosticada. Mas isso é muito mais do que ousei achar que aconteceria." Quando Thirteen falta a uma sessão de diagnóstico para tomar soro a fim de curar sua ressaca, House a demite. Mesmo assim, ela continua pelo hospital, ajudando a descobrir o que há de errado com a garota, Spencer, embora ela só tenha se aproximado de Thirteen para conseguir ser tratada por House. Ela simpatiza com Spencer quando parece que ela também tem uma doença incurável. House tem seu momento-eureca quando percebe que os lábios de Thirteen estão rachados, resultado da síndrome de Sjogren de Spencer. "Mais uma vida salva pela ação entre mulheres", diz House.

Thirteen adota um comportamento cada vez mais arriscado. House volta a contratá-la, dizendo que ela se encontra numa espiral descendente, mas, até que se espatife, ela pode ser útil. Thirteen está com outra garota de programa no fim de "Treze da sorte". Então, em "Último recurso", ela concorda em testar os medicamentos que House prescreve a Jason (Zeljko Ivanek), o homem que faz reféns. "Fazer isso é assumir um risco acima do nível de ação entre mulheres", comenta House, que emenda dizendo que ela quer morrer, mas que não tem coragem para tomar essa atitude. "Eu não quero morrer", diz Thirteen. Então, ela se inscreve num teste farmacêutico que Foreman está administrando a pacientes de Huntington. Desde o início, essa ideia representa um campo minado do ponto de vista ético e pessoal. Thirteen se sente mal por Foreman tê-la inscrito no teste. Então, ao encontrar uma paciente chamada Janice, Thirteen se lembra de ter visto a própria mãe ser levada a um hospital quando ainda era uma criança e se chamava Remy. Ela conta a Foreman que a mãe costumava gritar com ela. "Eu queria que ela morresse", admite, e acabou nunca se despedindo dela.

Thirteen fica dividida quanto a participar do teste farmacêutico quando duvida que Foreman o está manipulando e, com isso, manipulando-a também. Parece haver uma esperança real para Thirteen quando Foreman passa a administrar o medicamento verdadeiro a ela, que chega a falar sobre ter filhos um dia ("Bebezão"). Entretanto, Foreman foi longe

demais, e o medicamento de verdade adoece Thirteen; ela desenvolve um tumor cerebral e fica cega. Foreman luta desesperadamente para salvar Thirteen, sua carreira e seu emprego no hospital.

> "O desejo de morte que ela demonstrou ter durante o episódio dos reféns, quando ela se jogou diante da arma, se foi completamente. Foi Foreman que a encorajou a escolher a vida, a tentar ficar saudável, mas a culpa dele por manipular o teste farmacêutico é agravada pelo fato de que ele a arrastou para a outra extremidade do espectro da esperança... O teste farmacêutico foi um fracasso, e não há final feliz."
>
> — OLIVIA WILDE

O teste farmacêutico não ajuda Thirteen, mas a espiral foi interrompida. Ela está contente de ser membro da equipe e de estar com Foreman. Admite, entretanto, que sente falta de outras mulheres e de outros homens:

> **THIRTEEN:** Monogamia é como você dizer que nunca mais vai tomar sorvete de outro sabor que não Rocky Road.
>
> **FOREMAN:** Você está dizendo que se não tomar tutti frutti por um tempo, um dia vai sair correndo atrás do sorveteiro?
>
> **THIRTEEN:** Não. Rocky Road está ótimo. É um sabor muito delicioso e complexo... ("O lado mais doce")
>
> **PERGUNTA:** O que você acha de ela ter dito que "monogamia é como Rocky Road"?
>
> **OLIVIA WILDE:** Ela é realista. Ela sabe que Foreman é mais tradicional em termos de relacionamentos, então ela quer fazê-lo perceber essa realidade. Adoro quando ela cita Truffaut ao falar sobre *Jules and Jim* — monogamia não funciona, mas o resto é pior. E esta é realmente a posição de Thirteen; não é

realista, mas a companhia é valiosa. Acho que ela vai encontrar uma forma de ficar saudável, embora continue explorando.

Foreman decide que não pode ser chefe, manter Thirteen na equipe e ter uma relação com ela ao mesmo tempo. Ele a despede e acaba colocando a relação em risco, também. Foreman não quer admitir que tenha feito a opção errada, mesmo que mais tarde ele aceite enfaticamente trabalhar com Thirteen na equipe. Ela está pronta para arrumar outro emprego até que House retorne e traga ela e Taub de volta. Quando vai persuadir Thirteen, House aparece na academia dela e a encontra fazendo agachamentos para fortalecer sua musculatura, visando adiar a manifestação da doença. Ela está preparada para passar com House o tempo que essa bomba-relógio dentro de seu corpo deixar.

O VISUAL DE THIRTEEN

"Ela é superdescolada. É bissexual, e portanto prefere se vestir de forma ligeiramente andrógina. Mesmo assim, é supersexy, superfeminina e masculina ao mesmo tempo, se é que isso é possível."

— Cathy Crandall

PERGUNTA: Ela tem uma paleta de cores?

CATHY CRANDALL: Sim, ela tem. Ela usa muito cinza, preto, azul-marinho e berinjela, e uma espécie de azul-acinzentado e um azul-esverdeado. É uma gama de cores bastante acinzentada. Tudo isso combina bem com o seu tom de pele e com seus olhos.

Olivia Wilde sobre... Thirteen e Foreman

PERGUNTA: A questão era, Foreman jogaria fora sua carreira pela oportunidade de viver mais alguns anos com Thirteen?

Àquela altura, eles só se conheciam havia pouco tempo... Isso é o que ele ama fazer, adiar o inevitável. Não há nada que queiramos mais em relação às pessoas que amamos.

PERGUNTA: Thirteen e Foreman têm futuro?

Thirteen vai tentar fazer essa relação dar certo. E se não conseguir, então vai encontrar uma forma de se manter saudável mesmo curtindo sua vida romântica e, talvez, se relacionando com outras pessoas.

PERGUNTA: Ela precisa sair com alguém que não seja do trabalho...

Acho que sim, mas eles passam tempo demais no hospital. Uma coisa que me preocupa é que ela só teve relações com mulheres quando estava deprimida, e isso implica, de alguma forma, que seja um efeito colateral de estar deprimida e fora de controle. Eu acho que isso definitivamente não é verdade e não acredito que esta fosse a intenção dos roteiristas, mas é o que parece. Eu acho importante que, estando com um homem e com saúde, ela explore sua bissexualidade e, talvez, experimente novamente ter uma relação saudável com uma mulher, para que fique claro que isso não aconteceu porque ela estava deprimida e doente.

Olivia Wilde sobre... Huntington

É provavelmente uma doença fascinante para nossos roteiristas, por ser algo muito misteriosa... Descobriram uma maneira de testar as pessoas num estágio precoce, como no caso de Thirteen. Muitas pessoas escolheram ser testadas e muitas não, e fico fascinada com a diferença entre a qualidade de vida desses dois grupos.

PERGUNTA: O que você faria?

Eu ia querer saber. Existencialistas ao longo dos séculos têm dito que, depois que você encara a morte, depois de tê-la aceitado, você vive sua vida de maneira diferente e mais plena.

PERGUNTA: Sua personagem fez isso.

Acho que isso é inevitável. Acho que eu provavelmente faria. Somente o amor poderia impedir alguém de fazer isso.

PERGUNTA: Mas não se pode adiar o inevitável. Você é uma bomba-relógio.

Não vi apenas minha mãe morrer de Huntington, portanto sei exatamente o que me espera, mas também estudei exatamente como o corpo funciona e sei de que forma ele se deteriora, então não há qualquer tipo de mistério quanto ao que me espera.

PERGUNTA: Você tem algum sintoma?

Ela teve uma lesão nervosa, mas levaria alguns anos até que ela começasse a perceber os principais sintomas. A personagem que tínhamos com Huntington num estágio completamente avançado, ilustrando, portanto, o que Thirteen teria de

passar, era importante para o público, porque a maior parte das pessoas não conhece essa doença. Era difícil o público responder emocionalmente ao fato de que Thirteen desenvolveria esses sintomas, mesmo falando gravemente sobre eles, porque ele não sabia como são terríveis. Mas, depois que conhecemos Janice, foi um tal de "Oh, não, isso não pode acontecer com Thirteen". Esperemos que ela continue saudável. Acho que ela vai encontrar uma maneira sadia de se divertir.

Olivia Wilde sobre... Thirteen

House é provavelmente o programa em que mais se trabalha, e eu sabia disso quando entrei. Foi interessante entrar algumas temporadas depois, porque quem vê de fora ouve sobre como as coisas são no set.

PERGUNTA: Você assistia a *House* antes de trabalhar nele?

Eu nunca fui muito de assistir tevê, mas conhecia o programa e sabia que tinha grandes papéis femininos. Eu estava fazendo uma peça em Nova York, e meu agente disse que acrescentariam uma médica em *House*, e que, se eu tivesse a sorte de conseguir esse papel, seria louca de dispensar a oportunidade. E eu respondi: "Não vou voltar a fazer televisão." Mas ele insistiu: "Não, isso é diferente. Onde mais você vai conseguir algo escrito tão brilhantemente quanto isso?" E ele estava certo. Foi um bom conselho.

PERGUNTA: Como foi o processo de seleção da quarta temporada?

Nós não sabíamos o que ia acontecer de uma semana para outra. Havia alguns entre nós que sabiam que estariam ali

por poucos episódios. Não sabíamos como aconteceria. Eu certamente não esperava tanto trabalho, nem tanto envolvimento quanto tive de imediato.

PERGUNTA: Originalmente, você fez uma audição para o papel de Amber.

Eu fiz uma audição para o papel de Amber, e Annie Dudek, para Thirteen. Eu queria muito fazer Amber. Achava-a hilária e achei que seria muito divertido interpretar alguém conivente... [Quando] disseram Thirteen, respondi: "Não sei, ela é um mistério." E me explicaram: "Ela tem umas coisas interessantes que está ocultando." E eu insistia: "Mas Amber..." Annie fez a mesma coisa em relação a Thirteen. E, claramente, inverteram nossos papéis com razão, porque minha interpretação de Amber não era tão brilhante quanto a de Annie e, no fim, estou muito feliz de as coisas terem ficado como estão.

PERGUNTA: O que você acha sobre precisar aprender os termos médicos?

Eu acho que aprender a terminologia médica é muito parecido com aprender Shakespeare, porque você não pode parafrasear, precisa saber. Você tem de encontrar beleza nela e seu entendimento dela. Eu me lembro de receber os diálogos para a audição e, àquela altura, tudo me pareceu muito difícil, mas a palavra mais complicada era *intestino*, porque eu me perguntava: "Oh, Deus, como é que eu vou me lembrar do intestino delgado? Intestino grosso?" Então, no meio da audição, perdi a calma e gritei "Porra!". Eu me lembro de ter ficado horrorizada com isso, então Katie Jacobs olhou para mim e disse: "Você é oficialmente como as pessoas de nosso programa. Não se preocupe, isso acontece todos os dias."

PERGUNTA: Vocês são convincentes como médicos.

A pergunta mais comum é "como é que vocês conseguem se lembrar de tudo isso?" A segunda pergunta mais frequente é: "Vocês se divertem tanto fazendo isso quanto a gente assistindo?" Ouço muito isso no metrô em Nova York. Já quanto às questões médicas, as pessoas costumam perguntar: "Você sabe alguma coisa sobre isso?" Eu mesma fiz isso, inadvertidamente, com Hugh em meio ao meu primeiro episódio. Eu estava falando a respeito de uma doença sobre a qual eu tinha ouvido falar e perguntei a ele se essa pessoa poderia ser curada com o remédio tal, como se estivesse perguntando a um médico. Ele olhou para mim, fez uma longa pausa e respondeu: "Sabe, eu não sou um médico de verdade." "Oh, meu Deus, desculpe. Eu sei disso."

Olivia Wilde está pronta para seu close.

PERGUNTA: Sua experiência com médicos mudou?

Desde que estou no programa, eu os respeito muito mais. Forneço históricos muito mais detalhados para eles, porque acho que é isso que fazemos errado com nossos médicos. Esperamos que eles realizem milagres sem que eles tenham todas as informações de que precisam.

Mas que outra equipe de médicos gastaria tanto tempo e tanta energia para pensar sobre o bem-estar de uma pessoa? Eu ficaria muito feliz de ter a gente — cinco médicos passando dia e noite se matando para encontrar uma cura e, aparentemente, sem cobrar nada por isso. Acho que nós, enquanto personagens, nunca nos preocupamos com isso por sermos produzidos por canadenses. David Shore não se dá conta de que cada um dos pacientes levaria o hospital à falência.

PERGUNTA: O destino está determinado para você. Mas alguém é capaz de mudar?

Eu acho que Thirteen foi a personagem que mais mudou. Da pessoa muito reservada que era, guardando tudo para si e sendo muito teimosa e fechada, ela passou a se abrir para uma relação saudável e a cuidar de si. Ela mudou drasticamente. Ela é a prova de que as pessoas podem mudar. House pode mudar. A tentativa dele de se livrar dos remédios é uma mudança por si só. Ele quer mudar, e isso em si já é uma mudança.

Olivia Wilde sobre... Olivia Wilde

PERGUNTA: Você é uma Cockburn (os pais, Leslie e Andrew Cockburn, são jornalistas); então, você cresceu num lar repleto de discussões acaloradas e máquinas de escrever...

Eu não conhecia qualquer outro mundo. Era instigante. Eu sempre tive noção de que eles estavam antenados com tudo o que acontecia, e eu podia fazer qualquer pergunta sobre o mundo, sobre política, sobre qualquer período histórico, que eles sabiam de tudo. Eu sempre quis ser atriz... E tenho

abordado a interpretação como se fosse jornalista — investigando a personagem da mesma maneira que se poderia investigar um assunto.

PERGUNTA: Vocês conversam sobre política à mesa do jantar?

Foi muito saudável crescer sabendo que o debate é sempre parte da discussão. As pessoas de esquerda estão sempre rivalizando para ver quem é mais de esquerda. Sempre houve diferentes tipos de pessoas. Eu tinha parentes que eram bastante conservadores. Aprendi desde nova que, para discutir com um republicano, você tem de aprender a linguagem dos republicanos, o que significa... dinheiro. Você consegue convencer um republicano de que é preciso contratar professores melhores e pagá-los melhor se, no fim, um índice nacional mais elevado na educação melhorar o PIB. É tudo questão de trazer o enfoque para o fato de eles pagarem menos impostos...

PERGUNTA: E Kal Penn largou isso aqui para ir à Casa Branca...

Eu perguntei a Kal se trabalhar para o governo era diferente, e ele disse que sim, que é diferente de ser ator. Por exemplo, quando está frio, ninguém leva um casaco quente para você. Essa é a medida de nossa infantilidade no ramo. "Está muito frio. Por que ninguém me traz um casaco de casimira?" É muito legal vê-lo sair daqui e se dar bem no serviço público.

PERGUNTA: Você tem um vínculo forte com a Irlanda.

Meu pai é irlandês, portanto ficávamos sempre indo e voltando de lá.

PERGUNTA: O Wilde vem daí?

Esse foi parcialmente o motivo. Minha família tinha a tradição de ter pseudônimos. Meu tio (Alexander) escrevia a "Beat the

Devil" (coluna no jornal *The Nation*) sob um pseudônimo, e eu sempre achei que havia algo de romântico nisso. Quando tinha quatro ou cinco anos, passei por um período em que queria escrever histórias de terror. Minha tia por afinidade era Sarah Caudwell, grande escritora de romances de mistério, e eu me lembro de ter perguntado a ela qual deveria ser o meu pseudônimo. Sempre fui empolgada com essa ideia.

Quando tomei consciência da falta de privacidade nesse ramo, fiquei atraída pela ideia de colocar uma barreira entre a vida profissional e a familiar. Para me resguardar e resguardar minha família também. Para eu poder trilhar meu próprio caminho. Acho que, por ter crescido em Washington e por eles serem jornalistas bastante conhecidos, as pessoas me identificavam constantemente como sendo parte da família, e eu me sentia honrada com isso, mas ansiosa por caminhar com minhas próprias pernas... É só pensarmos em Sigourney Weaver, que recebeu o nome de Fitzgerald e achou que isso realmente a formou como artista.

Eu estava envolvida numa produção fantástica de (The importance of being) Prudente na época, fazendo o papel de Gwendolen. Oscar Wilde realmente me inspirava. Eu mergulhei em suas obras e respeitava a maneira como ele lutava por sua individualidade e por seus princípios. Ele passou por toda aquela humilhação conservando seu senso de humor, coisa que acho necessária para sobreviver neste mundo.

E, em segundo lugar, porque é um genuíno nome anglo-irlandês.

PERGUNTA: Você estudou na Irlanda?

Com dezoito anos, estudei na Gaiety School of Acting, em Dublin. Eu amo Dublin. O recente crescimento econômico possibilitou que o lugar se tornasse um centro artístico. Em qualquer

parte que você olhasse, havia um buraco na parede onde alguém estava fazendo uma produção de uma peça de Beckett. Havia uma vibração maravilhosa, excitante. Foi uma excelente época para se viver lá. E teve uma repercussão muito grande sobre o modo como abordei o ofício de atuar. Você assistiria a uma peça e depois ia tomar uma cerveja com Colm Meaney, que estava na peça, e não havia frescuras. Eu ia sair dali direto para fazer faculdade em Nova York e ser atriz, mas meu professor de lá me mandou vir passar um ano aqui (em Los Angeles) para ver se eu realmente queria seguir essa carreira.

PERGUNTA: Se você pudesse ser atriz sem precisar ser famosa, seria a situação ideal?

Claro. Então daria para me concentrar no trabalho e jamais enlouquecer com meus próprios medos e inseguranças. Os melhores atores são os destemidos, e é difícil ser destemido quando a gente sabe que logo alguém vai nos criticar; mesmo assim, é preciso superação.

PERGUNTA: Eu li sobre você e Julie Christie...

Ela é uma grande mentora e uma grande guia por ter uma abordagem extremamente realista de nossa profissão. Ela é muito humilde, humilde demais. Ela diria: "Eu não era tão boa quando era mais nova..." Ela tem uma maneira excelente de ficar de fora disso tudo.

PERGUNTA: E você se espelha em Hugh Laurie?

Peço conselhos a Hugh o tempo inteiro. Ele é uma grande fonte de sabedoria. E é muito modesto. Sempre se mostrou muito gentil e solícito diante de quaisquer perguntas que eu fizesse, e seus conselhos costumam ser bem interessantes. Ele fica profundamente incomodado com o fato de ser

uma celebridade, mas acho que lida com isso extremamente bem e se transformou num famoso ator dramático. Os atores tendem a pensar que, quando estão engajados num gênero, devem se prender a ele.

PERGUNTA: Conte-me sobre *Tron: O legado*.

É algo completamente diferente. Era importante que eu fizesse algo de que eu realmente tivesse medo, e nunca pensei que fosse capaz de fazer um filme de ação de ficção científica. Eu adorei, e foi realmente estimulante, mas isso me fez apreciar *House* de fato. Temos roteiristas tão incríveis que para nós é natural que tudo seja lógico, bem-elaborado e que se encaixe, até mesmo com algo que aconteceu anos antes. Na tevê, os roteiristas realmente estão no comando. É o meio deles, eu acho; já no cinema, quem manda é o diretor. Tenho o costume de procurar os roteiristas o tempo todo, pedindo conselhos, discutindo os personagens com eles. Eu faço o mesmo nos sets de filmagem, e os roteiristas parecem ficar chocados: "Normalmente, os atores não falam conosco."

PERGUNTA: Como é que você conseguiu encaixar esse trabalho?

Filmamos isso durante o recesso, saí de um set direto para outro. Concluímos *Tron* às 6h30 de uma manhã de segunda-feira em Vancouver e, no mesmo dia, eu estava de volta a Los Angeles, no set de *House*.

PERGUNTA: Você acha revigorante fazer algo diferente?

Acho que é importante equilibrar as coisas. Acho que, agora, quero fazer algo completamente diferente. Meu marido (Tao Ruspoli) e eu fizemos um filme (*Fix*). E isso foi logo que entrei no elenco de *House*. Claro que eu só poderia fazer isso estando

casada com o diretor — nenhum outro diretor teria se submetido ao meu cronograma.

PERGUNTA: Você quer fazer mais filmes?

Quando as pessoas veem você usando um jaleco, podem ver você em qualquer posição oficial de poder. Assim, se já interpretou um médico, você pode fazer um policial, um político, um bombeiro. Qualquer coisa com uma identificação oficial. As pessoas me levam a sério, o que é ótimo. Meu objetivo é ser capaz de transpor as barreiras de gêneros no cinema e tentar passar diretamente da comédia ao drama sem dificuldade, como fazem Cate Blanchett e Meryl Streep. Os grandes papéis são poucos e raros, mas existem.

Eu fiz um filme de Paul Haggis com Russell Crowe e consegui espremê-lo para caber em duas semanas. Crédito aos nossos produtores por nos avisarem com antecedência suficiente... O programa vem sempre em primeiro lugar; portanto, qualquer coisa que você faça precisa se encaixar em torno de *House*. Se você encontrar algo que esteja disposto, a orbitar em torno de *House* e se você estiver disposto a nunca dormir e ficar com os olhos muito irritados... No próximo recesso, vou realizar alguns projetos.

PERGUNTA: Você tira férias?

Quando todo mundo começar a me dizer que estou velha demais é que vou tirar férias. É muito importante tirar alguns dias de descanso aqui e ali, e isso sempre recarrega minhas energias e me deixa mais inspirada. É nesses momentos que tenho oportunidade para ler e ir ao teatro, e para lembrar porque estou fazendo o que faço...

Fico muito angustiada quando não leio o jornal de manhã.

PERGUNTA: Aqui, tudo tem a ver com palavras...

É de fato uma exploração da linguagem. Às vezes, algumas pessoas dizem: "Bem, o roteiro não estava essas coisas, mas o diretor é fantástico." Mas se o roteiro não está muito bom... Eu não posso me permitir ignorar algo mal-escrito, mas me cobro mais do que a eles.

PERGUNTA: Você mesma escreve?

Sim, e estou tentando escrever mais. Acho que este ano vou finalmente conseguir ir adiante com isso.

PERGUNTA: Então, o que você está escrevendo?

Eu gosto de escrever coisas de não ficção, meus próprios pensamentos sobre diferentes problemas. Ficções curtas também. Preciso chegar ao ponto de poder mostrar isso publicamente. Estou montando um site meio que engraçado. Tenho certo ressentimento e me sinto desconfortável com a internet, mas a única maneira de você poder se expressar é ter seu próprio lugar. Combatê-los com seus próprios meios.

Eu aprecio o quanto a blogosfera fez pela democratização do jornalismo, mas acho frustrante que não haja uma entidade que verifique os fatos e que a noção de verdade tenha se desintegrado completamente na internet... Acredito que, em vez de simplesmente ficar ressentida, eu tenha que dispor de um lugar próprio onde eu possa dar minha versão dos fatos. Eu gosto da ideia de dizer que vou entrevistar Julie Christie sobre... sobre monogamia. Não do tipo "eu e meu dia" ou sobre o restaurante macrobiótico em que fomos.

PERGUNTA: Você devia começar a fazer isso logo, já que você não tem coisas o bastante para fazer.

Você está certo. Eu realmente devia parar de ser tão preguiçosa.

SE ACONTECEU UMA VEZ

 A medicina estranha de *House*

> "Se já aconteceu alguma vez, podemos fazer isso. Esta é uma coisa ótima dos médicos: eles anotam tudo. Assim, há relatos de casos de absolutamente tudo por aí, seja na internet ou em revistas científicas. Se você não conseguir encontrar alguém dizendo que determinada coisa aconteceu dentro dos últimos cinquenta anos, então provavelmente a coisa não está correta. Se aconteceu somente uma vez, então você está no terreno do estranho."

— DR. DAVID FOSTER

A cada semana, *House* se aventura bravamente no terreno do que é clinicamente estranho. O Departamento de Medicina Diagnóstica de House aceita somente os casos que deixaram todos os outros desconcertados. Mark, marido de Stacy, ex de House, por exemplo, já procurou cinco médicos antes de Stacy ir até House; Jason, que obriga House a diagnosticá-lo sob a mira de uma arma em "Último recurso", passou por 16 médicos num período de três anos; Jack, filho do financista Roy Randall ("Carma imediato"), foi visto por 17 médicos. No piloto, Foreman repete o famoso axioma aprendido na faculdade de medicina, segundo o qual quando você ouve barulho de

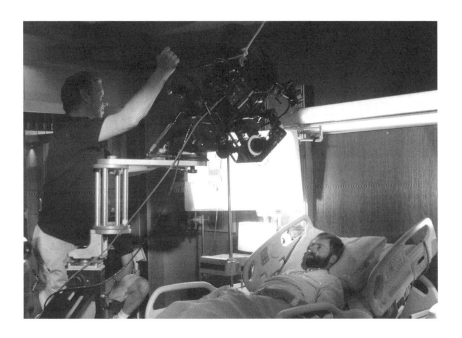

"House se aventura bravamente no terreno do estranho na medicina."

cascos, pensa em cavalos, e não em zebras. Entretanto, aqueles 17 médicos eliminaram todos os cavalos, deixando House somente com as zebras.

Os casos clínicos constituem o enigma semanal, os quebra-cabeças com que House precisa se ocupar e que lhe permitem se conectar com o mundo na medida do possível, algo que Dr. Nolan (Andre Braugher) tenta ajudar House a compreender na sexta temporada. Uma característica comum aos casos da semana é que, de alguma maneira, eles refletem acontecimentos nas vidas dos personagens principais. Portanto, o caso serve a um duplo propósito: representa o enigma procedimental da semana e é um instrumento narrativo para fazer avançar o enredo que subtende o arco mais amplo da história. É exigir muito de uma doença.

A questão aqui não é desvendar a identidade do vilão da semana. Os telespectadores não assistem ao seriado para poder dizer: "Eu *sabia* que era panencefalite esclerosante subaguda ("Paternidade")." Assistem porque o processo diagnóstico diz coisas sobre os médicos e pacientes envolvidos, para ver como isso os leva a agir e a reagir. David Foster é o consultor médico veterano em *House,* e atua como produtor supervisor. Dr. Foster explica por que ele quer usar uma doença que induz você a mentir, por exemplo. "A história médica que se desenrola deve ser uma que somente nós possamos contar, que dê margem para House tecer seus comentários sobre a natureza do caráter do paciente que é portador do enigma clínico que resolveremos ao estilo House."

Algumas doenças são diabolicamente "houseanas" por causa do modo como se apresentam. Ora parecem outra coisa, ora os sintomas que desencadeiam nos pacientes simulam o tipo de armadilhas filosóficas e éticas que encontramos em nossas vidas cotidianas. E isso sem sequer levar em consideração as coisas sobre as quais os pacientes mentem conscientemente:

- Mark, marido de Stacey, contou a House que levou Stacy para Paris na lua de mel. Uma tomografia demonstra que ele pensa estar contando a verdade quando está mentindo, o que significa que ele está delirante. Isso, por sua vez, pode vir a ser um sintoma de porfiria aguda intermitente ("Lua de mel").

- A mulher que jura não fazer amor desde que se separou do marido é sonâmbula e faz sexo com seu ex — uma doença chamada sexomnia ("O exemplo").

- O escritor que sofre de afasia (perda da capacidade de falar) e agrafia (perda da capacidade de escrever) por ter tentado tratar sua bipola-

ridade, distúrbio que ele escondia de sua mulher ("Falha na comunicação").

- A modelo adolescente de físico perfeito é, na verdade, uma hermafrodita – "A mulher suprema é um homem", diz House ("Superficial").

- Um policial morre de infecção bacteriana causada por excrementos de pombos que ele usa para fertilizar sua plantação de maconha ("Euforia: parte 1").

- A raiva assassina do condenado à morte (interpretado por LL Cool J) foi causada por um feocromocitoma acarretado pelo metal pesado contido nas tintas usadas para se fazer tatuagens na prisão ("Aceitação").

- A tentadora Ali, filha adolescente e menor de Leighton Meester ("Autorizações"), dá em cima de House não apenas por causa dos (inegáveis) atrativos do médico, mas pelo *Coccidioides immitis* alojado no cérebro dela.

- A garota cuja baixa estatura não é causada por nanismo, como acontece com a mãe dela, mas pela histiocitose de células de Langerhans ("Feliz Natal").

- Dave Matthews faz o papel de um pianista virtuoso com graves deficiências neurológicas, que pode tomar o controle de sua vida, mas perder seu talento, caso seu cérebro seja cortado no meio ("Meia capacidade").

- Uma mulher sofre de abulia, incapacidade de tomar decisões, que se manifesta quando ela não consegue escolher uma entre três cartas numa banca de aposta na rua ("Treinamento").

- Um pai carinhoso que faz seu filho (de oito anos) pegar na bunda de Cameron e morder Chase, e sua filha (de seis anos) atingir a puberdade e ter um infarto. Quando segura as mãos deles, o creme que usa para potencializar sua vida sexual inunda os corpos dos filhos com hormônios sexuais. E a nova e jovem namorada do papai é a professora de sua filha ("Viver a idade")!

- Uma lesão cerebral causa a síndrome do espelho, que faz o paciente perder qualquer noção de si, passando a imitar qualquer pessoa que ela julgue estar no comando de qualquer situação ("Espelho, espelho meu").

- Anedonia, a perda da capacidade de sentir prazer, um sintoma da febre mediterrânea da família ("Alegria").

- A professora de educação especial cujo *patent ductus arteriosus* em seu coração reduz o estresse que ela sente quando sua pressão sanguínea é elevada ("Bebezão").

- Síndrome da mão alienígena. A mão de um paciente desenvolve vontade própria: Estou te machucando e realmente não consigo evitar ("Os dois lados").

- A jovem que pode ter sido molestada, ou não, tem um sangramento cerebral que a leva a mentir. Perfeito. Todo mundo mente, e ela não pode evitar ("Verdades não ditas").

- O ator pornô cujo estilo de vida é demasiadamente limpo, fazendo seu sistema de imunidade se rebelar ("Trabalho em equipe").

- Ted, que desmaia no altar quando está prestes a se casar com Nicole, tem a malformação de Chiari em seu cérebro, agravada pela terapia eletroconvulsiva que lhe foi administrada enquanto se submetia à "terapia de conversão" — uma tentativa inútil de torná-lo heteros-

sexual. Entre outros efeitos colaterais, Ted começa a produzir leite ("Questão de escolha").

A doença estranha e obscura em questão pode ou não ser a causa dos problemas clínicos do paciente, ou de seus defeitos de caráter. Jasper, o garoto com o pai carinhoso, tem uma desculpa para sua agressividade, mas o menino de "O idiota" não passa de um idiota.

Um caso que é a quintessência de House é apresentado em "Contrato social", na forma de Nick Greenwald, um editor de livros cuja desinibição no lobo frontal o leva a dizer exatamente o que lhe vem à cabeça, como se fosse um locutor de rádio AM. Ele tece comentários sobre o tamanho do nariz de Taub e sobre o fato de que gostaria de "pegar" Thirteen e Cuddy. Em outras palavras, ele é exatamente igual a House, que no mesmo episódio chama Taub de "Cyrano de Berkovitz" e faz seus usuais comentários impróprios sobre colegas mulheres. House não tem qualquer desculpa clínica — ele é só um estúpido —, mas, quando as ofensas de Nick começam a atingir pessoas que são mais próximas a House, o médico declara saber como esse cara se sente.

Quando Nick afirma que sua filha excepcional simplesmente está abaixo da média e que ele às vezes se arrepende de ter casado com sua mulher (que também não é muito esperta), ele afasta sua família de si. Isso é algo tipicamente houseano — se é isso que acontece quando falamos o que pensamos, não é de estranhar que contemos tantas mentiras. Uma vez que a doença de Nick e sua autoalienação da família pareçam ser permanentes, House deduz que Nick sofre de uma síndrome incrivelmente obscura, a de Doege-Potter. O corpo de Nick está reagindo em excesso a um pequeno fibroma. É só extrair o fibroma que, como disse House, ele voltará a ser um hipócrita feliz. Em outros termos, exatamente como todos nós.

O laboratório de patologia

Às vezes, somos levados a questionar se o tratamento não é pior que a doença.

Consideremos a mulher de 82 anos que procura a clínica em "Veneno". Sua personalidade mudou: ela tem uma vida amorosa, repara em homens, tem fantasias com Ashton Kutcher. Na verdade, House a faz lembrar de Kutcher: "Os mesmos olhos pidões", comenta. Quando House diagnostica sífilis, ela não fica surpresa: a doença foi contraída na noite de sua formatura, em 1939. A sífilis tem cura, mas a paciente não quer fazer o tratamento. Ela gosta de se sentir sexy e de brincar com os médicos jovens. "Eu realmente não quero ficar jogando paciência pelo resto de minha vida", justifica-se. House parece gostar dela e aceita a troca que ela está fazendo. Mesmo que a sífilis a esteja matando, ela se sentirá bem durante seu progresso.

"Meu sogro é médico. Ele gosta do programa... Só trapaceamos ao adotar uma forma um tanto quanto caleidoscópica do tempo. Resultados de análises clínicas só ficam prontos no dia seguinte. As pessoas ficam boas um pouco mais depressa. Ou pioram. Ele sempre diz: "Robert, essa doença jamais..." "Eu sei, eu sei." Ele comenta muito isso comigo. Na verdade, ele fica muito impressionado com o programa. Nossos caras são muito bons e muito criteriosos. Não há nada nesse seriado que não possa acontecer do ponto de vista clínico. Acredito que tudo nesse programa seja possível do ponto de vista médico. Possivelmente improvável, mas certamente possível."

— Robert Sean Leonard

Em "Gorda", uma mulher voluptuosa diagnosticada com um tumor de 15 quilos diz gostar das curvas que o tumor proporciona. Ela não quer mudar seu físico, e o marido adora o corpo dela. Mas House deduz que não é ao marido que a mulher quer agradar, mas a outro homem com quem ela mantém relações sexuais. House convence a mulher a se submeter à cirurgia, incutindo nela a ideia de que não deveria se preocupar tanto com seu aspecto. "Os homens são uns porcos... Eles fazem sexo com qualquer uma." Por sua vez, Jeff, o cara legal de "Adeus, Sr. Bonzinho", perde mais que seu comportamento agradável. "Não tenho mais tanta certeza nem de gostar de ketchup", comenta no fim do episódio. Já o miserável gênio James Sidas escolhe um estilo de vida possivelmente contraintuitivo em "Santa ignorância".

O caso mais houseano e mais intrigante é, evidentemente, o próprio House. Em "Três histórias", episódio que ganhou um Emmy, descobrimos o que aconteceu com a perna de House e o fato de que ele próprio acabou diagnosticando seu problema. A forma de tratamento que Stacy escolhe para seu parceiro em coma resulta no vício em analgésicos, que House trata e deixa de tratar ao longo de toda a série. Ele tem se esforçado enormemente para fazer ambas as coisas: manter sua

dependência e tentar se curar dela. É uma questão que surge na medicina e que recebe um aspecto tipicamente houseano no programa: "Então, Paciente X, você realmente quer ficar bom?"

Uma dessas doenças é falsa, inventada por House para tranquilizar um paciente que está convencido de que vai ficar doente e morrer, ao passo que House acredita que o problema está na cabeça dele (House está errado). As demais são verdadeiras (veja a resposta abaixo).

rabdomiossarcoma alveolar
cegueira de Anton
doença de Erdheim-Chester
protoporfiria eritropoiética
síndrome de Fitz-Hugh-Curtis
telangiectasia hemorrágica
coproporfiria hereditária
síndrome da reconstituição
 imunológica
síndrome de Kelley-Seegmiller
síndrome de Korsakoff
síndrome de Lambert-Eaton
histiocitose de células de Langerhans
linfangioleiomiomatose

pseudo-hermafroditismo
 masculino
neurocisticercose
síndrome de Ortoli
síndrome paraneoplásica
feocromocitoma
síndrome antifosfolipídica
 primária
síndrome de Sjogren
panencefalite esclerosante
 subaguda
síndrome de von Hippel–Lindau
encefalopatia de Wernicke
doença de Wilson

RESPOSTA: House inventou a síndrome de Ortoli em "Coração valente".

Independentemente de se tratar de sensualidade, felicidade, gentileza, honestidade, vida ou morte, os pacientes de House sempre têm algo de significativo que está em jogo, correndo

sério risco. David Foster permanece fiel ao lema que criou para *House*: embora o público saiba se tratar de ficção, o programa deve permanecer condizente com a realidade. Só vamos acreditar nos interesses e nos riscos com que House está às voltas se forem aplicadas à série as mesmas regras que reconhecemos no mundo como um todo. Isso significa que, ocasionalmente, alguém tem de morrer. Também quer dizer que a doença não pode ser totalmente fantástica. Foster diz: "Se você pegar essas regras e ignorá-las, então perde o efeito que esses interesses e riscos produzem, porque de qualquer jeito o público pensará que você vai inventar a coisa toda."

David Foster escolheu a profissão de médico porque sempre gostou de ouvir as pessoas contando suas histórias. Ele trabalhou como residente do Beth Israel Hospital, em Boston, e manteve um consultório durante alguns anos nesta cidade. Por intermédio de seu amigo Neal Baer, que era produtor do seriado *ER*, começou se arriscando a escrever para a tevê. Gradualmente, a vida de Foster foi dando uma guinada de 180 graus: em vez de passar muito tempo dando consultas médicas, ele passou a escrever muito. Ele foi consultor para um filme que entrou no Hallmark Hall of Fame, que prestigia programas pilotos nunca antes realizados, e para *Gideon's Crossing*. Então, Baer contratou Foster para trabalhar em *Law & Order: SVU*. Em vez de acrescentar termos médicos em algumas cenas, ele passou a escrever roteiros inteiros. Entrou para *House* na primeira temporada, na condição de consultor que podia fazer roteiros como freelance. Ele foi contratado como editor já no segundo ano, e sua trajetória começou a partir daí.

"Eu gosto de pessoas que veem o mundo de forma diferente e de ver o mundo através dos olhos delas", diz Foster. "Trabalhei numa clínica médica de uma cidade do interior e administrei um centro de desintoxicação para prostitutas e traficantes de drogas. Gosto de ouvir as pessoas

falando sobre suas vidas, que são bem diferentes da minha, e de conhecer sua visão de mundo, que é distinta da minha... Um de meus pacientes se queixou que uma prostituta havia roubado sua dentadura, que estava na mesa de cabeceira. Quem faria uma coisa dessas? Quem roubaria uma dentadura numa mesa de cabeceira?

Já aconteceu de algum roteiro ter rompido os limites da realidade e Dr. Foster ter dado sinal vermelho a David Shore. "Foram raríssimas as vezes em que eu disse 'aquilo que você está dizendo é absolutamente impossível'. Acontece, mas é algo muito raro." Que tal 16 baços suplementares (ideia do consultor John Sotos, usada em "Santa ignorância")? "É muito estranho", afirma Foster, "mas já houve casos." O mesmo se aplica a Maggie, a paciente de "A mentira não se compra", que desenvolve câncer de mama nas células atrás do joelho. "Nosso programa é diferente de outros seriados médicos", explica Dr. Foster. "A maior parte deles lida com o que costuma acontecer normalmente, enquanto tendemos a representar o que é plausível, mas que não costuma acontecer. Tanto como médico quanto como escritor, acho isso incrivelmente divertido e criativo, e é o mais instigante. Isso faz com que eu possa pegar algo e não desenvolvê-lo de forma razoável.

Bobbin Bergstrom é uma enfermeira qualificada e trabalha como consultora clínica no set do seriado. É tarefa de Bobbin ajudar a preservar a verossimilhança, fazendo com que os procedimentos clínicos pareçam convincentes e informando aos pacientes o quanto sua última complicação ou o teste ultrainvasivo incomodarão. Ocasionalmente, ela se mostra ligeiramente cética em relação ao que os roteiristas inventaram, já que parte de seu trabalho é ajudar a manter o sentido do real. "Eu costumo pedir 'por favor, me mostre a pesquisa

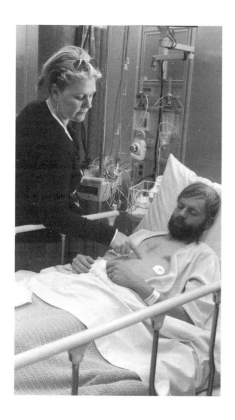

Bobbin Bergstrom prepara outro paciente.

que você fez, para eu ter como orientar Hugh.'" Todos os atores são muito inteligentes. Hugh é muito inteligente e não entra em qualquer furada. Omar sempre me questiona, com aquele ótimo olhar que lhe é característico, e parece dizer 'É mesmo?'. Acho melhor que saibam que eu nunca vi isso pessoalmente, mas que verifiquei se tratar de um caso em um milhão. Não vou ficar botando defeito o tempo inteiro. Nossos roteiristas são brilhantes e fazem o melhor possível para garantir que tudo seja condizente."

Já que as histórias estão fundamentadas na realidade, a arte pode, infelizmente, encontrar paralelos na vida real. Quando Bobbin Bergstrom viu a síndrome da mão alienígena no roteiro do episódio final da quinta temporada, ela ficou, como ela mesmo diz, "fora de si". Ela nunca presenciara um caso desse e não conseguiu descobrir quase nada a respeito. Mas foi um episódio "magnífico". Alguns meses depois, ela descobriu que, infelizmente, a mulher de alguém que ela conhecia contraíra essa doença. "Todos esses roteiristas têm vasta erudição. São bons pesquisadores e bons conhecedores do ser humano."

O programa não deixa de confundir o espectador. Em "Alegria ao mundo", o público é levado muito tempo a acreditar que House tenha testemunhado o parto de uma virgem, coisa

jamais verificada cientificamente antes. Na verdade, ele inventa isso para salvar o casamento da mulher, que está ameaçado. Um parto em uma virgem teria sido muito fantástico. "As pessoas ficam irritadas ou chocadas antes de terminarem de assistir ao episódio", comenta David Foster. "Isso é inacreditável!"

Na verdade, os roteiristas rejeitam algumas histórias porque não acham que o público vá considerá-las verossímeis. Em "A decepção", House trata memoravelmente de uma paciente da clínica que desenvolveu uma infecção depois de usar geleia de morango como método de contracepção. (Quando a mulher pergunta quanto tempo ela deveria se abster de fazer sexo após o tratamento, House responde: "Do ponto de vista evolucionário, eu recomendaria para sempre.") Que imaginação febril inventou isso? Nenhuma; é uma história real, contada por Harley Liker, um dos consultores técnicos do programa para assuntos médicos.

DAVID FOSTER: Ele tinha outra história desse tipo sobre sapos.

PERGUNTA: O que acontece com os sapos?

FOSTER: A mesma coisa que com a geleia.

PERGUNTA: Um sapo vivo ou morto?

FOSTER: Acredito que morto, mas não tenho muita certeza. É inacreditável demais para a tevê. Você tem de reprimir sua descrença e acreditar que isso realmente aconteceu. Na vida real, não existe essa exigência, pois isso realmente ocorreu e ninguém se importa com isso.

Existem, também, coisas que são apenas nojentas. Em "Históricos de parentes", House prova um pouco de vômito não muito fresco, para verificar se é salgado, o que poderia indicar um desequilíbrio químico.

> "O gosto do vômito... eu senti. Isso não é uma diversão para mim. Fico simplesmente horrorizado."
>
> RObert Sean Leonard

A peristalse invertida da jovem vítima do furacão Katrina ("Quem é seu pai"), por causa da qual o sistema digestivo da garota empurra restos para cima e para fora, em vez de para baixo e para fora, está no topo do ranking de casos nojentos. É só perguntar a Bobbin Bergstrom. "O intestino que explodiu sobre Omar ("Não é câncer") foi algo bastante repulsivo. [Mas] e a garotinha do Katrina? Também é bem difícil isso de defecar pela boca." E o paciente que se autocircuncidou com uma faca olfa ("Autópsia")? Ou o homem que utilizou uma tesourinha de unhas para cortar pelos nasais e desenvolveu pé de atleta no nariz? ("Um dia, numa sala")

HISTÓRIAS CLÍNICAS DE BOBBIN BERGSTROM

"Você quer uma história que se compare à tesourinha de unhas? Um velho gentil, provavelmente beirando os oitenta anos, chegou com uma infecção terrível em ambos os olhos. Estava usando uma faixa muito esquisita em volta da cabeça. Como sou fascinada por pessoas, gosto de sentar e conversar com elas. 'Senhor, o que é isso na sua cabeça?' 'Bem', respondeu. 'Minha mulher era muito mais nova que eu e ela me deixou. Esse é o elástico de uma calcinha dela, e essa foi a maneira que encontrei para me lembrar dela.' Ok, voltemos aos olhos. O médico entra e examina os olhos dele e não diagnostica nada. Na terceira vez que o velho chega, reparo num detalhe. 'Doutor, acho que sei qual é o problema.' O paciente usava calças muito compridas, passava a mão no saco e depois esfregava os olhos com a mesma mão. Seus olhos estavam puro *E. Coli*. As pessoas fazem coisas estranhas... A maior parte das coisas que chegam nas salas de emergência resultam de brincadeiras sexuais."

Então, de onde os roteiristas tiram suas ideias? Ao contrário de Dr. Foster, os roteiristas não passaram anos em enfermarias de hospitais, expostos a doenças e deterioração. Não é tão difícil encontrar algo de obscuro pela internet. O truque é integrar a doença e sua solução dentro de uma história. Tomemos o tratamento contra vermes de "Trabalho em equipe" como exemplo. David Foster diz que o roteirista Eli Attie estava fascinado pela ideia de que existe uma incidência muito maior de doenças autoimunes e de alergias porque estamos hipersaneando nosso meio ambiente. Já não vivemos mais no campo, nos sujando de terra; ficamos amontoados em cidades e lavamos as mãos quase que com fervor religioso. A ideia é que, se fornecermos ao organismo algo que ele reconheça como uma coisa a ser combatida (um parasita; neste caso, vermes), ele vai parar de atacar invasores que não existem.

> "Há alguns momentos em que você não consegue evitar sentir nojo. Como quando os testículos de alguém explodem. E eu sequer tenho testículos."
> — Lisa Edelstein

Durante um diagnóstico diferencial (ou DD), os médicos elaboram uma lista das possíveis causas para os sintomas que o paciente apresenta, e então vão eliminando-as até que reste somente um diagnóstico, o que melhor se encaixar com os sintomas. Os DDs, frequentemente realizados na antessala do gabinete de House, são bem-conhecidos porque ocorrem em quase todos os episódios. Quando surge um diagnóstico, com frequência House resolve já tratar em vez de realizar exames clínicos. Dentro dos 44 minutos de programa, não há tempo para envolver muito o laboratório. "Temos um certo número de dispositivos dramáticos para fazer a história seguir adiante", explica David Foster. O tratamento vem logo após a teoria. "Ou os pacientes melhoram, ou outra ocorrência é causada."

Não é algo tão remoto de nossa experiência com médicos, a não ser pelos riscos mais elevados. "A realização de exames faz parte da medicina de diagnóstico. Envolve maiores riscos. Com frequência, damos conta do recado fazendo House dizer que o tratamento é mais rápido. 'Eu poderia fazer três exames clínicos para confirmar meu diagnóstico, ou, então, poderia simplesmente aplicar o tratamento.' Assim, fica um pouco rápido e solto. Acontece muito de estarmos errados, mas raramente chegamos a ser negligentes a ponto de a pessoa se prejudicar por causa de nosso erro."

O procedimento é a chave. "Você jamais pode fazer House aparecer com a solução magicamente. É necessário que House vá resolvendo o quebra-cabeça, peça por peça." Caso House adivinhasse o que está errado ao se deparar com um caso muito complexo, sem checar as possíveis alternativas através de um DD, então o programa se transformaria em *O toque de um anjo*.

Algumas vezes, um roteirista descobre uma doença e cria uma história em torno dela. Em outros, os roteiristas imaginam características que gostariam de explorar num personagem e bolam uma situação que possa abrangê-las. Russel Friend e Garrett Lerner, produtores executivos e roteiristas parceiros, trabalharam de trás para a frente, partindo da famosa fotografia de um feto agarrando o dedo de um cirurgião para criar a história do episódio "Posição fetal". Evidentemente, o médico que eles tinham em mente era House, que pareceu ter um momento de ternura ao sentir seu dedo ser agarrado. Mas, naturalmente, ele desviou essa emoção para a sala, fazendo o seguinte comentário irônico: "Desculpe. Acabei de me dar conta de que esqueci de colocar *Alien* para gravar."

Quando estava escrevendo "Santa ignorância", David Hoselton procurava algo que, em suas próprias palavras "efetivamente regulasse o cérebro para baixo". Ele poderia ter usado

álcool, mas isso seria pé no chão demais para *House*. O xarope contra a tosse provou ser uma excelente solução. Trata-se de um remédio simples que todo mundo tem em casa, mas que também é uma fonte significativa de abusos, fato que não é muito conhecido. A ameaça causada por itens cotidianos consegue tornar a história mais alarmante.

David Foster leu sobre todos os problemas que podem ser causados ao se engolir um palito de dente, no *New England Journal of Medicine* ("Uma agulha no palheiro"). Tudo se encaixou perfeitamente. "Pesquisei um pouco, e isso acontece com bastante frequência. É esquisito, mas verdadeiro. Achei que seria uma boa ideia apresentar isso em nosso programa e que era uma boa doença para um *Romeu e Julieta* em que o palito de dente fosse um elemento central da história." Foster escreveu um episódio em que House diagnostica o diabetes de um homem pela ausência de pelos em suas mãos, por seus sapatos apertadíssimos e pela presença de farelos de rosquinha em sua camisa ("Me deixe morrer"). No primeiro esboço dessa cena, House diagnosticou o paciente por meios mais convencionais do que apenas observá-lo. David Foster diz que David Shore o desafiou a fazer House resolver isso de modo mais dramático. Foster saiu dali pensando que seria impossível, mas bolou esses indícios a partir dos quais House pudesse trabalhar.

Os roteiristas sabem que há pessoas que realmente têm as doenças que são utilizadas como elementos de ficção em *House*. As pessoas envolvidas com uma doença podem ficar contentes por ela ser mencionada, especialmente quando se trata de algum caso particularmente obscuro, e elas ficam felizes pela divulgação em tal proporção. Isso ajuda a conscientizar as pessoas. Quando uma doença se torna mais familiar, fica mais fácil sair por aí conversando sobre seu mal publicamente. Já que House está interessado em alguma coisa e nós estamos interessados em House, existe alguma transferência.

Atenção aos detalhes, 1: equipamento para exames no laboratório de patologia

Embora tomem a necessária liberdade em relação à rapidez com que algumas doenças e alguns tratamentos progridem, e certamente com o pouco em que são entregues os resultados dos exames, os roteiristas se esforçam para acertar as características essenciais de qualquer doença. Depois de ler uma reportagem sobre uma criança autista e a dificuldade que ela enfrentou durante uma consulta no hospital, David Hoselton decidiu presentear House com um problema de comunicação similar ("Rabiscos na areia"). "Pesquisei muito, contratamos alguém que trabalha com crianças autistas e visitamos uma escola", afirma Hoselton. "Não queríamos cometer deslizes com isso, queríamos proceder corretamente. Se errássemos, os pais ficariam muito chateados."

Em "O grande fiasco", o diagnóstico final do paciente foi a doença de Fabry, um mal hereditário causado por substâncias gordurosas depositadas nas células com o passar do tempo.

É muito raro, apresentando uma incidência de um caso em cada 117 mil pessoas. É tão raro que, em média, alguém que comece a exibir sintomas aos dez anos só será diagnosticado aos 28. Depois que o programa foi ao ar, David Shore ouviu um paciente canadense com doença de Fabry dizer que o fato de a doença ser mencionada ajudou na batalha que estão travando para que a doença seja reconhecida pelo governo canadense, e seu tratamento, subsidiado.

House tem uma relação especial com a National Alliance on Mental Illness (Associação americana de doença mental), ou NAMI, que reconheceu que a série ajuda a reduzir o estigma associado à doença mental. NAMI e *House* trabalharam com a ideia central houseana de que todo mundo mente — as pessoas que sofrem de doenças mentais não são necessariamente mais inclinadas à inverdade, algo comumente mal-interpretado. E, embora (quase) nunca seja lúpus, os defensores dos portadores de lúpus elogiaram *House* por ajudar a conscientização pública.

Dito isso, a série não tem absolutamente o aspecto de um serviço de utilidade pública. Se alguém aprender algo ao assistir a uma história interessante, isso melhorará sua maneira de cuidar de si e de sua família — sobre vacinação dos filhos (em "Paternidade", House diz a uma mãe que caixões para crianças vêm em todas as cores), sobre não servir alimentos crus aos bebês (em "Bebês e água para banho", House censura os pais: "Se somente os ancestrais dela tivessem dominado os segredos do fogo...) ou sobre não tentar realizar uma autocircuncisão."

A reação a uma história por parte de alguém que está familiarizado com a doença geral é: "Bem, minha experiência não foi assim. O que foi mostrado não aconteceu comigo." E David Foster responderia: "Você está certa. Somos um seriado que gira em torno de casos esquisitos cuja ocorrência é de um em um milhão, casos que, se acontecessem todos os dias, ou-

tras pessoas já teriam descoberto antes de chegar às mãos de House. Às vezes, retratamos uma doença comum que se apresenta sob uma forma muito rara. Lidamos com doenças raras, mas também com algumas comuns que passam ao espectador aquela sensação de 'poderia ser comigo'."

Os consultores médicos e os roteiristas não estão preocupados com o fato de todas as doenças se esgotarem, não sobrando nenhuma para poderem escrever uma história? Em uma palavra, não. Uma vez que somos pessoas sensíveis com uma capacidade infinita de mentir e errar feio, nossos corpos também fazem isso. *House* explora o inusitado, mas os distúrbios mais familiares que pairam disfarçadamente sobre nós são mais perturbadores ("Eu não sabia que minha dor de ouvido pudesse ser um ataque cardíaco"), e são muitos. "O que é ruim para a humanidade é ótimo para nós", diz Dr. Foster. "Num futuro remoto, seremos capazes de ir juntando as peças de enigmas clínicos, e House continuará a ser um personagem fascinante."

David Foster nem sempre foi tão confiante. "O episódio que filmamos aqui depois do piloto foi 'O princípio de Occam'", recorda. "Quando terminamos esse episódio, eu disse: Já contei todas as histórias que conheço. Usei todas as informações que tinha. Não me sobrou nada. Estou fora. Terminado." Seis temporadas mais tarde, é evidente que ele estava enganado a esse respeito. Mesmo assim, na época "foi alarmante. Eu me sentia de fato assim. Mas demos um jeito de superar isso de alguma maneira".

POR DENTRO DA CABEÇA DE DAVE MATTHEWS

 Como simular um procedimento médico

> "Fizemos Dave Matthews correr o risco de perder a cabeça em um episódio em que o submetemos a cirurgias cerebrais. Eles moldaram seu rosto todo, que, na verdade, é uma réplica muito boa. Tínhamos três; ele ficou com uma. Há um retrato em que ele aparece ao lado dela, e o efeito é de espantar."
>
> — MIKE CASEY

Além do seu trabalho como chefes dos *props*, Tyler Patton e Mike Casey também preparam muitos dos procedimentos médicos que os espectadores veem todas as semanas em *House*. O que aparece na tela é frequentemente uma combinação do trabalho de Tyler e Mike com efeitos visuais e especiais. Já houve mais de uma vez a necessidade de um médico perfurar o crânio de um paciente, por exemplo. A furadeira em si parece uma versão aprimorada do modelo caseiro, só que, ali, ela não é utilizada para instalar prateleiras. Os roteiristas e o diretor explicam a Tyler e Mike exatamente o efeito que querem alcançar. "Se eles quiserem, podemos furar a cabeça e então fazer sangue espirrar por toda parte — que é uma das coisas que mais gostamos de fazer", admite Mike.

Na reunião entre os *props*, a equipe discute como realizar os efeitos desejados. Pode ser mais fácil que Elan Soltes, supervisor de efeitos especiais, e seu departamento (VFX) acrescentem a parte da furadeira na pós-produção. O VFX também precisa frequentemente criar o efeito de osso, sangue ou matéria cerebral sendo ejetados enquanto a broca entra na cabeça. Tyler e Mike têm uma broca de borracha que podem usar quando necessitam chegar perto da cabeça do ator. Para tomadas isoladas, pode ser usado um crânio recheado de matéria cerebral e coberto com pele falsa, confeccionado por uma das oficinas especializadas. É possível perfurar o tecido cerebral de mentira, para realizar uma biópsia.

PERGUNTA: Vocês têm cérebros falsos em estoque?

TYLER PATTON: Ligamos para as pessoas que fazem os cérebros e encomendamos. Mas temos muitas coisas disponíveis. Se dissessem "vamos fazer agora mesmo", Mike iria ao mercado e traria lasanha, e eu iria ao centro cirúrgico e começaria a armar o tecido para isolar a área. Podemos fazer a coisa acontecer.

No passado, Elan Soltes e o departamento de VFX criavam mais tomadas de viagem dentro do corpo — o que ele chama de "tomadas do ônibus escolar mágico" — do que atualmente. Embora muito do que Elan e sua equipe criem seja gerado em computador, ele também trabalha com modelos. Sua primeira viagem dentro de um corpo, na sexta temporada, aconteceu em "Coração valente", com o policial displicente que está convencido de que seu coração vai parar de bater, como o de todos os homens de sua família. O trabalho de Elan foi explicar, utilizando um modelo, como um aneurisma pode crescer dentro do cérebro de um homem e bloquear o nervo que envia sinais ao coração. A tomada viajava do nervo para dentro da

cavidade do peito, onde o coração começou a bater cada vez mais lentamente, até parar.

Elan Soltes explica como armou a tomada:

"Encomendei um modelo da parte do tronco cerebral onde podemos ver o aneurisma crescendo, que na verdade era uma camisinha pintada de vermelho, que podíamos encher de ar e ver um nervo ser empurrado, de látex. Tudo isso é possibilitado pela mágica do látex."

O modelo do tronco cerebral é um cubo com cerca de sessenta centímetros de lado, para que uma câmera possa caber do lado de dentro e fazer as tomadas.

Há outro modelo de crânio com uma camada de pele e vasos sanguíneos por onde a câmera passa, um do cérebro, e um do próprio tronco cerebral. Elan também utiliza um modelo de cavidade peitoral em uma escala maior que a real, com um coração que bate por meio de uma bomba de ar e pulmões capazes de expandirem e esvaziarem. O toque de realidade é dado por metacil, substância usada para engrossar alimentos, que confere às vísceras ar de veracidade. Elan utiliza livros de referência como *The Architecture of the Human Body* [A arquitetura do corpo humano], mas com algumas licenças dramáticas aqui e ali. "O aneurisma daquele cara levaria meses ou anos para crescer assim", observa.

O desafio na construção desses modelos é imaginar como as coisas estão acontecendo — o corpo humano é um lugar escuro por dentro. Elan lembra que, quando criança, costumava apoiar uma lanterna na palma da mão para ver a luz que a pele deixa passar. Para obter esse efeito, ele ilumina os corpos através das camadas de látex e de modo direto. Elan tem consciência de que, uma vez dentro do corpo, é difícil o espectador

se orientar; portanto, assim que a substância começa a ser injetada, por exemplo, ele volta a sair para informá-lo onde se encontra. Os modelos que Elan faz apresentam um grau elevado de realismo. Suspeitamente elevado. "Tivemos de organizar um tour para os críticos, e eles me pediram para fazer um demo", conta Elan. "Trouxe alguns dos modelos para cá, e havia uma mulher que insistia que roubávamos cadáveres. Eu dizia que não..."

....

O teatro de operações do Princeton-Plainsboro, conforme recriado nas dependências da Fox, é desconfortavelmente realista. O coordenador do departamento de arte do programa trabalha com os principais fabricantes para adquirir grandes equipamentos, como máquinas de ressonância magnética. Natali Pope, a decoradora de set, providencia peças menores, como câmeras de raios gama, que são um tipo de scanner nuclear. O programa utilizava uma maca comum, o que não era correto. Natali, então, entrou em contato com a empresa que fabrica o "colchão" genuíno em que o paciente se deita. "Comprei usado, mas é o equipamento correto", explica Natali. "Quando aparecem alguns novos dispositivos médicos no roteiro, você se pergunta 'Que diabos é isso?'", diz Mike Casey. Ele pode comprar de um fabricante ou mandar replicar o equipamento. As empresas fornecedoras dos equipamentos exigem que sejam utilizados corretamente; portanto, ocasionalmente, é preciso alterar uma máquina para que ela não seja reconhecida, a exemplo dos produtos alimentícios, que são retirados de seus envoltórios originais e reembalados.

PERGUNTA: Qual foi o acessório mais difícil de achar?

MIKE CASEY: Foi um bloco de mordida para tratamento de eletrochoque. Mandamos fazer, mas tinham um gosto péssimo por causa da borracha utilizada. Os de verdade têm gosto ainda pior.

Muito mais alarmante que os grandes equipamentos médicos é a coleção de aparelhos para endoscopia que o cara dos acessórios possui. Primeiro, há um endoscópio de verdade, com uma câmera encaixada na ponta, que seria inserida na boca de um paciente de verdade. A câmera pode ser manipulada a distância pelo técnico. Há um canal que desce pelo meio do dispositivo, através do qual é possível colher uma amostra para biópsia ou introduzir ar ou água. É uma peça dispendiosa do kit, que algum representante do fabricante foi demonstrar no set. Tyler também montou um endoscópio a partir de peças que encontrou no eBay. Aparentemente, mecânicos de automóveis gostam de utilizar endoscópios para diagnosticar problemas no motor. Tyler e Mike não usariam seus endoscópios verdadeiros em ninguém. Para isso, usam os falsos.

Uma extremidade do endoscópio de mentira é introduzida na boca do paciente, que está deitado na mesa de cirurgia. Enquanto o médico segura o tubo no lugar, por baixo da mesa, fora do campo de visão, Mike faz a mangueira do falso endoscópio se mover para cima e para baixo. Nos equipamentos de verdade, o tubo inteiro desce pela garganta do paciente, enquanto no falso a extremidade do tubo permanece parada e é a mangueira exterior que se move para parecer que está entrando e saindo do corpo. Quando a cena requer que o endoscópio seja retirado às pressas da boca do paciente, Tyler e Mike usam um endoscópio de borracha cortado, que pode ser utilizado sob tal circunstância. Posteriormente, Elan Soltes pode fazer parecer que o tubo está sendo puxado para cima e para fora do estômago do paciente.

"**Bisturis: alguns são seguros;** outros são superseguros, de borracha. Também temos alguns de verdade, porque, ocasionalmente, precisamos cortar alguma coisa. Olhando para eles, você não percebe que não são reais. Assim, quando alguém entregar um deles para qualquer pessoa, mesmo que somente para deixá-lo em algum lugar, mesmo que nele esteja escrito "superseguro", terão sempre de testá-lo antes de entregá-lo ao ator. É melhor que cortem suas mãos do que alguém correr o risco de ser destrinchado."

— Tyler Patton

Tyler e Mike também sabem realizar uma biópsia convincente. Pode ser que dois médicos precisem realizar o procedimento numa cena do programa. Um deles ficará olhando para o monitor a fim de ver se o outro precisa inserir a extremidade cortante no equipamento. Os técnicos do playback de vídeo acrescentam a imagem correta no monitor durante a pós-produção. O segundo médico pega o dispositivo de biópsia e o pressiona contra a pele; a agulha se retrai para dentro do dispositivo, parecendo penetrar na pele. O dispositivo de biópsia é um instrumento de tortura em inox. "O novo diretor queria usar este aqui, com aspecto maligno", conta Tyler, segurando o brilhoso dispositivo em estilo medieval. A pessoa não consegue evitar de sentir um pouco de medo quando a agulha de mentira é pressionada contra a pele.

A mesma técnica é aplicada a várias seringas retráteis, movidas com molas. Algumas estão armadas de forma que o êmbolo possa ser puxado para fora, momento em que um líquido fluirá e encherá a câmara. "Essas seringas retráteis custam aproximadamente 800 dólares cada, porque são muito pequenas e precisas", explica Tyler. "Temos de 20cc, 10cc, 5cc, 3cc, aproximadamente quatro de cada... Na primeira temporada, tínhamos apenas uma seringa retrátil de 5cc. Nosso estoque não para de crescer."

Na maior parte das cenas na sala de cirurgia aparece sangue. Dalia Dokter, chefe de maquiagem de efeitos especiais, utiliza todo tipo de sangue. Dalia pede conselhos à consultora médica Bobbin Bergstrom e ao doutor David Foster para ver de que tipo de sangue ela precisa, se mais escuro ou mais claro, dependendo da situação. Um tipo frequentemente usado foi por ela batizado de "Meu Sangue". Ela gosta dele porque não deixa manchas. Caso sejam necessárias três ou quatro tomadas de uma mesma cena, Dalia pode usar esse produto, limpá-lo e, depois, aplicá-lo novamente. Outro tipo é o "Sangue Bucal", que é seguro para se colocar dentro da boca. "Posso usar isso para qualquer corte, mas é específico para a boca", explica Dalia. "Você pode até engolir uma pequena quantidade, mas é melhor não usar nas batatas fritas."

Além de coleções de bolsas de soro fisiológico e sondas urinárias, Tyler e Mike dispõem do próprio estoque de sangue. A exemplo de Dalia, a dupla tem diferentes tipos de sangue, utilizados de acordo com a cor e a consistência desejadas e com o lugar em que o paciente está sangrando. Eles têm sangue escuro e pulsante, sangue escuro de boca, sangue aguado que escorre rapidamente. Há sangue secando e "acessório sangue" básico, que está rotulado "Não é prejudicial caso ingerido." "E lenços umedecidos são essenciais", diz Mike. "São o que melhor limpa sangue de mentira."

Uma das tarefas de Bobbin Bergstrom é aconselhar os atores quanto à maneira de interpretar uma cena médica. O fato de o ator reagir da maneira adequada é fundamental para que uma situação clínica pareça real. Bobbin está disponível para dar conselhos e responder a quaisquer dúvidas que surjam em qualquer cena que aconteça numa sala de procedimentos clínicos ou na cabeceira de um paciente, ou até no gabinete de

House, caso ele resolva injetar nele próprio alguma substância. Às vezes, ela envia uma observação a um ator, ou faz alguma sugestão ao diretor. Seu papel é muito mais que dizer ao ator o quanto algo vai doer. Quão fraco alguém se sente depois de fazer diálise? Se o paciente tiver convulsões ou sentir uma dor no peito, como é que esses sintomas se manifestarão fisicamente? "Nem sempre eles apertam o peito quando sentem dor nele. Há muitas maneiras de a pessoa demonstrar que está tendo um infarto", ensina Bobbin.

"Eu deveria perguntar ao meu contador se posso deduzir despesas médicas porque estou trabalhando quando sou atendido num consultório médico. Quando alguém mede minha pressão, ou coleta sangue, assisto com a máxima atenção possível. Eu não gosto que me ensinem as coisas duas vezes. Realizar os procedimentos é a coisa mais difícil de fazer, porque você tem de se concentrar em fazer a coisa direito e repetir o procedimento da mesma maneira dizendo exatamente as mesmas falas. Um médico não tem que pensar em como tirar sangue, e não quero ter que pensar nisso de jeito nenhum. Só quero interpretar a cena. Mas cada um faz de um jeito diferente; eu faço do jeito de Bobbin."

— Peter Jacobson

Qualquer pessoa que tenha assistido a sua cota de dramas médicos na tevê terá visto centenas de monitores cardíacos de pacientes exibindo uma linha reta. "Quando o telespectador vê uma linha reta no monitor, automaticamente pensa: 'Aí vêm os choques elétricos'", diz Bobbin. E, efetivamente, de acordo com os últimos avanços da medicina, o protocolo é administrar medicamentos e proceder as compressões do tórax. Para preservar a verossimilhança clínica, é importante saber se adaptar a diversas circunstâncias, quando for possível do ponto de vista dramático. Bobbin também oferece conselhos quanto às reações diante da dor. Exames que o público

acredita serem intensamente dolorosos, tal como uma biópsia de medula óssea, são frequentemente realizados em hospitais sob o efeito de muitos analgésicos. Uma punção dorsal, procedimento comum em *House*, dói mesmo, como qualquer pessoa que já se submeteu a uma poderá atestar. "Digo ao paciente o que acho que ele deveria manifestar, e o diretor às vezes diz 'Quero mais' ou 'Quero menos'", diz Bobbin. "Muitas vezes, ampliam a coisa porque querem que seja mais intenso."

O público também costuma reagir quando um monitor que a princípio emite bips passa a produzir um único som ininterrupto: "Biiiiiiiiiip". Hoje em dia, efeitos como esse e as tomadas de monitores são acrescentadas na pós-produção com o playback de vídeo. Bobbin costumava fornecer os próprios efeitos, usando um braçal de pressão sanguínea que ficava plugado a um monitor para indicar o batimento cardíaco. Um técnico no set ainda imita uma linha contínua no monitor para que os atores tenham alguma coisa a que reagir no momento certo.

Bobbin diz que é difícil uma interpretação realista do ato de morrer. É fácil detectar cenas de morte ruins no cinema, em que alguém cai para trás na cama de forma teatral. Para evitar uma cena de morte, um personagem pode morrer dessangrado durante uma cirurgia e, em seguida, aparecer sendo levado para o necrotério ou cuidado *post mortem*. A morte em si é omitida.

O ditador de James Earl Jones, Dibala, morreu numa cena extremamente dramática. Ele sofreu uma parada cardíaca e foi tratado com desfibrilador. No corte do diretor, essa passagem foi estilizada e acrescentou-se música como efeito suplementar. "Ele dessangrou e parou de se mexer depois de ter sido desfibrilado, portanto ficou claro que ele morreu", afirma Bobbin. "Mas, em vez de 'tosse, tosse, morte', foi uma cena bonita, triste, realista e extensa, do tipo pela qual, normalmente, o espectador perde o interesse depois de alguns segundos."

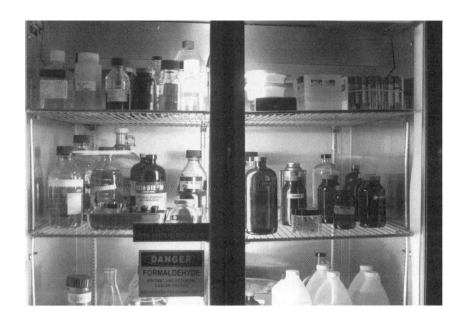

Atenção ao detalhe, 2: geladeira farmacêutica do laboratório de patologia

PERGUNTA: As pessoas procuram você em seu escritório, fecham a porta e dizem "Dá só uma olhada nisso"?

BOBBIN BERGSTROM: Sim. E, frequentemente, é o tipo de informação que eu não gostaria de ter a respeito de alguém com quem estou trabalhando. Mas não fico chateada, porque, na maior parte das vezes, só estão procurando ser reconfortados.

> Bobbin foi bem útil algumas vezes em que aconteceu um problema médico real no set. Um cara caiu de uma passarela em outro programa no qual Bobbin trabalhou, e ela o estabilizou até que os paramédicos chegassem. Um ator sofreu uma leve convulsão no set de *House*, e Bobbin o atendeu até que ele pudesse ser levado ao hospital. Ele voltou a trabalhar

no dia seguinte. Bobbin procurou pelo ator num lugar em que algum sangue falso havia sido espalhado pelo chão, e uma enfermeira perguntou se o homem tinha batido a cabeça. "Algumas pessoas ficaram só olhando para ele, quando ele começou a ter convulsões", conta Bobbin. "Procurando isso em seus roteiros. Até eu procurei desconsiderar, por uma fração de segundo."

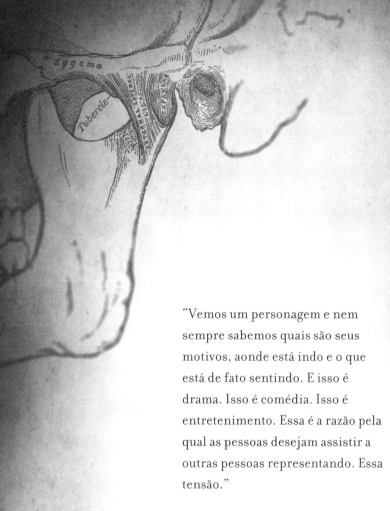

"Vemos um personagem e nem sempre sabemos quais são seus motivos, aonde está indo e o que está de fato sentindo. E isso é drama. Isso é comédia. Isso é entretenimento. Essa é a razão pela qual as pessoas desejam assistir a outras pessoas representando. Essa tensão."

— Peter Jacobson

TAUB

Peter Jacobson

Chris Taub quase não conseguiu passar pelos primeiros cinco minutos do processo de seleção da quarta temporada de *House*. Ele está na fila "D", que foi arbitrariamente demitida por House, quando Cuddy lhe diz que ele tem candidatos demais. Mas Taub foi readmitido de forma igualmente rápida quando House percebe que eliminou uma mulher atraente. A primeira contribuição de Taub é sugerir que House realize uma cirurgia de aumento de seio opcional na candidata a astronauta da Nasa para ocultar a operação de pulmão dela. Taub diz a ela que os sonhadores não se importam quando alguém ri deles ("A coisa certa"). Taub precisará ser muito insensível. Ele mostra essa capacidade em "Feio" com o menino que tem um tumor imenso na cabeça. O tratamento do menino está sendo filmado para um documentário e, enquanto muitos na equipe fazem gracinhas para a câmera, Taub se manifesta e questiona o diagnóstico de House. House o demite, Cuddy o readmite, e Taub passa a ser um dos favoritos no processo de seleção.

> "'Feio' foi o primeiro episódio no qual eles exploraram o personagem de Taub, com o cara que tinha aquela coisa grande, que parecia um brócolis, na cabeça. Sabíamos que eu era um cirurgião plástico e aqui nos inteiramos da coisa toda. Algum tempo antes de filmarem esse episódio, eles convidaram um dos mais famosos cirurgiões plásticos de Los Angeles para falar aos roteiristas, e eu participei como ouvinte da reunião. Foi muito divertido: esse famoso e bem-sucedido cirurgião plástico sendo bombardeado por perguntas dos roteiristas que faziam sua pesquisa."
>
> — PETER JACOBSON

Esse é Taub: confiante, um pouco dissimulado, ansioso para entrar na equipe.

> "O interessante em Taub é que, embora ele tenha ficado rico como cirurgião plástico bem-sucedido em Nova York, onde praticamente só fazia cirurgias de seios e outras meramente estéticas que os ricaços gostam de fazer, ele é nitidamente um médico excepcional. Gosto de pensar que ele nem sempre foi um cirurgião plástico, que é possível que tenha tido outras especialidades e que é um médico realmente brilhante."
>
> — Peter Jacobson

Intrigado, House vai conferir a antiga clínica de Taub. Taub é casado, mas foi pego flertando (com a filha de seu sócio) e teve de deixar o emprego. "Algumas pessoas tomam comprimidos o tempo inteiro", diz Taub. "Eu traio. Todos nós temos vícios." Agora Taub tem a honra questionável de ser considerado interessante para House. House sabe de seu passado sujo e pode torturá-lo: ele não perderia tempo com alguém chato. Então, House passa a chamá-lo de "minigaranhão" e diz que ele não é um médico de verdade. Muito mais tarde (em "A sete chaves"), quando Foreman lê a ficha de Taub, o expectador descobre que Taub chegou ao topo bem cedo — ele teve um artigo publicado no *New England Journal of Medicine* aos 26 anos. Taub talvez esteja tentando corresponder agora às expectativas daquela promessa prodigiosa.

PERGUNTA: House é duro com Taub. As falhas dele são falhas humanas...

DAVID SHORE: Ele é um galanteador.

PERGUNTA: Uma vez ou mais de uma vez?

SHORE: Acho que muitas, muitas vezes. Isso é que é interessante para mim, acho que ele ama sua mulher genuinamente, e realmente não quer fazer isso. Mas se envolve, faz escolhas ruins e depois se arrepende.

Taub é um pouco mais velho do que a média da equipe e Cuddy reconhece sua capacidade de enfrentar House, que lhe disse ter demitido Taub por vontade dela ("Jogos"). Ele faz parte da equipe e está feliz, mas há uma tensão evidente em seu lar com a mulher, Rachel (Jennifer Crystal). Ela também não é franca com ele; em "Situações adversas", Lucas descobre que ela tem 83 mil dólares em uma conta secreta. Ela compra um Porsche para Taub, o qual ele sempre quis. Quando Rachel dá o carro a Taub, ele diz: "Precisamos conversar."

Taub evidentemente está ganhando muito menos no hospital do que estava na clínica particular, e essa é outra fonte de tensão em casa. Em "Deixe que comam bolo", Taub interfere na clínica on-line de segundas opiniões de Kutner para ganhar uma participação de trinta por cento, mas é pego por House. Em "Vem cá, gatinha", Taub quase é enganado por um vigarista. Ele é um cara que está sempre buscando uma oportunidade. Como fica evidente em sua resposta irritada, Taub nitidamente se comove com a morte de Kutner. Em "Indolor", Taub e Kutner discutem sobre suicídio. Taub diz que um colega tentou se matar e que ele deveria ter se esforçado mais para impedi-lo. Kutner especula que essa pessoa teria sido o próprio Taub, e ele diz que não.

Em "Segredos", Taub se junta a Thirteen e Chase em uma brincadeira pouco sensata para cima de Foreman, que começa acreditando que ganha menos do que seus colegas e termina com os três aceitando uma redução de salário para Foreman conseguir um aumento. "A frase 'quem é o papai' vem à mente", diz Foreman. Taub vai precisar encarar outra conversa constrangedora com sua mulher.

No ciclo de demissões e readmissões, Taub tem o mesmo desejo de Thirteen de trabalhar para House; diferente da visão de Chase e Foreman,

que se veem forçados a estar na equipe. Com a saída House e com Foreman no comando, Taub pede demissão e volta para a cirurgia plástica. "Vim para cá a fim de trabalhar com House", diz em "O grande fiasco".

> "Quando ouvi pela primeira vez que eu estava pedindo demissão, disse: 'Muito bem, do que se trata?' Sabia que não seria permanente. Nunca foi apresentado a mim como algo diferente de 'Estamos apenas querendo causar comoção', e é um excelente artifício dramático. Isso intensifica o conflito para mim, em minha vida. Pedir demissão, voltar e voltar novamente torna tudo mais difícil para minha mulher e para mim, e torna tudo mais emocionante."
>
> — Peter Jacobson

Quando House começa a reconstituir sua equipe, Taub, assim como Thirteen, é uma presa fácil ("Trabalho em equipe"). House compartilha com os aparentemente desinteressados Taub e Thirteen detalhes sobre um ator pornô, e eles chegam a um diagnóstico. As operações estéticas são enfadonhas; a ação está lá, e Taub quer voltar. E sua mulher? "Reorganizei minha vida para passar mais tempo com ela, mas aparentemente não a amo tanto quanto pensava." Retornar ao hospital não é uma decisão benquista em casa. Taub passa o dia de Ação de Graças trabalhando. "A vida é curta demais para preocupações com dinheiro", diz Taub. "Ela está feliz de economizar algumas coisas. Como o sexo" ("Santa ignorância"). Taub se esquiva de novo para todos os lados. Em "Encarcerado", ele se apropria de uma ideia de diagnóstico de Kutner e ganha a aprovação de House para voltar.

Taub é alguém que está sempre tendo que fazer as pazes com a mulher. Em "O bem maior", Taub diz a Rachel que deseja ter filhos. Ele não queria anteriormente, mas mudou de ideia. Ela não. Talvez ela já tenha feito mais concessões do que o marido. Quando Chase esmurra House, Taub tira uma fotografia, mostra para a mulher e diz que foi ele quem o socou, e ela responde amorosamente. Taub diz ter forçado House a aceitar

algumas normas básicas. Como se isso fosse possível. É outra mentira de que House talvez gostasse.

> "Ele é um pouco grosseiro em termos éticos e pessoais, mas é uma boa pessoa e está empenhado em ser um bom médico e em estar com sua mulher. Ele é o sedutor que fica com a mulher, o homem de família que tem um lado sombrio. Essa é uma dinâmica interessante. Há inúmeras figuras públicas que passam pela mesma coisa."
> — David Foster

Taub e Rachel chegam ao auge da crise em "Buraco negro". "Chris, amo você, mas juro que se você começar novamente a falar como se eu estivesse no banco dos réus, eu te arrebento", ela diz. Enquanto Rachel lamenta que eles não façam mais nada juntos, os colegas de Taub acham que ela pensa que ele a está traindo de novo. Ele jura que não, mas esse galanteador é capaz de mudar sua conduta? E como ele poderia provar isso? Taub tenta: ele convida Rachel para um encontro amoroso no estacionamento (a transa acaba sendo interrompida graças a House) e, então, pede Rachel em casamento novamente, um gesto que House aprova: "Bom para você", ele diz. Porém, depois House observa Taub conversar com uma enfermeira (Maya), que ele evidentemente conhece. Taub toca no braço dela. A afirmação de House sobre a impossibilidade de mudança é novamente comprovada.

Quando Taub descobre que uma paciente deles, Julia, tem um casamento aberto ("Aberto ou fechado?"), seu interesse é despertado. As justificativas de Julia soam todas como argumentos para Taub ceder ao lado sedutor dela. "Decidimos que as coisas funcionam melhor quando as pessoas dizem a verdade umas às outras", diz Julia, que obviamente não assiste a *House*. House faz com que Taub passe a noite inteira fazendo testes com Julia. Ela diz que não deseja uma vida sossegada; que ela precisa conseguir em outro lugar os dez por cento que não consegue do marido, Tom, que ela ama. O diabinho, no ombro de Taub, está de

olho. Novamente, Taub é visto flertando com Maya, mas alega que nada está acontecendo.

Taub decide falar sobre o estilo de vida de Julia e Tom com Rachel, o que, previsivelmente é um desastre. Ela imediatamente pensa que ele a está traindo. Porém, mais tarde, dizendo que a mentira é o que ela não suporta, oferece a Taub o mesmo arranjo (o que House chama de "Bilhete Dourado"), com algumas condições. "Você quer isso mais do que eu", ela diz. "Você quer aquela excitação." Mas antes que Taub possa chegar aos finalmentes, Rachel o impede. Ela não consegue ir adiante. Taub fica compadecido. "Tenho sido um idiota", diz Taub. "Não preciso de nada mais. Só de você." Taub está em conflito. Ao dizer algo assim para Rachel, ele acredita nisso. Porém, ao ver Maya mais tarde, no estacionamento, torna-se inevitável que se beijem e vão embora em busca de um lugar reservado.

Em "Questão de escolha", House sabota os esforços de Taub para marcar encontros clandestinos com Maya, embora Taub supostamente tenha desistido de seu Bilhete Dourado. Taub desiste de seu caso amoroso público e agradece a House por salvar seu casamento, embora essa não tenha sido sua intenção. No entanto, Taub não será capaz de se livrar de seu desejo particular e, segundo os indícios, não ficará claro se ele realmente quer fazê-lo.

Peter Jacobson sobre... Taub

> **PERGUNTA:** O defeito de Taub no universo de House é tão grande assim?
>
> Não acho. Trata-se apenas de um defeito sólido e bem visível. Não conheço muita gente que age assim, mas para onde quer que você olhe há sinais e indícios de que isso é o que acontece. Fazer parte dessa tendência predominante é algo bom para eu representar... Para mim, é mais interessante quando

os personagens em geral, e certamente o meu, são pegos. É aí que reside a tensão dramática.

PERGUNTA: Seu casamento só é mostrado em situações tensas.

Sempre que mostramos meu apartamento e minha mulher, fico um pouco tenso. O programa tem a ver com House e nós, e não acho que House sobreviveria sem as interessantes vicissitudes de nossos personagens, mas acho que eles as limitam de propósito, sabiamente. Se deixamos o hospital e vamos fundo, acho que é preciso conectar de volta com o House; de outra forma, penso, qual seria o verdadeiro objetivo? No casamento de Chase e Cameron, algumas vezes mostraram minha mulher e eu sentados na plateia encantados com a cerimônia. Foi a única vez em que houve uma cena de nós sem uma narrativa. Isso é o máximo a que se precisa chegar, com respeito, à felicidade conjugal.

PERGUNTA: Vemos que você não consegue ficar longe dos enigmas.

Aconteça o que acontecer, Taub é um médico muito curioso e brilhante. Não importa o quanto o ofendam; no final das contas, ele quer esclarecer os enigmas e ganhar. Não precisa necessariamente ser House, mas aquele que resolve as coisas.

PERGUNTA: Ele é uma pessoa sociável?

Você não consegue enxergar nele aquele comportamento de médico atencioso. Em "Feio", alguns momentos mostraram que, mesmo não sendo o cara mais carinhoso do mundo, ele consegue mostrar doçura, sensibilidade e confiança para o garoto, porque é um homem de meia-idade que tem bastante experiência profissional e é bom no que faz. E parte de

ser bom é saber como se relacionar. Se eles o mostram como uma pessoa em conflito com todas essas questões importantes, como fidelidade e suicídio, é pelo fato de ele ser um ser humano vivendo no mundo e lidando com emoções. Não acredito que pessoa alguma possa ser como um robô.

PERGUNTA: Taub vai se descontrolar?

Não sei, mas o fato de isso estar em questão é em si gratificante.

PERGUNTA: Taub teve a honra de esmurrar House... ("Santa Ignorância")

O incidente está impregnado de um certo nível de desonestidade. Brilhante, e, desde que exista um meio para chegar a um fim adequado, ele assim o fará.

Quando li pela primeira vez, pensei: "Ah, qual é!" Só quando foi lido em voz alta é que começou a tomar forma e a ganhar vida, e os atores se envolveram no momento, então realmente fez sentido.

PERGUNTA: Dizem que Taub é um pouco sórdido.

DAVID SHORE: A morte de Kutner pode ter tido um impacto nesse sentido, e ele pode ter ficado menos sério.

PERGUNTA: Seu amigo se foi.

SHORE: E de forma tão dramática que isso fará com que Taub considere todos os dias preciosos, ou então terá uma atitude romântica, à la Cameron, de que todo ser humano é precioso.

PERGUNTA: Kutner e Taub tiveram um relacionamento interessante. O golpe on-line...

Adorei isso. Especialmente quando House nos pega no final com o cadáver vivo. É um pouco cansativo representar os mesmos choque e terror quatro ou cinco vezes, mas foi divertido.

PERGUNTA: Como ator, o quanto isso é divertido?

Adoro isso. Quanto mais louco, mais esquisito, melhor. Houve algumas coisas — como quando House o fez ir até ele para provar que Taub sabia jogar bola no necrotério ("Contrato Social"). É sempre excelente como ator sair daquilo que normalmente se está fazendo em qualquer programa.

PERGUNTA: As roupas de Taub...

Tão excitantes. Marrom hoje. Sempre casacos, camisas e gravatas.

PERGUNTA: O que ele veste em casa?

A mesma coisa. Ele dorme de camisa e gravata. Dobra as mangas para dormir. É um cara bem-sucedido, do tipo conservador. É importante para ele mostrar que está ganhando algum dinheiro, mesmo que não esteja. Ele e Foreman têm uma disputa implícita em andamento para ver quem se veste melhor. Foreman consegue ostentar muito mais do que Taub. Tudo que Taub tem é bom, mas um pouco sóbrio demais.

Peter Jacobson sobre... Peter Jacobson

PERGUNTA: Você tem médicos na família?

Nenhum. O pai de Lisa Edelstein foi o pediatra de Kal Penn na década de 1970... Lisa e eu trabalhamos juntos 15 anos atrás,

tivemos uma cena em *Melhor é impossível*. Éramos aqueles dois judeus, sentados a uma mesa, que Jack Nicholson insultou no restaurante. Foi uma cena memorável. Mas não há sequer um médico em minha família.

PERGUNTA: Agora há.

Às vezes, você encontra aquela pessoa muito esquisita que diz: "Você pode me ajudar?"

PERGUNTA: É o jaleco branco.

Me empenho muito para não usar o jaleco branco fora do cenário de filmagem.

PERGUNTA: O que você acha de todo esse assunto médico?

Faço toda a pesquisa possível para ter uma ideia de o que é. Isso é o mais difícil: entender a parte médica, porque filmamos tudo fora da ordem. Se você está de fato realizando seu trabalho como ator, deveria sempre saber o que veio antes, e com este programa, mais do que com qualquer outra coisa que eu tenha feito algum dia, quando você está falando sobre medicina, você realmente precisa ter a história a todo momento.

PERGUNTA: Você é capaz de apreciá-lo como um programa de TV assim como do ponto de vista profissional?

Na verdade, não. Sei que é um bom programa. Em geral, só quando vejo pela terceira vez é que consigo me distanciar o suficiente e colocar de lado o ego de ator. A primeira passagem é sempre: "Ai, isso foi horrível." "Ih, meu cabelo está mesmo caindo", "Ai, que nariz". Após superar essas bobagens de vaidade pessoal, depois, consigo ver o que está

acontecendo nas cenas e, então, na terceira vez que vejo, eu consigo assistir. Alguns atores nem assistem ao programa. Acho que é útil.

PERGUNTA: O cronograma é apertado?

Fazemos com que ele funcione. Com que não cause impacto de forma alguma no trabalho da máquina, os assistentes de direção sabem que tenho família em Nova York e tentam generosamente conseguir me dar o fim de semana mais longo possível. Muitas vezes, não funciona, e sei que todas as vezes em que começo não há nada que eu possa de fato fazer a respeito.

PERGUNTA: O programa tem um ritmo...

Houve duas vezes na temporada passada em que eu tive de gravar três episódios em um mesmo dia porque havia algumas tomadas atrasadas. Houve um dia sobreposto, então eu fiz o episódio que estávamos terminando, o episódio que estávamos começando e, também, outra cena para outro episódio.

PERGUNTA: Então, eram três conjuntos de roupas...

E três fatos médicos que estava tentando manter em minha cabeça. No final das contas, é um trabalho fabuloso, não tão difícil. Não diria isso se eu fosse o Hugh. Ele está em outro nível. Ele carrega esse programa nas costas e sempre precisa aparecer todos os dias. Acho que tenho um trabalho bastante agradável. Trabalho duro muitas vezes, mas, no todo, isso é uma forma maravilhosa de passar o tempo.

Peter Jacobson sobre... o processo seletivo

PERGUNTA: Você não sabia quem seria selecionado?

Fui escolhido para fazer o personagem e, então, soube que haveria, na verdade, trinta novos atores concorrendo para esse papel. Pensei: "Isso é ridículo". Então, ouvi que cinco de nós seríamos contratados para nos tornarmos permanentes — Olivia, Kal, Edi (Gathegi, também conhecido como Big Love), Annie (Dudek) e eu. Então, eles podem fazer tudo que quiserem. Houve vários atores que ficaram até o final e poderiam ter sido escolhidos, ou nenhum de nós. Quando chegou aos cinco finalistas, houve uma especulação constante entre nós sobre quem conseguiria a posição.

PERGUNTA: Você usou algum dos artifícios típicos do Taub com os outros atores?

Poderia ter dado certo, mas, por mais estranho que pareça, nos demos extremamente bem. Foi divertido. Quando você está em uma situação tão desgastante, se você tem cinco atores neuróticos, há um determinado despojamento, e todos nós nos abrimos uns com os outros. "Você vai entrar, eles precisam de um cara negro", "Não, eles não precisam, eles precisam de um judeu", "Eles precisam de um indiano", "Você é um amor". Conversa honesta. Ficou mais fácil porque estávamos apenas bancando os bobos.

PERGUNTA: Os atores estavam sentindo a mesma pressão dos personagens.

Isso foi estranho. Minha mulher disse "Esse é você" no início, mas, quando ela soube como era o processo, disse: "Você não vai pegar esse trabalho; você se preocupa todos os dias da sua vida em ser demitido, então, por que passar por isso du-

rante quatro meses?" Mas foi tão diferente, tão freneticamente louco que, de fato, se tornou até certo ponto divertido.

PERGUNTA: Qual foi a sensação quando a decisão final foi anunciada?

Fantástica. Excelente. A parte difícil é que moro em Nova York. Minha mulher e meu filho moram lá e fico indo e vindo. Então, viajo muito. Já estava longe havia três meses, meu filho tinha apenas cinco anos, e esses são anos difíceis para ficar distante. Uma parte de mim sabia que seria um momento de alívio se pudéssemos ao menos estar juntos. Porém, isso, certamente, é apenas dois por cento. Os outros 98 são meu desejo pelo trabalho, preciso do trabalho, e estou muito motivado por ter sido escolhido.

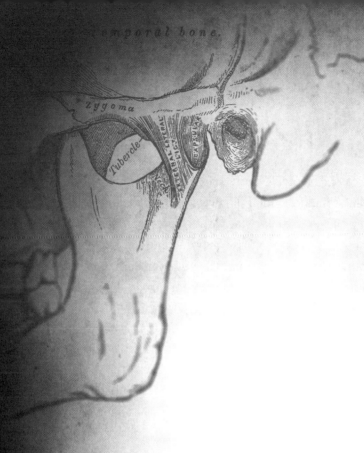

KUTNER

PERGUNTA: Você sabia que Kal Penn estava saindo, mas não sabia que ele levaria um tiro na cabeça?

OMAR EPPS: Acho que nem ele sabia! Todos presumimos que ele seria encontrado e que teria a ver com comprimidos ou algo assim. Mas é muito David Shore. O personagem ganha ao sair no auge.

Em "Simples assim", Kutner está sumido. Seu cachorro está doente, Taub diz. Ele provavelmente foi a um festival de quadrinhos, Taub sugere. Acabou de acontecer um caso em que Taub se apropria de uma ideia de Kutner. Foreman e Thirteen vão ao apartamento de Kutner e encontram o corpo de dele, baleado na cabeça; a arma, ao lado. Thirteen e Foreman tentam ressuscitá-lo, mas é inútil. Já está frio. Kutner está morto.

"Aquele era o corpo de Kutner, mas ele não estava no episódio. Muitos de nós achávamos que ele deveria estar lá. A primeira parte do episódio foi 'Onde está Kutner?', e pensamos que o final já seria revelado e que não seria chocante, mas já foi muito. Não precisava ser ainda mais."

— Peter Jacobson

Greg Yaitanes dirigiu essa cena. O roteirista Leonard Dick escreveu que o corpo não deveria ser mostrado, mas Kal Penn estava lá no chão. "Kal estava lá, e isso foi o que fez o desempenho de todos ser ainda melhor. Ele estava encharcado de sangue", diz Yaitanes. "Os atores estão cobertos de sangue." O episódio todo foi melancólico, sombrio e perturbador, combinando com o humor dos abalados colegas de Kutner. Os atores colegas de Kal Penn ficaram surpresos também. "Pareceu um pouco apelativo", disse Peter Jacobson. "Achei que foi uma escolha surpreendente", diz Robert Sean Leonard, mas a apelação e a surpresa pretendiam levar House a um colapso. "Fez sentido no final das contas", diz Peter Jacobson.

PERGUNTA: Você ficou chocado com o que aconteceu com Kutner?

GREG YAITANES: Bem, eu sabia que algo estava para acontecer quando apareci para pegar meu roteiro e eles se recusaram a me entregar.

House sem dúvida aceitaria a escolha que Kutner havia feito se houvesse uma razão para tal. Ele castiga a equipe por não ter previsto, mas ninguém sabia de nada. Cuddy contratou um psicólogo especializado em luto, embora soubesse que ninguém recorreria a ele; ofereceu alguns dias de folga, mas ninguém estava disposto a ficar sem trabalhar.

CUDDY: Sinto muito por sua perda.

HOUSE: Não é minha perda.

CUDDY: Então, sinto muito por você não achar que é.

Thirteen e Foreman visitam os pais adotivos de Kutner, e House os acompanha. O nome de batismo de Kutner era Choudhury, e House repreende severamente os pais abatidos por terem mudado a identidade de Kutner, por terem-no atormentado sobre quem ele era e por terem-no levado àquilo. House está sendo muito inconveniente, e Foreman o detém. "Houve um grande momento quando Foreman fez isso", diz David Shore, "mas você consegue ver aquele olhar no rosto dele. House recua. Isso é algo do qual não tenho certeza de termos visto em nenhum outro momento. Ele recuou." Greg Yaitanes se lembra da reação que Mary Jo Deschanel — a atriz que representa a mãe de Kutner — teve diante de House: "O desgosto, a repulsa, o constrangimento e a humilhação... lembro que fiquei muito emocionado com aquela cena."

Taub está furioso com o amigo Kutner. Ele diz que Kutner é um idiota e tem pena, embora não sinta culpa alguma por não ter previsto o suicídio dele. "Essa é uma resposta natural. Adorei a maneira com que eles escreveram aquele episódio", diz Peter Jacobson, apreciando como o

relacionamento entre Taub e Kutner foi elaborado só por causa da morte de Kutner.

> "Taub desenvolveu um escudo, se distanciou e continuou a trabalhar. Depois desabou, e representar aquele arco foi o episódio mais satisfatório e gratificante de atuar. Como ator não há nada mais precioso para representar do que um personagem lutando para manter o controle. Todos os dias, tudo que fazemos é tentar chegar ao fim; vestir nossas próprias roupas e ser uma pessoa normal quando nem sempre nos sentimos normais. Representar algo assim é de fato uma alegria."
>
> — Peter Jacobson

House fica desesperado por respostas. Liga para os amigos de Kutner; analisa a ficha pregressa dele (correu nu por um campo durante um jogo de futebol americano entre Penn e Dartmouth). House vai ao apartamento de Kutner e se convence de que ele foi assassinado. Em seguida, House não consegue mais dormir e inicia sua descida alucinatória até o Mayfield Hospital. Cuddy diz a House que é normal ele ficar abalado porque Kutner pensava como ele; era inovador como ele. Mas House não se convence. "Se ele pensasse como eu, saberia que viver no sofrimento é um pouquinho menos ruim do que morrer nele."

House é confrontado com o inexplicável, e isso o afeta muito. "Achei que foi incrivelmente honesto", diz Greg Yaitanes. "Quando algo completamente inesperado como isso acontece, e você não o prevê, parece muito verossímil, uma vez que ninguém tem a resposta." Peter Jacobson diz: "Pode de fato ser impactante assim. Eles podem esconder uma dor imensa, e se alguém em algum lugar pensou para si, 'Ah', se identificou com isso ou pensou em alguém que precisasse de ajuda, se em qualquer nível isso conscientizou as pessoas, então valeu a pena".

PERGUNTA: Isso acontece: as pessoas vivem suas próprias vidas, ninguém consegue prever, e pode ser completamente

misterioso para todos os demais. E House não soluciona o mistério.

DAVID SHORE: Era o que se pretendia. Foi por isso que não fizemos um flashback para algo que tenha acontecido com Kutner, para mostrar ele praticando o ato. A última cena que exibimos dele foi planejada para mostrá-lo indeciso e para olharmos para ele e dizermos: "Eu simplesmente não conheço esse homem". O homem, Dr. House, que pode entrar em uma sala e ficar diante de um cara por oito segundos e dizer o que ele comeu no café da manhã três dias antes, trabalhou com esse cara por dois anos e, em um nível muito fundamental, não o conhecia. House teve de lidar com isso.

CENÁRIOS E CENAS

 Projeto e construção de *House*

"A maioria das decisões é tomada com base no tempo e nas finanças. Como um produtor me disse, trata-se de uma indústria de entretenimento, não de amizade — a relação é com o dinheiro. Felizmente para nós, *House* é um programa de muito sucesso; portanto, posso satisfazer meus desejos talvez mais do que em outros programas."

— **JEREMY CASSELLS, DIRETOR DE ARTE**

"Não acho que Wilson viveria em um espaço tão moderno com vigas expostas", Katie Jacobs diz. Katie e o diretor de arte Jeremy Cassells estão no fim de um corredor, nos escritórios de *House,* analisando ideias para o apartamento que Wilson compra para dividir com House na sexta temporada. As paredes do corredor estão cobertas de fotografias de apartamentos e de prédios: cópias e páginas rasgadas de revistas. No centro, há um rascunho de uma planta baixa para o espaço habitável. A primeira ideia, proposta pelos roteiristas, foi a de um apartamento pequeno e requintado, de pé-direito alto, semelhante à casa de Thirteen. Katie queria algo mais "masculino". "Pensei que poderíamos ficar com uma construção mais antiga: vamos

Plantas e exemplos de layouts para o prédio de Wilson e House na parede dos escritórios da produção de House

dar a ele uma decoração inovadora e nos livrar apenas de algumas paredes."

Entre o primeiro encontro poucos dias antes e este, Jeremy criou um segundo conceito. Após a ideia de que House e Wilson deveriam se mudar para a cidade de Nova York ter sido rejeitada, Jeremy trabalhou sobre um apartamento no estilo nova-iorquino em Princeton. Um dos quadros na parede mostra uma construção da virada do século em Sutton Place, Nova York. Em uma construção mais antiga como essa, um apartamento grande teria uma sala de estar, uma sala de jantar, um escritório, talvez uma biblioteca, uma suíte e outros quartos, além de um quarto de empregada, que poderia ser o quarto de House. Jeremy também tinha falado com o diretor de fotografia Gale Tattersall sobre acrescentar uma varanda, o que daria mais profundidade ao espaço.

A pergunta era: Como House e Wilson interagiriam nesses ambientes? "Gosto de todos os espaços; [mas] acho que eles são muito separados", diz Katie. A decoração do apartamento pode esperar. Nem House nem Wilson tem muita mobília, a não ser o piano de House. Os homens podem colocar suas marcas no lugar, embora provavelmente ficassem felizes com uma televisão gigante e um sofá (em "Buraco Negro", Wilson demonstra o mesmo desvio de caráter que mostrou ter com Amber quando foi comprar uma cama: ele simplesmente não

consegue escolher móveis). Katie e Jeremy conversam sobre os panos de fundo, a paisagem que pode ser vista de fora da janela, e se terão de encomendar uma nova. Porém, o objetivo principal do encontro é o interior do apartamento. Os quartos de House e de Wilson deveriam ser muito próximos um do outro. "Está ótimo", diz Katie. "Eu só quero os quartos no mesmo corredor." E Jeremy promete que terá uma planta nova no dia seguinte.

"**Conheci algumas pessoas** que trabalharam no ramo, e elas diziam: Não acredito que você tenha ido para Nova Jersey para filmar tudo isso. Eu retruquei: 'Não, eles construíram todo o soundstage.'"

— Jeremy Cassells

Jeremy Cassells está no ramo da ilusão visual. Ele opera em grande escala, ou pelo menos faz os telespectadores acreditarem que tudo acontece em grande escala. Quando House passou as semanas no hospital psiquiátrico em Nova Jersey, em "Derrotado", parecia que tudo havia sido filmado no local. Não é verdade. O trabalho de planejamento da produção de Jeremy abrange muitas atividades, e o planejamento faz parte de uma sequência contínua. "Há muitos chefes de departamento bons, eles trabalham muito bem, e todos interagem com Katie." Juntos — planejamento, arte, construção, cenografia, elenco e equipe —, eles conseguem realizar algo como construir um hospital em Nova Jersey no estúdio em Century City.

"**Para o fim da temporada**, em termos visuais, tive a ideia de ir perdendo House de vista atrás de duas portas em um lugar como Oz. Se você tem a ideia de interná-lo, você precisa vender isso visualmente."

— Katie Jacobs

Para criar o Mayfield Hospital, a equipe teve um prazo de antecedência muito maior do que o estipulado para um episódio normal. Jeremy tinha de propor uma visão da instituição como um todo. "Foi difícil planejar porque todo mundo pensa imediatamente em *Um estranho no ninho*", disse Jeremy lembrando do clássico filme de 1975, "E hospitais não são mais assim". Além disso, Katie desejava manter a ideia de que House estava em algum lugar linha-dura e inflexível quando passava pelo processo de desintoxicação.

Começando em Princeton e trabalhando para fora, Jeremy procurou na internet uma construção adequada. Os primeiros lugares pareciam casas de campo; em seguida, ele encontrou o hospital psiquiátrico de Greystone Park, em Parsippany, Nova Jersey. Ele mostrou a Katie a entrada que ele pensava ser uma imagem forte. "Ela disse: 'Adoro esse lugar'", comentou Jeremy. "O problema, no entanto, é que fica em Nova Jersey." Estava também largado e abandonado, por isso não conseguiriam fazer a filmagem do interior do local, mesmo se isso fizesse sentido por questões econômicas.

O departamento de produção procurou uma construção semelhante em Los Angeles, mas não havia nenhuma. Ele encontrou um hospital em Ohio que estava em melhores condições, mas era difícil filmar lá porque não existia uma equipe local que pudesse ser usada. Acabou sendo mais barato ir para Nova Jersey e usar uma equipe de Nova York para as filmagens externas. A cena de House entrando no hospital levou um dia para ser filmada com a unidade de Nova York e alguns integrantes importantes da equipe de Los Angeles. Jeremy viajou para Nova Jersey quatro vezes, para tirar fotografias e escolher plantas baixas que ajudassem em seu planejamento. Katie, Jeremy e os autores conversaram sobre onde os personagens poderiam interagir, embora o cenário tenha sido construído antes de o roteiro ficar pronto. Logo, havia uma série de tele-

fones, uma farmácia, quartos e salas de tratamento. Jeremy e a equipe de construção prestaram uma atenção extraordinária aos detalhes. Eles fabricaram facas para recriar as molduras nas coberturas das portas, nos rodapés e nos braços das cadeiras; o espelho no cenário tinha distorções embutidas, de modo que, quando a câmera se movia diante dele, parecia apenas vidro velho.

....

O coordenador de construção Steve Howard ficou encarregado da construção física do Mayfield Hospital, assim como de todos os cenários de *House*. Trabalhando em quatro cenários nos estúdios da Fox, com 2.800 metros quadrados de espaço de armazenagem disponíveis, em um local afastado dos estúdios, Steve supervisiona o trabalho de construção em uma vila em contínua mudança (nenhum outro programa tem mais de dois cenários). Empregando de 35 a setenta funcionários, Steve refaz de dez a 12 cenários "de uso geral" em oito dias para cada episódio (um cenário de uso geral é usado de formas diferentes em um episódio). Dividido em dois estúdios, o hospital, os sets permanentes e os cenários de uso geral totalizam cerca de 4.600 metros quadrados.

"**No intervalo** das gravações tirei dois dias de folga. Mayfield demorou dois meses para ficar pronto. Uma das situações mais difíceis foi que não tínhamos o roteiro completo, então Jeremy não sabia quais aposentos colocar no meio do hospital. Sabíamos que haveria alguns recintos de personagens, mas simplesmente tivemos de deixar um vazio grande. Estávamos a duas semanas do início e dizíamos: 'Vamos nessa.'"

— STEVE HOWARD

Repentinamente, a máquina de moto-contínuo foi redirecionada quando os autores decidiram fazer com que House voltasse a Princeton antes do previsto. A princípio, Jeremy projetaria o consultório do Dr. Nolan, psiquiatra de House, em um cenário, mas, por causa da estadia menos longa que a esperada, o lado direito da sala de atividades foi adaptado para ser o consultório de Nolan. As mudanças no cenário significaram que todas as cenas das salas de atividades tiveram que ser filmadas primeiro. "Gerrit e Marcy perguntaram se havia uma forma de utilizar o fundo e o espaço que eu já tinha, então mudei a disposição, pintei de uma cor diferente e tentei dar a ele uma aparência diferente." Levar a cabo a mudança tão rapidamente foi, nas palavras de Katie Jacobs, "um tributo à construção e a Jeremy".

"Eles partiram e filmaram o pátio de exercícios durante dois dias, e mudamos o cenário em dois dias. Porém, o fundo é o mesmo. Se você analisar a parte de trás, Nolan tem a mesma vista da sala de atividades. Mudamos o fundo de lugar para que ele ficasse um pouco diferente. Minha premissa foi a de que ele estava em um andar diferente."

— Jeremy Cassells

Katie Jacobs dirigiu o episódio "Derrotado" que durou duas horas. Os cenários foram projetados, e o programa teve o elenco escalado antes de ser completamente escrito, dando ao episódio, dividido em duas partes, um incentivo criativo diferente do de um episódio-padrão.

"Katie fez um trabalho excepcional com isso. Grande parte do final da história foi contribuição dela. Mas ficou excelente. Ouvi essa opinião de muitas pessoas. Não sei se existe uma certa arrogância com relação à tevê, mas as pessoas dizem que teria sido um excelente filme."

— David Shore

"Derrotado" foi exibido como um filme em um cinema para o elenco e a equipe, e a reação de David Shore foi compartilhada por todos. Jeremy Cassells, no entanto, estava ciente do plano de fundo e de algumas pinceladas que ficariam invisíveis em uma tevê, mas que ficaram aparentes na tela maior. "Minha mulher diz: 'Do que você está falando? Nunca reparei que havia um fundo lá.' Todo mundo disse que estava excelente, então, talvez, essa seja simplesmente a forma como sou, muito autocrítico." Jeremy disse que conhecia muitos carpinteiros que trabalharam com muito empenho na construção do hospital. Foi um pouco triste para ele desmontá-lo. Em função da necessidade de avançar com a história, o hospital foi erguido e desmontado antes do previsto. "Acho que os autores propuseram uma excelente ideia no final", disse Jeremy. "Aquela a partir da qual House estaria livre para ir, mas sua licença médica ficaria presa."

PERGUNTA: O quarto de House, a sala de atividades, a farmácia. Onde estão?

STEVE HOWARD: Eles já eram.

PERGUNTA: Então podemos deduzir que House não voltará para a instituição?

HOWARD: Bem, não será barato se ele voltar.

PERGUNTA: Se ele voltar nesta temporada, você ficará furioso.

HOWARD: Algumas pessoas ficarão extremamente furiosas.

....

PERGUNTA: Você está construindo um cenário para eles?

KATIE JACOBS: Eles são excelentes personagens. Estamos reunindo-os juntos. Criando oportunidades para eles.

O projeto do apartamento de Wilson e House progrediu rapidamente. Jeremy submeteu os desenhos mais uma vez, e os projetistas do cenário criaram um modelo em miniatura, em escala 3D, do apartamento em um dia. Dessa forma, Katie Jacobs pôde, usando um pequeno periscópio, ver como uma filmagem pareceria de um ponto específico no apartamento. Katie gosta de ver muita profundidade em cada tomada, o que é um desafio para Jeremy. Em Mayfield e na etapa de projeto do apartamento, não há decoração com panos e cortinas nas janelas, o que significa que o fundo precisa ser muito convincente.

Katie pensou no quarto de House. "Ele não pode ter uma cama de solteiro. Talvez ele tenha uma cama de casal em um quarto de criança, de forma que ele fique um pouco apertado." Ela procurou banheiras. Quanto custará a banheira? É mais barato comprar ou construir uma? Eles vão querer enchê-la (o que constituiria um efeito especial)? (A banheira escolhida, que House usa sem a permissão de Wilson, é chamada de "Picasso".) Cada decisão no estágio de projeto tem esses tipos de repercussão. "Isso afeta a parte técnica, a parte elétrica e o orçamento do projeto. Gerrit e Marcy têm uma certa quantia de dinheiro disponível, e precisamos nos adaptar."

"As minhas pistas sobre o que construir vêm de Jeremy. Ele revela todas as imagens vindas do departamento de arte. Eu as recebo, então terei uma ideia geral para poder fazer um orçamento. Os produtores analisarão quanto custará e determinarão o que poderemos fazer; às vezes, não podemos fazer tudo. Há uma quantidade imensa de tempo alocada, [talvez] não seja possível fazê-lo nesse tempo, também."

— Steve Howard

A história tem de avançar em um ritmo específico. As janelas são construídas sobre roldanas, de forma que possam ser removidas para que uma câmera entre. O acesso da câmera

Real sem ser real: vista frontal da entrada do laboratório de patologia

também significa que os recintos são ligeiramente maiores do que no mundo externo. Um quarto precisa ser grande o suficiente para que uma câmera tenha a visão objetiva. "Você tem de facilitar para a equipe; senão o serrote entra em ação", diz Jeremy. "Meu principal técnico, Shawn (Whelan), gosta de acrescentar uma 'janela de apoio', como ele a chama. O que consiste basicamente de um buraco na parede." É preciso que haja muitas portas, mas não em todos os lugares, "De outra forma, haveria uma em cada parede". "Há uma pressão para que completemos seis páginas de diálogo por dia", comenta Jeremy.

Jeremy Cassells cursou a escola de artes em Glasgow, em sua terra natal, a Escócia. Ele estava viajando com a intenção de entrar no negócio de filmes e estava prestes a partir para a Austrália, quando conheceu alguém que fazia um filme de baixo orçamento. Jeremy perguntou se ele poderia ajudar. Logo estava percorrendo o país com os cenários de filmagem na traseira de uma van, até se estabelecer em Los Angeles e ascender para o cargo de diretor de arte, trabalhando em filmes como *Mortal Kombat* e programas de tevê como *Profiler*.

"O que mais gostei foi o fato de precisar durar muito e de nada ter de fazer sentido em termos arquitetônicos", diz. "Está sempre mudando. Todo dia, ao chegar, eu entrava; podia achar que tinha tudo sob controle e, de repente, precisar construir um apartamento novo para House e Wilson."

No cenário, mais ilusões estão a caminho. No hospital, a sala de emergência está no subsolo, mas no cenário ela fica ao lado do escritório de House. Se a câmera filmasse de dentro do consultório de House, descendo pelo corredor, a sala de emergência ficaria visível à esquerda. David Shore gosta de colocar os atores nos corredores caminhando e conversando; portanto, a equipe precisa ser capaz de sair do consultório de House sem passar pela sala de emergência. Logo, todas as vezes que eles caminham, painéis são colocados em frente à sala de emergência e pintados novamente: outra questão de sincronização a ser considerada. Uma parte diferente do cenário, o segundo andar, está sendo mudada e pintada novamente para criar o departamento de oncologia de Wilson, nunca visto antes, localizado em um quinto andar não mencionado ainda. Próximo aos elevadores, no saguão, há placas que mostram sinalizações somente até o quarto andar. Elas terão de ser corrigidas.

DAVID SHORE: De vez em quando, ganhamos um novo andar... não faz sentido algum, já que há uma claraboia no quarto andar.

PERGUNTA: Os fanáticos por detalhes reclamarão que não havia um quinto andar...

SHORE: É como o projeto da nave espacial *Enterprise*.

Determinadas partes do hospital, como a sala de emergência e a área de observação, acima da sala de cirurgia, parecem pequenas. O saguão parece imenso. "É isso que adoro em meu trabalho: poder enganar a câmera", diz Jeremy Cassells. "E, por consequência, os telespectadores com a escolha de lentes."

"É uma forma de trabalhar de trás para a frente. Quando você faz um piloto ou um filme, segue o roteiro precisamente. Nesse departamento, não podemos fazer isto. Temos de criar e dar as oportunidades para o roteiro."

— Katie Jacobs

House expandiu em seu espaço atual com o tempo. Os primeiros cenários de *House* foram usados para o piloto em Vancouver e trazidos para Los Angeles. O cenário era pequeno — se houvesse uma cena passada em uma sala de cirurgia, um quarto de paciente era adaptado. "O que deveríamos fazer de fato seria construir uma sala de cirurgias, porque estamos filmando muito nela", conta Gerrit van der Meer sobre suas ideias na época. "Também percebi que faltava uma entrada grande para o saguão. Tínhamos muitos quartos de pacientes e consultórios. E não tínhamos espaço suficiente para cenas. Decidimos expandir." Muitos cenários foram expandidos, mas o saguão no Cenário 15 continuava pequeno: "Então, para lidar com o problema de espaço, decidimos colocar um segundo andar no cenário." O antigo diretor de arte, Derek Hill, projetou a entrada como é atualmente e acrescentou o mezanino.

O saguão do hospital fotografado da galeria permanente do segundo andar

"Basicamente, dobramos o tamanho do hospital no intervalo entre a primeira e a segunda temporadas, quando comecei. [Levou] quase sete semanas. Foi muito assustador, conseguimos fazer tudo. Algumas coisas não ficaram totalmente prontas, mas conseguimos terminar na primeira semana. Isso estabeleceu o ritmo para o programa, que continua o mesmo desde então."

— Steve Howard

"Foi uma façanha de engenharia", diz Gerrit sobre o novo saguão. O segundo andar tinha de ser capaz de acomodar cem pessoas e equipamentos pesados, como elevadores para o movimento da câmera, então engenheiros especialistas em estruturas foram consultados ao longo da construção. "Isso demorou bastante", diz Gerrit. O saguão é menos um set e

mais um prédio normal construído dentro de um soundstage. "Tínhamos de construí-lo de forma muito segura, de forma a aguentar um terremoto", diz Steve Howard. Metade das paredes são de esforço transverso, projetadas para ficarem firmes em caso de um terremoto, para proteger as vigas de apoio estrutural.

Uma complicação inesperada foi descoberta sob o piso do cenário. Os engenheiros tiveram de cavar para colocar mais de quarenta postes de aço e formas de concreto de apoio. Sob o andar do Cenário 15, havia os restos de uma pista de patinação no gelo em tamanho de competição construída pelo estúdio para os filmes da ex-campeã olímpica Sonja Henie, que foi uma das maiores estrelas de cinema das décadas de 1930 e 1940. Isso significou que as equipes tiveram de cavar, além de camadas de madeira e asfalto, uma treliça gigante de tubos metálicos que carregavam o agente refrigerador para o gelo. "Tivemos equipes trabalhando embaixo do cenário que eram como equipes de mineração, cavando e cortando as tábuas, instalando as formas", conta Steve Howard.

"**Após começarmos a temporada**, os autores começaram a incluir no roteiro a existência de um segundo andar. Até então era: 'Por que Gerrit quer um segundo andar?'. Após os primeiros episódios, não era mais o meu andar; era o andar de todos."

— Gerrit van der Meer

A construção foi rápida: Steve Howard construiu o apartamento de Lucas em cinco dias. Todos os cenários são leves para que as paredes possam ser movidas para a câmera. Se houver uma mesa na cozinha, a parede por trás dela precisa ser retirada pelos técnicos para que a câmera caiba. As portas precisam ser ocas no centro. As paredes são feitas de compensado da grossura de $1/4$ de polegada, e o material de armação

de ³/₄ de polegada por 2,5 polegadas. Quando um cenário é desmontado, ele pode ser dobrado bem pequeno e guardado em um local de armazenamento separado. Muitas vezes, um cenário será adaptado e usado para um personagem diferente. O apartamento de Kutner, por exemplo, já "desapareceu há muito tempo". Steve Howard diz: "Vamos até Katie e David Shore para obtermos autorização para isso. Usamos seu corredor de acesso para outro cenário, acrescentado ao corredor de Thirteen. Seu cenário foi único, então não havia como guardá-lo. Podemos reutilizar as paredes, janelas e portas de um lado só. Temos umas paredes que usamos em vinte cenários."

Steve Howard começou a trabalhar na construção especificamente para ganhar experiência na indústria cinematográfica a partir da sugestão de um amigo que ajudou o produtor de filmes Dino De Laurentiis a construir um estúdio em Wilmington, Carolina do Norte. Steve nasceu em Santa Monica, Califórnia, e seu pai atuou em comerciais e filmes pequenos. Ele viveu em Morristown, Nova Jersey, próximo ao local em que o Hospital Mayfield verdadeiro foi localizado, e sua avó trabalhou como voluntária lá.

A fábrica principal de Steve Howard, onde os cenários são construídos, precisa ser mudada de cenário para cenário. "Fazemos muito barulho, muita poeira; um pouco de bagunça", diz Steve Howard. "Não é nada que possamos fazer próximo aos atores. Temos que dar outro jeito. É uma parte difícil do planejamento, e os assistentes de direção trabalham conosco." Muitas vezes é preciso pular do Cenário 10 para o 11, às vezes, do 14 para o 15, ocasionalmente trabalhando ao ar livre. "Podemos mudar tudo em uma hora",

diz. Ele tem uma segunda fábrica no estúdio, assim como uma em outro lugar.

Steve tem maquinário para fazer molduras, para trabalhar madeira e metal. Todas as máquinas têm rodas e o nome Steve Howard pintado nelas. Ele explica que coordenadores de construção como ele são membros da Filial 44 do International Alliance of Theatrical Stage Employees e possuem o próprio equipamento. Os técnicos movimentam as paredes que já foram filmadas; até esse ponto, os cenários são construídos por carpinteiros e trabalhadores que pertencem a sindicatos diferentes e que são comandados por Steve.

Em uma área de pintura próxima à fábrica, o posto de enfermagem do departamento de oncologia está sendo concluído. Steve pegou um antigo posto de enfermagem, que ficava do lado de fora da UTI, e o aumentou. Ele será dividido em três partes e levado ao cenário para a filmagem. Assim que for filmado, as partes do posto talvez sejam guardadas; é muito provável que seus dias de trabalho tenham terminado. Steve nunca sabe quanto do que ele constrói aparecerá na tela. "Você constrói um cenário inteiro com cozinha, banheiro e um saguão grande e, depois, assiste ao programa e vê apenas o rosto do cara e uma estante atrás dele."

PERGUNTA: Você se apega a um cenário?

STEVE HOWARD: De forma alguma. Faço isso há vinte anos. Construí o primeiro *Black Pearl* para o *Piratas do Caribe* e outro grande navio flutuante HMS *Victory*, uma réplica em ¾ do tamanho do original. Apeguei-me um pouco a esse."

PERGUNTA: O que fizeram com isso?

HOWARD: Cortaram em pedaços menores e jogaram fora. Está tudo registrado para sempre no filme; é eterno nesse sentido.

A história das filmagens no Cenário 10 da Fox detalhada em uma placa na parede do prédio

"Construímos os sets antes de os autores os terem escrito. É muito diferente — é um espaço novo, é preciso colocar uma etiqueta em cada um deles, e cada item precisa ser escolhido.

— Katie Jacobs

Assim que o apartamento de Wilson e House foi planejado, houve duas semanas antes de a primeira cena ser filmada, quando Wilson e House o visitam, e Wilson decide comprar o espaço. Nesse meio-tempo, o diretor de fotografia Gale Tattersall analisou os projetos e calculou a iluminação, e Steve Howard começou a construir o quarto grande de Wilson, o quarto pequeno de House e o restante do apartamento. Completo, o lugar acabou tendo 280 metros quadrados, e a biblioteca foi a última parte a ser terminada. Um novo fundo foi usado para a sala de estar. Ao todo, oitenta por cento das paredes tornaram-se removíveis para facilitar a filmagem. Próxima tarefa de projeto

e construção: o acréscimo de alguns quartos, um corredor e um banheiro para a casa de Cuddy. Assim que House e Wilson começaram a habitar o apartamento que eles retiraram de baixo do nariz de Cuddy, o conflito foi inevitável. Com a ideia dos quartos próximos, estava armada a confusão.

COSTA LESTE, LOS ANGELES

 A aparência de House

> "Trata-se do tom e de como tudo se combinará. Recebo ligações do setor de figurino o tempo todo — de que cores são suas toalhas de mesa, de que cores são suas cadeiras, qual a cor dos lençóis?"
>
> — **NATALI POPE**

As camisas amarrotadas e os casacos esportivos de House; os ternos de Foreman; o esquema consistente de cores de Thirteen; a mobília do hospital; a colcha de Wilson — tudo faz parte do visual do programa. O visual é mantido por departamentos, como figurino, e por adornos do estúdio, com a influência significativa de Katie Jacobs, ajudando a estabelecer uma atmosfera e uma paleta de cores comuns. A figurinista Cathy Crandall mostra a Katie Jacobs as cores de uniformes de enfermeira disponíveis para o departamento de oncologia, e elas escolhem as cores mais sóbrias: o hospital é um lugar onde ficam algumas pessoas muito doentes; logo, trata-se de uma escolha discreta e sutil.

Cathy Crandall trabalha com mais oito pessoas, cada uma com pontos fortes diferentes, com as quais ela precisa lidar. Às vezes, uma equipe de oito pessoas parece não ser suficiente. O fato de uma cena tomar apenas um pedaço mínimo de uma

Sinal de aprovação: Katie Jacobs aprova a amostra fornecida pela figurinista Cathy Crandall

página pode ser enganador. Uma semana antes da data de início da filmagem do episódio em que House, Wilson e Cuddy vão a uma conferência médica ("Verdades não ditas"), Cathy lê no enredo que eles participarão de uma festa à fantasia cujo tema é a década de 1980. Assim que vê isso, Cathy sabe que precisará vestir muita gente para que pareçam os membros do Devo, Boy George e Madonna em início de carreira. Mais tarde, ela descobrirá a quantidade de pessoas – cem, além de House e Cuddy. Cathy consegue, claro. "Nada é impossível", Cathy diz. "Nunca dizemos não."

Cathy Crandall trabalha com Katie Jacobs desde o início criando as roupas para os personagens, o que é muito importante para a personalidade do programa. "Colaboramos muito com os cabeleireiros e maquiadores para o visual ser criado",

Cathy conta. Nas paredes de seu escritório, estão fotografias das cabeças dos atores e imagens que inspiram o guarda-roupa de um personagem. Cathy procura uma aparência reconhecível e integrada para cada um. "Ela diz tudo sem dizer nada. É visível, porém sutil, e ajuda a definir quem o personagem é."

Cathy fornece todas as roupas para o programa, dos ternos de Foreman e uniformes de aeromoça às roupas hospitalares usadas no Princeton-Palinsboro. Quando se tratava do figurino específico para a festa temática da década de 1980, além de suas fontes usuais — a internet, livros sobre o assunto e casas especializadas na cidade —, Cathy tinha algo mais em que se inspirar. "Vivemos essa época", ela disse, "Procurei no anuário da escola secundária". Cathy entrou na mente dos participantes da conferência médica em que a festa aconteceu. É provável que os médicos escolhessem alguém famoso: o cara de *Os caça-fantasmas* ou Mr. T. "O segredo é fazer isso malfeito", diz Cathy, "Como um médico faria, não como nós faríamos, o que seria perfeito."

Cathy estava trabalhando em design de interiores quando uma amiga a ajudou a conseguir um emprego como assistente de produção de figurinos em um filme com baixo orçamento. A figurinista apoiou Cathy, que nunca mais parou de trabalhar. Ela foi assistente do figurinista em muitos filmes e, após trabalhar com Bryan Singer no segundo filme *X-Men*, ela mudou para *House*.

PERGUNTA: Do que você mais precisa para fazer esse trabalho? De um bom olho?

CATHY CRANDALL: Sim, um bom olho e bom gosto. Habilidades interpessoais. E um rosto sorridente.

As roupas de Cathy são armazenadas em duas salas gigantescas, chamadas jaulas. Ao receber o roteiro de um episódio, Cathy verifica quantos dias foram designados para cada personagem. "Digamos que há cinco dias de roteiro e que eles precisam de cinco figurinos. Sentarei aqui durante um dia inteiro e comporei os figurinos." As roupas dos personagens fixos estão acessíveis no primeiro andar, as que foram vestidas mais recentemente ficam mais perto da porta. House tem cerca de nove metros de araras lotadas de camisas, camisetas e casacos. Há, pelo menos, dois exemplares de cada item, para o caso de um deles ser danificado. Há quatro exemplares de uma das camisas de House, uma lavanda encantadora, uma vez que duas ficaram sujas, segundo o roteiro. Cathy as reutiliza. Como na vida real, as roupas serão usadas mais de uma vez. Cada peça de roupa é rotulada por episódio para que Cathy saiba quando foi usada pela última vez e possa avaliar quando poderá ser usada novamente.

CATHY CRANDALL: Quando Amber morreu, dividimos seu guarda-roupa e o disponibilizamos para o elenco. Quem ia saber que ela voltaria? Todos tentavam freneticamente encontrar suas roupas. "Aquela era uma peça de Amber, aquela era uma peça de Amber…"

PERGUNTA: Você disse "Por favor, não faça isso com a gente outra vez"?

CRANDALL: Não, disse que seremos mais inteligentes da próxima vez. Mantivemos as coisas de Kutner todas juntas. E as coisas de Amber estão todas juntas.

Lá em cima, perto do teto da jaula, está o que Cathy chama de "estoque básico". Quando um convidado do elenco é apresentado, ela procura por roupas lá. Se não encontrar nada, ela comprará o item e colocará as roupas de volta no estoque quando o episódio for ao ar. Em uma área separada, fica o

depósito do episódio — roupas que acabaram de ser usadas e que são mantidas separadas até o episódio ser exibido.

"Estava lidando com um cirurgião de pés, e ele me disse 'Você pode descobrir onde comprar aqueles jalecos de laboratório? Gosto muito deles.' Disse que descobriria de que companhia Cathy os compra. Cathy disse: 'Você sabe quantas pessoas me perguntam isso?' Bem, eles são todos forrados de seda e feitos sob medida. Voltei e disse que os dos personagens principais são feitos sob medida e que o resto deles são da Medline, e aí ele disse: 'Sim, é lá que compramos os nossos.'"

— NATALI POPE, DECORADORA DE ESTÚDIO.

"Eis a Terra do Decote", diz Cathy, indicando o espaço de uma arara com doze metros, de Cuddy. Talvez Wilson tenha dez metros, Taub menos. Bolsas e sapatos são guardados em uma carreta. Aqui ficam os jalecos de laboratório dos atores fixos, feitos sob medida, que são quase cinza para não brilharem demais na tela. O jaleco de laboratório de Thirteen tem um crachá que diz "Doctor Thirteen" em vez de "Doctor Hadley". As roupas para o episódio da vez estão nas carretas, e é aí que os três figurinistas de estúdio — dois para os protagonistas e um para os demais participantes — vestem os atores. Quando o ator acaba de filmar naquele dia, suas roupas são lavadas a seco durante a noite e entregues de volta ao estúdio antes da próxima filmagem. Toda peça de roupa que "trabalha", que foi filmada, é lavada dessa forma. São mantidas anotações detalhadas de como as roupas foram vestidas para que, caso seja necessário refilmar, tudo esteja pronto. Os prazos são apertados de acordo com a necessidade — se deixasse as coisas rolarem por alguns dias, Cathy nunca ficaria atualizada.

....

"A melhor forma de recapitular é você se mudar para um apartamento, entrar nele e não encontrar nada. Então você entra seis meses mais tarde e seu mundo inteiro está lá, aquilo tudo é você. A vida." Assim a decoradora de estúdio Natali Pope define seu trabalho. Tudo no estúdio que não é um objeto de cena é fornecido por ela. Preencher o apartamento de Wilson e House foi um processo demorado. Primeiro Natalie e Katie discutiram os elementos visuais, se optariam por um sofá de linha reta ou um ligeiramente arredondado. Os primeiros itens: tevê, sofá e um pôster, todos trazidos por House. Em geral, Natali começa do zero; de vez em quando, há oportunidade de mudar um espaço existente. Em "Último recurso", o consultório de Cuddy foi crivado de balas por um sequestrador; logo, a reconstrução do consultório foi incluída na história. Isso significou que o lugar pôde mudar e se tornar menos escuro.

Natali Pope, decoradora de estúdio, mobiliou o consultório de Nolan no Mayfield Hospital como um espaço profissional e impessoal. "House vivia ressaltando isso", ela comenta. "Não há nada de pessoal aqui." Natali colocou uma obra de arte no consultório de Nolan, atrás da cabeça do médico, mas a peça não conta qualquer tipo de história. A mobília passava uma sensação de "velho para novo", descrita por Natali como móveis da metade do século reestofados em um estilo mais contemporâneo. Embora seja o consultório de um psiquiatra, há um vislumbre de estilo no formato da cadeira do paciente. "Há um pouco de cromo, e você não vê qualquer outro cromo na sala", diz Natali. "Isso é o que mais gosto de fazer. Sou uma grande fã de textura, e as cadeiras são bem texturizadas. Ela dá uma sensação mais aconchegante, uma vida, sobretudo em alta definição. Uma textura suave como essa vai longe."

Por todos os lados, no hospital e nos apartamentos das pessoas, estão amostras do trabalho de Natali e seu departamento. Os livros de Wilson foram retirados do apartamento de Amber (onde um romance de Cormac McCarthy estava sobre a mesa de cabeceira de Wilson). Se um livro está com a lombada à mostra em uma estante, Natali não precisa pedir permissão para a editora. Se House puxa um romance de Stephen King da estante, e ele tem uma sobrecapa, haverá uma porção de questões legais a serem resolvidas por Natali. Ela tem caixas de livros de luxo considerados dispensáveis pela HarperCollins, uma subsidiária da News Corporation, assim como é a Fox, e muitos deles estão no escritório de Cuddy. Muitos dos livros no consultório de House são falsos, feitos por uma companhia chamada Faux Books, que pega um livro de verdade e retira seu interior, criando assim um objeto leve, com a aparência de um livro.

"Estamos tendo nossa reunião de conceito (para 'Trabalho em equipe'), e o diretor disse que ele realmente gostaria de ver como isso é feito, e eu disse: 'OK, ligarei para meu contato pornô.' Tenho mesmo um contato. Há uma companhia no vale que fornece caixas de DVDs em liquidação e coisas desse tipo. Eles fazem pornô de verdade. Eles disseram (para o diretor) que tipo de luz e equipamento usavam. Já precisei decorar clubes de striptease, delegacias e hospitais, e todos eles precisam ser diferentes. Não me copio. A menos que eles frequentem o mesmo clube de striptease. Não substituirei as cadeiras porque não as estou tocando."

— Natali Pope

Em cima da escrivaninha de House há uma pilha de cartas falsas. A carta de cima é endereçada a House com um remetente e um selo franqueado. Assim como a carta seguinte, e assim por diante, até o final da pilha. Telefones, cartas

O quadro de benfeitores do hospital e a parede da fama piloto de *House*

e documentos oficiais do hospital possuem a logomarca do Princeton-Plainsboro. Os registros médicos dos pacientes têm um adesivo no canto com o nome do paciente e a data em que foi internado. O departamento legal envia a Natali os nomes que podem ser usados. O quadro de benfeitores no corredor inclui nomes do pessoal da produção e dos técnicos que trabalharam no episódio piloto. Para Natali, "os detalhes são o que contam. Gasto muito tempo com pequenas coisas que podem passar despercebidas". "O ideal é nunca chocar os telespectadores. Você não deseja ser notado", diz Natali. Muitas pessoas usam adesivos de recados pela casa para se lembrarem de compromissos, como a consulta com o dentista às nove horas. Natali escreve pequenos lembretes e cola adesivos de recados onde o pessoal do hospital colocaria, tudo em nome da verossimilhança.

O endereço de correspondência de House é:
Gregory House, M.D.
Princeton-Plainsboro Hosp., nº. 4101
978 Washington Road
Princeton, NJ 08542

Arquivo de um dos pacientes:
Rogner, Bruce I, identidade do paciente: 85873, data de nascimento 10/09/1980

A lista de telefones na farmácia começa com Dr. Andersen, oncologista, ramal 55467
O ramal de Cuddy é 55788

Quando está decorando o estúdio, Natali coloca seu gosto de lado. "Preciso pensar em como faria um quarto para um garoto de nove anos com um pai extremamente rico. Ele teria tudo", ela conta, falando sobre o filho do bilionário Roy Randall, em "Carma imediato". Os teasers, para atiçar a audiência, foram filmados na mansão Greystone, uma propriedade municipal em Beverly Hills que foi usada em filmes como *Eraserhead* e *X-Men*. Natali alugou a imensa mesa de jantar de uma loja de mobílias; para a cama do menino, comprou uma montável da Pottery Barn. Depois de filmada, a cama é guardada cm um dos três armazéns, no cstúdio de filmagem, em Culver City, ou em alguma instalação mais distante.

Natali tem fotografias de seus trabalhos nas paredes de seu escritório. A sala de aula para deficientes de "Bebezão"; o Sharrie's Bar, onde House ficou bêbado, com consequências importantes, em "A cabeça de House"; o consultório de Nolan. Natali lembra carinhosamente do Buda que encontrou para

"Marcas de nascença", no departamento de objetos de cena da Universal, e do templo japonês em miniatura que ela preparou para "Wilson".

Sobre a festa de despedida de solteiro de Chase ("Dividido"), Natali conta que "tiraram muito material bom daquilo". Ela encontrou uma padaria em Hollywood que fazia bolos para despedidas de solteiro e solteira. "Comprei um bolo personalizado com o torso de uma mulher em renda vermelha e espartilho." Da mesma forma, em "Marcas de nascença", Natali montou a parafernália do funeral do coronel dos fuzileiros navais John House, o pai de House, incluindo medalhas autênticas e uma manta de sela.

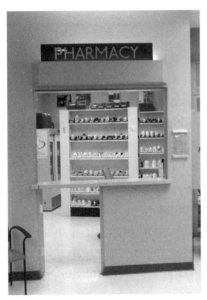 

Cenografia grande e pequena: a farmácia e o crachá do Princeton-Plainsboro do Dr. Chase em seu jaleco de laboratório bege

Natali Pope foi à escola de documentários da University of California, em Los Angeles, e trabalhou no departamento de artes de uma companhia de construção de modelos. Ela foi cenógrafa do filme *A hora do pesadelo*, em muitos filmes de terror e em grandes lançamentos posteriores. Natali também é formada em projeto teatral e trabalhou em teatro *blackbox*, em que os palcos quase não têm decoração. Uma das séries em que Natali trabalhou foi *Medical Investigations*, da NBC, um programa que começou ao mesmo tempo que *House*. "Eu assistia a *House* na época — qual era nossa concorrência? Pensei que vir aqui arruinaria isso para mim", diz Natali. "Mas assisti à estreia ("Derrotado") com todos os outros no cinema e chorei. Quando Andre Braugher está com o pai, no teatro e na tevê, chorei em ambos os momentos." Natali gosta de assistir ao programa porque, assim que os atores estão em cena, "Caio fora". Ela gosta de ver o que foi usado. "Digo: 'Gostaria que eles tivessem filmado daquele ponto porque coloquei bastante material interessante ali.'"

"Tenho uma equipe incrível que é bem-sucedida todos os dias", diz Natali. Nem todo item que a equipe produz será usado. Para a cena do Dia da Independência, ela encomendou chapéus, correntes de papel e estalinhos; uma pessoa passou um dia inteiro fazendo uma bandeira. "Katie focou aquela bandeira e tirou aquela imagem para transmitir a ideia de que era julho", conta Natali. "Da forma como foi editado, foi brilhante." Natali já produzira dois cenários aquela manhã. "Então eu estava correndo para inspecionar uma possível locação, e me perguntara como essas locações iriam funcionar? Teria de comprar tudo até sexta-feira."

"Tenho o melhor emprego do mundo. Adoro as pessoas com quem trabalho. É um grupo maravilhoso — inteligente, bizarro, problemático, excêntrico. Sou muito feliz por estar cercada de pessoas como essas. Todos fizeram um tipo de laço estranho. De uma forma maravilhosa."

— Lisa Edelstein

CUDDY

Lisa Edelstein

Princeton-Plainsboro é o hospital de Lisa Cuddy. Ela é uma das três chefes de departamento deste grande hospital ("Regras de gângsteres"), na verdade a mulher mais poderosa e, aos 32 anos, a segunda mais nova ("A queda do telhado"). Também fica claro que Cuddy sabia o que estava por vir em relação a House. "Quando contratei você sabia que era insano" ("Me deixe morrer"). Há uma história pregressa aqui. Voltando em "Controle", na primeira temporada, o diretor do hospital e o arqui-inimigo de House, Vogler, já disse saber que House e Cuddy haviam dormido juntos "Há muito tempo". Quando House está bisbilhotando o quarto de Cuddy, supostamente à procura de pistas da razão pela qual o faz-tudo dela caiu de seu telhado, é revelado que Cuddy estudou na University of Michigan quando House estava lá. Ele já era famoso ("A queda do telhado").

Somente anos mais tarde, quando House e Cuddy dançam na festa temática da década de 1980, na conferência médica em "Verdades não ditas", é que surgem mais fatos. Quando Cuddy, vestida de Jane Fonda, dança com House, vestido de John Adams (década de 80 errada), eles lembram a última vez em que dançaram juntos, na escola de medicina, na semana em que se conheceram. Eles procuraram um pelo outro. "Uma coisa levou a outra", diz House. "Mas depois não levou", completa Cuddy. Após dormirem juntos, House nunca mais telefonou. Agora, ele conta a Cuddy que quis ligar e vê-la, mas, naquela manhã, ele foi expulso da escola de medicina pelo reitor. Cuddy fica estupefata e sai da festa, aborrecida. Não foi o momento certo naquela época, e não o é agora, novamente. House está sóbrio e tentando, finalmente, reatar com Cuddy, mas o que ele não sabe é que no quarto de hotel dela, tomando conta de seu filho, está Lucas.

> "Agora sabemos que eles se conheceram na faculdade, embora haja uma diferença etária. Ele fazia uma pós-graduação, e ela era universitária. Ele era conhecido por seu intelecto no

campus, e determinada, ela fez questão de ficar perto dele porque se sentia atraída — física e mentalmente, um mau-olhado duplo. Eles tiveram apenas uma noite juntos, e descobriram que a relação poderia ter continuado. Acho que ela ficou muito chocada por descobrir que a intenção dele era que tivessem mais de uma noite, (e isso) é muito angustiante para ela. Todas as vezes em que ela tenta superar aquilo, algo acontece..."

— Lisa Edelstein

Como Cuddy tolerou House todos esses anos? Mesmo quando House não estava questionando sua autoridade de chefe, a comprometendo legalmente ou olhando para o decote de sua blusa, ele estava sendo um total idiota. House e Cuddy estão voltando de Cingapura ("Transportado pelo ar"), uma visita durante a qual House dá uma palestra de três minutos e acumula gastos de centenas de dólares em pornografia e serviço de quarto na conta do hotel. No avião, House rebaixa o status do bilhete de Cuddy e depois troca de assento com ela quando um cara na primeira classe vomita.

Legal.

Ele diz coisas desse tipo (em "Crianças"):

> **HOUSE:** Em geral, você não vê seios como esses em reitores de escolas de medicina.
>
> **CUDDY:** Ah, mulheres não podem ser diretoras de hospitais? Ou só as feias podem?
>
> **HOUSE:** Não, elas podem ser gostosas. É que, em geral, você não vê os seios delas.

Legal.

House nomeia os seios de Cuddy de Patty e Selma, em homenagem às irmãs de Marge Simpson, que amam fumar. Por quê? "Elas estão sempre em brasa." ("Verdades não ditas")

Legal.

Cuddy é muito boa em retribuir as ofensas. No episódio piloto, a primeira vez que Cuddy aparece é para descarregar reclamações em House: sua falta de faturamento; seu baixo número de consultas; os seis anos de mensalidades devidas à clínica hospitalar. House não está interessado.

> **HOUSE:** São cinco horas. Vou para casa.
>
> **CUDDY:** [cansada] Fazer o quê?
>
> **HOUSE:** Legal.

Vemos a questão: Cuddy é chefe de House ("Assino seu contracheque") e precisa mantê-lo na linha. Mas há décadas de assuntos não resolvidos entre eles. Quando Cuddy e House discutem fora da sala de exames, pode-se ouvi-lo dizendo: "Consigo ver seus mamilos". Um estudante de medicina, observando, diz para outro: "Não é à toa que ela o odeia." Porém, o outro pondera melhor: "Não se trata de ódio", diz, "são preliminares" ("Coração valente"). Certamente é alguma coisa. Quem sabe, se House não tivesse estragado tudo, talvez quem o esperaria em casa seria Cuddy. E, quem sabe, talvez um dia seja.

....

Para David Shore, dar a House uma chefe digna de crédito foi um dos grandes desafios que ele enfrentou quando reuniu o elenco. "Esse foi um personagem muito difícil", ele conta.

> *"Com um chefe, você normalmente tem duas opções. Você tem o chefe que o impede de fazer tudo, e House faz tudo às escondidas. Se pegarmos esse caminho, o chefe se torna um imbecil... E você se torna o coronel Klink. Guerra, sombra e água fresca é um programa muito engraçado, mas não queríamos que nossa série fosse um sitcom. E não queríamos que*

> *ela dissesse sim para tudo [porque] então não precisaríamos dela. Tornou-se uma corda bamba sobre a qual tínhamos que andar, e Lisa faz um trabalho muito bom, de alguém que sabe que House está fora de controle, mas que também é um gênio e que, se ela o puder encaminhar corretamente, limitá-lo, moldá-lo e controlá-lo um pouco, poderá fazer um grande trabalho aqui."*

Cuddy contratou House porque ele é um gênio, mas, quando o programa começa, seus problemas aumentam. O vício dele em remédios dobrou desde que foi contratado. Cuddy diz a House que ele está viciado; ele nega. "Não é apenas a sua perna", ela diz a ele. "Você quer ficar chapado" ("Desintoxicação"). No entanto, Cuddy decide que House vale a pena; na verdade, vale mais do que cem milhões de dólares, que é quanto o hospital perde quando ela apoia House e não Vogler, o benfeitor que está determinado a demitir o médico imprevisível.

Na terceira temporada, o argumento de viciado, mas que funciona a favor de House, fica difícil de manter, sobretudo frente ao adversário mais determinado de House, o detetive Tritter. Repetidas vezes, Cuddy tenta ajudar House a sair do buraco que ele cavou, mas, quando ele fracassa totalmente, ela precisa salvá-lo ao mentir em seu favor na cadeira de testemunha ("Palavras e ações").

> "Essa é uma das coisas mais legais na história de Tritter; Cuddy realmente mentiu, mas se recusa a celebrar essa mentira. Ela odeia House por forçá-la a fazer isso. Por fim, ela reconheceu, de uma maneira típica de House, que a mentira era necessária para se obter um bem maior. Porém, ela também reconheceu que matou um pouco sua alma ao fazer isso."
> — David Shore

As tentativas de Cuddy de começar uma família se cruzam frequentemente com seu caso amoroso intermitente com House. No final da

segunda temporada, House descobre que Cuddy está procurando um doador de esperma ("Para sempre"). House está feliz por ajudar Cuddy com jatos de fertilidade em seu traseiro, mas não com sua decisão de ter um filho. Em um momento de baixa, quando a dor na perna é grande, House diz a Cuddy que ela não será uma boa mãe ("À procura do Judas"). Mas também diz, quando Cuddy pensa que encontrou um bebê para adotar, mas o perde, que ela seria uma ótima mãe ("Alegria"). Segundos após esse último acontecimento, eles (finalmente) se beijam. As preliminares ficam cada vez mais quentes — House destrói a privada de Cuddy ("Deixe que comam bolo") —, mas fracassa espetacularmente ao tentar dar a Cuddy o que ela deseja ou precisa. Um episódio depois, Cuddy encontra seu bebê, Rachel ("Alegria ao mundo").

> "Ela é criticada por alguns por não se vestir apropriadamente ou por não defender as mulheres no local de trabalho etc. É tudo uma besteira. O que ela faz todas as semanas é fenomenalmente complicado e exigente, e ela consegue ser engraçada, glamourosa, oprimida e torturada. Muito parecida com pessoas de verdade."
>
> — HUGH LAURIE

Embora tenha um caminho difícil pela frente com o bebê (em "Bebezão", Cuddy confessa a Wilson que ela não sente nada pela criança), ela se sai bem. Após a morte de Kutner, House piora, e é Cuddy quem ele procura para ajudá-lo. Para House, o bebê de Cuddy está atrapalhando: "Vai amamentar o bastardinho se isso faz você se sentir melhor" ("Na minha pele"). "Preciso de você", diz, e Cuddy cuida de House enquanto ele se desintoxica. Porém, o fundo do poço para House ainda está por vir. Ele conta ao mundo, da varanda do segundo andar do saguão do hospital, que dormiu com Cuddy. "Isso vai além da canalhice", ela diz a ele ("Os dois lados").

PERGUNTA: Ela não gostou de você ter ficado em pé na varanda e declarado ao mundo que dormiu com ela.

HUGH LAURIE: Sim. Foi um grande sofrimento.

A relação sexual de House com Cuddy foi uma alucinação e, finalmente, ele admite que não está bem.

>**PERGUNTA:** House teve que lidar com Lucas e Cuddy.
>**DAVID SHORE:** Não facilitamos em nada para ele.

>**PERGUNTA:** É um golpe baixo.
>**SHORE:** Ele merecia.

Parecia que House havia tido sua oportunidade com Cuddy e fracassou. Enquanto House está no hospital, Cuddy está vivendo sua vida. Ela contrata Lucas, o investigador particular que é amigo de House, para descobrir se alguém na contabilidade está roubando dinheiro. "Sou mãe agora", diz. "Preciso de um cara com quem possa contar todos os dias" ("Verdades não ditas"). E Lucas foi o que House não é, ou não era.

> "Eu esperava que eles trouxessem Tritter de volta, ele é muito alto e másculo. Nunca disse para ninguém — era apenas uma ideia. Ele é mais desafiador para House do que o Lucas, que é mais como um amigo de House. Tritter é um desafio direto à sua masculinidade. Ele é o tipo de cara que faz outros homens se sentirem pequenos, fracos e inadequados."
> — Lisa Edelstein

Quando House, Wilson, Lucas e Cuddy tomam café da manhã no hotel da convenção, Lucas quebra o silêncio constrangedor revelando coisas que Cuddy contou sobre House e ela. House parece se sentir traído. No entanto, Cuddy apoiou House como nenhum outro chefe jamais faria. Ela age como a companheira que ela nunca se tornou, como a amante que ele fantasiou e como aquela com quem ele brigou, ofendeu e confiou tanto quanto usou como apoio. Cuddy foi tudo isso.

Em "Um dia daqueles", os telespectadores têm a oportunidade de ver um dia no hospital da perspectiva de Cuddy. Ela acorda às 5h da

manhã, se exercita e toma conta de Rachel, checando seu BlackBerry, tentando fazer sexo com Lucas antes de sair para o trabalho. Apesar dos momentos de vulnerabilidade e preocupação com o bem-estar de Rachel, ela dá duro o dia inteiro no Princeton-Plainsboro, despede uma funcionária que roubou remédios e, depois, quando descobre que foi um lote grande de medicamentos, arma tudo para que essa funcionária se incrimine; acaba com uma briga entre Chase e o chefe da cirurgia; faz com que um cara, cujo polegar Chase costurou contra sua vontade, desista de um processo judicial; e, o mais impressionante de tudo, força a seguradora do hospital a aceitar termos diferentes em negociação intensa. House não é, pelo menos dessa vez, o maior problema de Cuddy, mas, ao contrário, um colega confidente.

> "Lisa é uma alegria completa. Houve um programa — não posso dizer o nome — que ganhou um prêmio. Eles todos foram até o palco e acenaram para a multidão, e eu olhava para as mulheres [e pensava]. Ah, já entendi o que foi feito aqui. Tinha uma glamourosa e linda, uma maluca engraçada e uma infeliz oprimida. Enquanto isso, eu pensava que Lisa Edelstein fazia tudo isso. É preciso todos vocês para fazer o que ela está fazendo toda semana, e as pessoas dão o prêmio a vocês. É tão injusto."
>
> — Hugh Laurie

Lisa Edelstein sobre... Cuddy

PERGUNTA: Ela veste essas saias — saia reta. Não parece que ela conseguiria andar com elas. Se ela tivesse que correr para pegar um ônibus, conseguiria?

CATHY CRANDALL: Claro que sim.

PERGUNTA: Ela usa salto alto também...

CRANDALL: Ela conseguiria correr uma maratona com um salto alto.

PERGUNTA: Como você consegue andar com aquelas saias?

LISA EDELSTEIN: É difícil dar passos largos com algumas delas — é por isso que preciso rebolar; preciso fazer um movimento de um lado para outro.

PERGUNTA: Então, elas têm essa desvantagem. Elas parecem desconfortáveis.

EDELSTEIN: Historicamente, muitas roupas femininas são desconfortáveis.

PERGUNTA: Cuddy ocupa mais espaço no figurino do que qualquer outra pessoa.

EDELSTEIN: Isso é bom. Ela administra um hospital, ela precisa de roupas.

PERGUNTA: Sua paleta de cores é interessante...

EDELSTEIN: Ela gosta muito de cor-de-rosa, vermelho e preto, e de decotes, gargantilhas e pulseiras.

PERGUNTA: Chama a atenção.

EDELSTEIN: Sim, acho que sim. Pude participar de como o guarda-roupa dela mudou, e foi muito divertido. Temos uma grande figurinista. Também é divertido para uma mulher ir às compras duas vezes. Por você e depois por seu personagem. Quando estou em uma loja procurando roupas para mim e vejo algo que seria ótimo para Cuddy, ligo para Cathy. "Sabe de uma coisa? Vi algo que seria realmente maravilhoso", e ela sempre responde de forma positiva. Claro que é Cathy que compra a maioria, mas posso estar em um

lugar bonito e pensar "Não posso vestir isso", mas minha personagem pode.

PERGUNTA: Então você pode trocar de lugar com Cuddy?

EDELSTEIN: Conheço Lisa Cuddy há muito tempo. Surpreendentemente, ela tem uma aparência muito semelhante à minha, então posso dizer como ela ficará em certas roupas só de olhar para elas.

PERGUNTA: Não sabemos muito sobre seus antecedentes.

EDELSTEIN: David Shore e eu falamos sobre isso na primeira temporada. A personagem de Cuddy não estava sendo muito desenvolvida, e eu fiquei preocupada que ela se tornasse periférica… Só eu me importava com quem Cuddy era e de onde tinha vindo. Fiz alguma pesquisa para entender como era meu cargo, [e] como era incomum para uma mulher assumir essa posição. Trouxe esses detalhes [e] minhas ideias para a história dela e de House para David, e foi assustador fazer isso. Ele foi realmente fantástico, e melhorou dando seu toque a eles. Ele não me expulsou da sala ou do programa e usou minhas ideias, o que foi ótimo. Agora, temos uma versão muito mais detalhada. Foi ótimo ter a oportunidade de participar assim.

PERGUNTA: Você é a única médica que não matou ninguém?

EDELSTEIN: Quase matei meu jardineiro quando ele caiu do telhado.

PERGUNTA: Mas isso não foi culpa sua.

EDELSTEIN: Ela não clinicou muito nos últimos dez anos. Houve pessoas que não pude salvar, como a mulher cujo bebê acabei adotando.

Lisa Edelstein sobre... House

PERGUNTA: Por que demorou tanto para House dizer o que sentia?

Ele fez todo esse trabalho com ele mesmo na instituição psiquiátrica e voltou com uma forma diferente de se comunicar. Ele tem habilidades sociais que não tinha antes. Por quanto tempo será assim, eu não sei. Elas são muito surpreendentes para Cuddy. Finalmente, ela conseguiu ter paz enquanto ele estava longe. Ela passou por algumas mudanças também. Percebeu que precisava ter estabilidade em sua vida porque agora é mãe. Esse cara volta e está cem por cento mais estável, em termos de habilidades sociais, pelo menos, do que o homem que ela viu partir e entrar na instituição.

PERGUNTA: Como médica, Cuddy ficou em conflito quando House era um viciado...

Ele abusava de remédios... é difícil para Cuddy compreender a incapacidade de controlar a ingestão de remédios porque ela não é uma viciada. Se você não é, você simplesmente toma o remédio quando precisa e não quer tomá-lo em nenhum outro momento. Para alguém que é, ele ou ela toma sem parar... Na vida real, ele teria perdido sua licença há muito tempo. Qualquer médico que tome medicação para dor enfrenta dificuldades para clinicar mesmo que ela tenha sido receitada. Mas, aqui é Princeton-Plainsboro, você sabe. É um lugar muito especial.

PERGUNTA: Cuddy destrói Tritter ao mentir e cometer perjúrio.

Ela teria ido para a cadeia 15 vezes. Que mundo! Todos os meus bons feitos ficam sem castigo.

PERGUNTA: Você estava preparada para ir para a cadeia...

Cuddy realmente acredita em House. Ela entende que ele é um gênio, e por isso tolera a insanidade dele. Acho que essa insanidade a excita um pouco. As grandes mentes são atraentes... até que elas começam a criar problemas.

De algumas maneiras, ela é a mãe de um filhote e está disposta a lutar até a morte, ela o protege muito. Essa é a razão por que fica tão furiosa quando ele a magoa; é uma traição profunda. Ela faz tudo para assegurar-se de que ele esteja bem, inclusive o protegendo dele mesmo. Ele está ligado a ela; ele a aprecia pelo que ela faz por ele. Não acho que ele seja capaz de fazer mais do que atacá-la verbalmente. É a história [clássica] de abandono. O mais abandonado abandonará todo mundo para manter o próprio abandono. Isso não é diferente com Dr. House.

PERGUNTA: Cuddy tem seu lado louco. Quando vocês estavam tentando enlouquecer um ao outro — quebrando vasos sanitários...

Ela tenta descer ao nível dele, mas realmente não chega lá. É muito mais difícil para ela do que para ele se comportar tão mal assim. Ela também é a chefe, então, realmente, não pode se permitir ter esse comportamento. Porém, no fundo, trata-se de preliminares para eles dois.

PERGUNTA: Seis anos de preliminares. Quando vocês ficarem juntos vai ser...

... muito rock and roll.

PERGUNTA: Daqui a 25 anos, House e Cuddy serão amigos?

Eles sempre manterão contato um com o outro. Farão essa dança para o resto de suas vidas. Passarão por fases em que

não conseguirão parar de fazer sexo um com o outro, então passarão por fases em que não se apoiarão, depois voltarão um para o outro novamente... Não acho que determinadas pessoas consigam ficar sem sua forma muito especial de disputa.

Lisa Edelstein sobre... sossegar

Agora, ela sossegou sendo mãe e tenta se assegurar de que faz tudo na hora certa, com os empregados certos e os amigos certos. Nesse momento, Lucas parece ser uma escolha melhor porque é mais responsável. Esses são motivos muito racionais para escolher um cara. Já tentei isso em minha vida pessoal e, realmente, não funciona para mim... Muitas pessoas escolhem seus companheiros racionalmente e estão dispostas a tolerar muita coisa. Não consigo fazer isso. Para mim, é como prostituição. Não consigo imaginar que Lucas seja a melhor escolha. Cuddy escolhe Lucas porque é muito mais fácil e mais conveniente.

— Lisa Edelstein

PERGUNTA: Você acha que House acabou para sempre com as chances dele?

HUGH LAURIE: Não sei. A televisão sendo o que é, os roteiristas nunca querem fechar qualquer porta.

PERGUNTA: Lucas é o único cara, além de Wilson, [com quem] House se relacionou.

Certo. Ele não consegue odiar Lucas. House gosta dele.

PERGUNTA: Ela acha o genial solucionador de enigmas atraente. Lucas, o investigador particular, também é um solucionador de enigmas.

Ela gosta de pensadores criativos. Há uma diferença. O que House tem que Lucas não tem é um lado sombrio delicioso. Lucas é a versão segura daquele com quem você realmente gostaria de estar. Não sei por quanto tempo a segurança prevalece.

PERGUNTA: Ela mandou House para um endereço errado no último Dia de Ação de Graças...

Isso foi cruel... Acho que ela foi muito cruel com ele nesse episódio, e perguntei sobre isso porque já é suficientemente ruim ela estar com Lucas. House está, de fato, tentando melhorar, e não entendo... Cuddy e House passaram seis anos juntos, ele puxando suas tranças, ela chutando as canelas dele, e é assim que agem. São mais preliminares para os dois. Acho que ele não gostaria dela se ela não contra-atacasse um pouco. Isso o mantém intrigado.

> "House teve todas as chances do mundo com Cuddy. Ela lhe deu todas as chances que possivelmente teria, e ele estragou tudo todas as vezes. Portanto, de certa forma, é injusto querer que ela espere. Por outro lado, talvez ela pudesse ter escolhido alguém melhor."
> — David Shore

PERGUNTA: No final da quinta temporada, ele pensou que vocês realmente ficariam juntos.

Ele queria morar com ela, o que achei muito meigo. Adoro que seja isso que ele tinha pensado e imaginado que queria. Ele alucinou que fazia sexo com ela e pensou que deviam morar juntos   isso é realmente o que ele queria que acontecesse. Achei isso lindo. Mas ele estava muito distante de realizar isso de fato em sua vida.

PERGUNTA: Ela vai sossegar?

Não sei. Eu responderia a essa pergunta de meu próprio ponto de vista e não estou certa do motivo por que as pessoas

se casam. Acho que todos deviam ter o direito de fazê-lo, a propósito, mas simplesmente não sei por que eles desejariam isso. Entendo sobre ter um companheiro na vida e desejar estar com alguém, mas o resto me deixa perplexa. Então, não sei como responder por Cuddy.

Lisa Edelstein sobre... *House*

PERGUNTA: Você parece se divertir.

Adoro meu trabalho — você está falando sério?

PERGUNTA: Você leva o trabalho para casa?

Você faz aquilo na hora [e quando] não está fazendo mais aquilo, esquece imediatamente o que fez... Só não é assim quando você faz parte de uma história que se desenvolve em vários episódios, como aquela com o bebê, que é muito pessoal; você não leva o trabalho para casa, mas fica exausta. Um tipo diferente de exaustão de um dia normal de trabalho. Quando você está em cenas muito emotivas, elas esgotam você.

PERGUNTA: Você assiste ao programa?

Assisto apenas uma vez na TiVo. Não consigo ver ao vivo. Não quero esperar os comerciais... Assisto porque aprendo coisas e por fazer parte do meu trabalho. Aprendo tudo, desde "Não posso vestir aquelas calças nunca mais, em que eu estava pensando?" até "Por que pareço estar de peruca quando tenho esse cabelo todo?". É difícil assistir com objetividade, mas você pode descobrir o que é bom e o que é ruim sobre as habilidades que desenvolveu e trabalhar no que for necessário. Você se pega mentindo melhor do que qualquer pessoa.

PERGUNTA: Há alguma forma de você assistir ao programa como um programa de tevê?

Só às cenas em que não estou.

PERGUNTA: A parte cômica é boa de fazer?

Gosto muito da cena [em "O grande fiasco"] em que Wilson entra e diz que sua privada está quebrada, e Cuddy diz que pegará as ferramentas dela. Adoro poder ser engraçada. É sutil e discreto. Você liberta a piada, e ela voa longe.

"Hugh, Lisa e Robert têm uma afinidade que vai além da tela. Portanto, embora o enredo seja basicamente Cuddy dizendo "Não, isso é ridículo, isso é ridículo, OK, pode fazer isso', eles são capazes de fazer isso com muito humor. Tentamos tornar os programas engraçados, e é, muitas vezes, difícil ser engraçado em situações em que se está falando sobre morte ou doença. As cenas com Cuddy são, em geral, uma oportunidade para inserir algum humor no programa, e os atores são muito bons nisso."

— Tommy Moran

PERGUNTA: Todo mundo aqui é muito amistoso; não há jogo baixo…

tenho a satisfação de dizer. Não posso afirmar o mesmo de todas as experiências de trabalho que tive. A maioria delas, 95 por cento das vezes, foi positiva, mas esta é a mais duradoura que vivi. A maior parte dos artistas não é insana. A maioria das pessoas com quem trabalhei é muito acolhedora e carinhosa e quer que o ambiente de trabalho seja prazeroso. Não entendo quando alguém não age assim. Não entendo por que você tornaria seu lugar de trabalho um lugar deprimente, sobretudo quando é você quem o cria. Quando você é um dos personagens principais de um

programa, tem o poder de tornar o lugar agradável ou desagradável, e não entendo por que alguém optaria pela segunda opção.

PERGUNTA: Ego?

Estranho, carente; na profissão, pelas razões erradas; encenando...

PERGUNTA: Diga isso a House.

Ele está fazendo isso porque é infeliz. Ele simplesmente não tolera coisa alguma. Quando você está com dor, não consegue tolerar nada. O Vicodin ajudou um pouco — ele amenizava a dor.

PERGUNTA: Quando você lê o roteiro pela primeira vez, fica impressionada com a qualidade?

Adoro a forma como eles contam histórias e como continuam a arriscar-se com formatos, a testar os limites.

PERGUNTA: Aquela visão de mundo pessimista...

Não acho pessimista; acho realista. Sou como David Shore no que se refere ao fato de que o pensamento mágico é muito perigoso para mim... Adoro a tradição e a cultura, mas tenho um problema com aquela forma de lidar com a vida.

PERGUNTA: Cuddy e House estão do lado da ciência...

[Eles são] ambos realistas. Talvez seja algo feminino... Ela sofre com suas esperanças mais do que ele. Acho que ele não tem qualquer esperança. Talvez, ao sair da instituição, ele se permita ter um pouco, já ela foi maltratada por tempo demais e está tentando seguir em frente. É uma dinâmica interessante.

A APARÊNCIA DE CUDDY

"O que mais ouço quando estou trabalhando nesse programa é 'Por que as camisas de Cuddy são tão decotadas?' e que nenhuma médica ou administradora de hospital usaria blusas com decotes tão insinuantes. Não vejo dessa forma. Ela conhece seus atributos — é uma mulher forte, independente e está disposta a usá-las. Acho perfeitamente natural."

— Cathy Crandall, figurinista

"Adoro a maneira como ela se veste. É feminina, mas bem-estruturada. Ela pode ser um pouco sensual quando quer. Cuddy vive quase a vida inteira no hospital. Agora ela tem um bebê, então arranja tempo para algo mais, mas, antes da criança, isso era tudo que ela fazia. O que significa que todos os aspectos de sua personalidade precisam existir quando ela está aqui. Ela precisa se sentir feminina, sensual e poderosa, como se estivesse no controle, e ser capaz de relaxar. Ela tem de capaz de fazer tudo isso no hospital."

— Lisa Edelstein

Lisa Edelstein sobre... Lisa Edelstein

> Tenho uma daquelas carreiras que é lenta e estável, mas que é incrementada a cada ano... Trabalho desde 1988, quando encenei minha própria peça em Nova York, um musical sobre a Aids, que escrevi e compus. Isso me colocou em um determinado caminho... Vim para Los Angeles e, lentamente, comecei a ganhar papéis legais, como em *Seinfeld*, *Wings* e *Mad about you*...

Consegui esse programa uma semana após não ter sido escolhida para *Desperate Housewives*. Fico muito feliz por Felicity Huffman ter ficado com aquele papel porque ela está ótima nele, e eu estou muito feliz de ter esse papel porque é perfeito para mim. Sou grata demais a esse programa por estar na ativa por tanto tempo. Realmente aprecio o que essa experiência significa, realmente aprecio... Nunca tive alguém que me desse algo ou me fizesse algum favor. De fato, persisti e trabalhei para chegar aqui.

PERGUNTA: Você esteve no primeiro episódio de *West Wing* e foi um personagem fundamental.

Uma prostituta. Aquilo foi um sonho sob vários apectos porque foi um projeto maravilhosamente elegante e também porque eu havia trabalhado com Aaron Sorkin e Tommy Schlamme em *Sports Night*... Aaron me contou sobre o piloto de *West Wing* e disse que havia um papel para mim, que ele realmente queria que eu representasse. Ainda tentei fazer um teste para a personagem C.J., mas eles realmente me queriam para o papel de prostituta. Então, sou mais prostituta do que secretária de imprensa, que seja.

Aquela primeira cena filmamos em um quarto de hotel. Estou vestindo uma camisa masculina e calcinha, e tive uma atração enorme por Rob Lowe na adolescência — ele era o galã de cinema por quem me apaixonei no segundo grau. Foi um momento memorável em minha vida. Se ao menos eu pudesse voltar e dizer para mim mesma aos 15 anos que eu não apenas trabalharia como atriz, que era o que eu queria ser desde pequena, como também namoraria Rob Lowe nesse projeto fantástico vestindo apenas calcinha e uma camisa masculina... Este programa me faz sentir ótima também.

PERGUNTA: Você sabe que está em um programa de sucesso?

Sim, ouvi falar. É uma experiência maravilhosa ouvir coisas desse tipo sobre o trabalho que se está fazendo. Ao mesmo tempo, é grande demais para se compreender. Entro e faço meu trabalho. Sou mais reconhecida; minhas conversas são mais interrompidas; descubro fotografias minhas que eu não sabia que tinham sido tiradas. Precisei contratar mais segurança. Tive que me mudar.

Há coisas sobre o programa que são perturbadoras e assustadoras, e outras que são realmente adoráveis. Claro que é legal ser reconhecida por fazer um trabalho, que as pessoas achem seu trabalho bom. Ao mesmo tempo, um fanático pode ser assustador, porque há muita gente obcecadíssima. Algumas são totalmente inofensivas, enquanto, em outros casos, isso é questionável.

Há muito acesso com a internet. Mesmo no tapete vermelho para os Emmys, fazem as perguntas mais tolas para você. Esse ano, nos perguntaram pela primeira vez o que vestíamos embaixo de nossos vestidos. "Você não quer ter tipo algum de ilusão? Devemos falar sobre meu absorvente?" É assim que sinto. Não entendo por que as pessoas se interessam por esses detalhes.

A tevê em alta definição é um exemplo. Você não precisa de tantos detalhes e não precisa vê-los. Ela faz sobressaírem as linhas do rosto e faz as pessoas parecerem mais velhas. Agora, as pessoas na rua adoram me dizer que pareço muito mais jovem e magra do que elas achavam, e isso não é ótimo? De certa forma, isso é simpático, mas se talvez mil pessoas por semana a veem pessoalmente, 88 milhões a assistem na tevê parecendo mais velha e mais gorda.

PERGUNTA: As pessoas acham que têm o direito de dizer esse tipo de coisa porque sentem como se a conhecessem.

Isso é um pouco estranho. Você é um produto e está vendendo, fazendo propaganda, fabricando um produto.

PERGUNTA: Não quando você está andando na rua...

É o que tudo parece ter se tornado. Muito disso tem a ver com os *reality shows*. Meu trabalho é o que faço aqui. Adoro, adoro isso, mas aquilo que vem junto é um pouco desafiador. Essa é a forma como ganho dinheiro, aquilo com o qual preciso lidar do lado de fora. Definitivamente, sou bem-remunerada, então é isso que tenho de fazer.

PERGUNTA: Você assiste à tevê?

Gosto muito de tevê. Há muitos programas bons agora: *Mad Men*, *Big Love*, *Nurse Jackie*, *30 Rock*, *True Blood*... As pessoas que não estão trabalhando me contaram que é um momento realmente difícil de se conseguir trabalho porque as redes estão fazendo muitos *realities*. Mas isso é aumentado pelo fato de que há muito mais redes, e a tevê a cabo faz menos episódios, então ela pode fazer com mais qualidade. Fazemos 22 por ano, e isso não é nada fácil.

PERGUNTA: Após seis anos o programa ainda é estimulante?

Simplesmente amo meu trabalho. É verdade. Adoro ir para o estúdio; gosto de andar em ruas falsas; em sets; gosto das pessoas. Estou no ramo certo para mim. Sou extremamente bem-qualificada como ser humano nesse ambiente. Os roteiros são maravilhosos. Se você está em um programa que não tem um texto bom ou em que os roteiristas foram muito abusados... Isso não é o que acontece aqui. Então, além das pessoas, há vários outros motivos por sermos sortudos nesse trabalho.

PERGUNTA: Todo aquele material médico, isso nunca deixa você nervosa?

Não, adoro. Adoro todo tipo de informação que consigo obter e guardo muito bem. Meu nível de compreensão médica é muito alto... Meu pai é médico. Eu teria sido uma ótima médica em outra vida. Fui uma péssima aluna, não dava a mínima para a escola. Nunca teria conseguido me formar em medicina. Nem terminei a faculdade. Sou uma egressa. Não sou de estudar.

PERGUNTA: Mas você pode interpretar uma na tevê.

Verdade. E posso responder a muitas perguntas feitas pelas pessoas. E soar bem.

PERGUNTA: Alguém já a parou na rua?

Não, mas me fazem muito essa pergunta.

PERGUNTA: Você alguma vez já viu uma pessoa na rua e disse "Ah, olha aquela pessoa..."?

Sim. Frequentemente, diagnostico pessoas, de verdade. Não consigo me controlar. As pessoas acham que as estou diagnosticando porque interpreto uma médica na tevê, quando, na verdade, fiz isso a vida inteira. Eu deveria fazer uma ressalva: "Não se trata de ser uma médica falsa — sou uma sabe-tudo em medicina."

Hugh Laurie lê o roteiro para o dia de trabalho no set.

Fila da frente (a partir da esquerda): o diretor de fotografia, o diretor e o supervisor de roteiro trabalhando na frente dos monitores na video village.

Peter Jacobson e o diretor de fotografia Gale Tattersall.

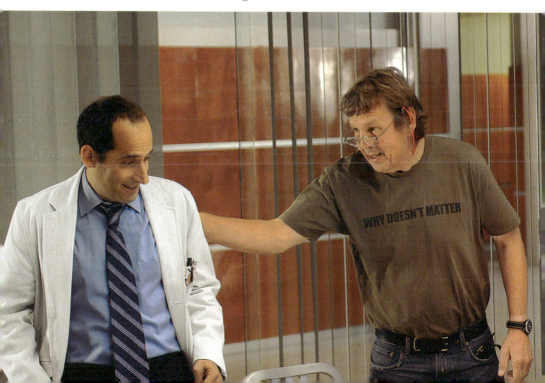

A equipe de diagnóstico da sexta temporada (a partir da esquerda): Chase (Jesse Spencer), Taub (Peter Jacobson), Foreman (Omar Epps) e Thirteen (Olivia Wilde).

Omar Epps, o diretor Greg Yaitanes e Olivia Wilde.

A mesa de House.

A mesa de House vista de perto: a grande bola de tênis e as correspondências.

Gale Tattersall - o "tipo raro" de diretor de fotografia.

Preparando uma cena com Omar Epps.

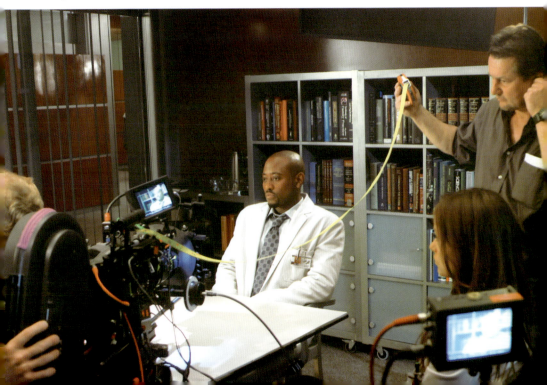

Luz vermelha significa entrada proibida.

Natureza morta com as bolas de cricket, beisebol e bowls de House.

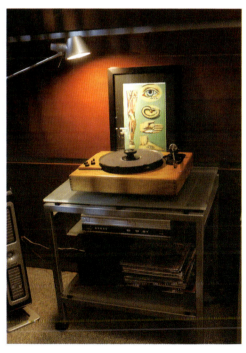

House gosta de música à moda antiga: discos de vinil e um toca-discos.

A estrutura do hospital – observe a antiga localização do departamento de oncologia no quarto andar.

Hugh Laurie ao lado do criador de House, David Shore (esquerda), e o roteirista David Hoselton (direita).

Katie Jacobs e Jeremy Cassells com os layouts para o apartamento de Wilson e House.

Jennifer Morrison (Allison Cameron).

Lisa Edelstein (Lisa Cuddy).

Thirteen ouve um conselho sábio.

A consultora médica Bobbin Bergstrom ajuda Jesse Spencer nos detalhes médicos.

Chase derruba House...

Jesse Spencer e a figurinista Cathy Crandall.

House com Kutner, o enigma sem solução.

Wilson no seu consultório.

...que encontra uma aterrissagem macia

Dalia Dokter faz a maquiagem para o olho de House machucado por Chase.

House relaxa na praia, ao menos na imaginação do preso Lee.

House e Cuddy em uma festa dos anos oitenta – Cuddy é Jane Fonda; House está com o visual dos anos oitenta de outro século.

FAZENDO DE CONTA

 Objetos e efeitos especiais

"Aquelas não são bolas de tênis gigantes de verdade. As de verdade são um pouco menores. Tínhamos seis delas no começo da primeira temporada, mas não conseguimos fazer com que as verdadeiras fossem refeitas. Falamos com a China, mas elas nunca ficaram iguais. Elas não quicam mais tão bem."

—**TYLER PATTON, CHEFE DOS *PROPS***

Muitos episódios de House são dois programas em um: o teaser que dá início ao episódio, e o episódio que resolve o que quer que tenha acontecido no teaser. O teaser pode não se parecer com nada que os telespectadores de *House* tenham visto antes: local diferente, atores diferentes, sensações diferentes. Houve algumas sequências impressionantes: construções que desmoronaram ("Sozinho"), acidentes na Antártica ("Congelada"), viagem intergaláctica ("Buraco negro") e inúmeras colisões de carros, bicicletas e veículos para qualquer tipo de terreno. Os filmes pequenos nos teaers dos episódios podem exigir um trabalho de estilo cinematográfico no que diz respeito aos efeitos especiais. A cena mais complexa e dramática, no entanto, aconteceu no fim de um episódio: a colisão de ônibus em "A cabeça de House".

"A cabeça de House" foi originalmente criado para ir ao ar logo após a final do campeonato de futebol americano de 2008 e tinha um atrativo apropriado para o horário valorizado. O teaser apresentava House desorientado e ferido após a colisão, tentando encontrar seu senso de orientação em uma boate de strip-tease. A maioria dos teasers não inclui membros do elenco normal. Mostrar House (com uma mulher dançando no colo dele) foi uma oportunidade de introduzir o personagem principal do programa para a grande audiência pós-jogo, já que a maioria poderia não estar familiarizada com o programa. No entanto, a greve de roteiristas arruinou essa ideia. "A cabeça de House" e "O coração de Wilson" se tornaram os episódios finais da quarta temporada. Wilson perde sua namorada, Amber, e House quase se mata, primeiro ao tentar se lembrar de quem estava com ele no ônibus quando houve a colisão e, em seguida, de quais sintomas aquela pessoa apresentava que os fizeram ficar tão doentes mais tarde.

A demora causada pela greve permitiu maior tempo de preparação para a complicada filmagem da colisão, pois envolvia uma combinação de efeitos de tela verde, dublês de ação ao vivo e efeitos visuais pós-produção. Dois ônibus foram usados: um virado de lado no terreno de trás da Fox e outro desmontado para uso no cenário em um segundo ônibus fabricado. Aquela carcaça de ônibus foi construída sobre um espeto giratório, de forma que pudesse rodar sobre seu eixo como um frango de padaria. Apesar de o ônibus só tombar de lado durante o acidente, o ônibus de efeitos especiais foi completamente virado. Os dublês caíam de seus assentos e rolavam dentro do ônibus, conforme coreografado pelo coordenador de dublês Jim Vickers. Em outras cenas, os atores deitaram no fundo do ônibus enquanto vidro falso era jogado sobre eles: outro efeito usado na sequência de capotamento.

O diretor Greg Yaitanes filmou cenas com telas verdes circundando o ônibus para que a filmagem de um pano de fundo giratório pudesse ser acrescentada mais tarde. Efeitos de iluminação também foram usados para fazer parecer que o ônibus estava tombando e girando: as luzes se moviam, não o ônibus. O supervisor de efeitos visuais Elan Soltes acrescentou o impacto real. Anne Dudek (Amber) foi maquiada com uma barra de metal atravessando sua perna e com ferimentos de impacto em sua face. Em uma tomada, a bengala de House, decorada com um tema de chamas, deu voltas acrobáticas no ar. Após a colisão, House alucina sobre conversas com os passageiros do ônibus. Essas cenas foram marcadas por conjuntos paralelos de luzes pulsantes que se estendiam pelo fundo do ônibus, um efeito sugerido pelas memórias do diretor de fotografia Gale Tattersall das luzes das pistas do aeroporto próximo ao local onde foi criado.

Gerrit van der Meer e Marcy Kaplan são os produtores que decidem se a despesa de uma grande cena, cheia de efeitos, é viável. "É um momento breve, mas caro", diz Gerrit sobre a colisão em "A cabeça de House". Marcy e Gerrit adorariam ter podido manter um excelente objeto como esse, mas um ônibus capotado em um espeto é um item que só pode ser usado uma vez.

Outra cena com efeitos especiais marcou o início de "Erro humano". Uma mulher trêmula é salva a bordo de um helicóptero da Guarda Costeira enquanto um mergulhador tenta resgatar seu companheiro de um mar revolto, em meio a uma tempestade com ventos fortes. Os dois fugiram de Cuba e desejam ver Dr. House. Gerrit e Marcy tinham experiência em trabalhar com um tanque grande de água tal como o necessário para filmar o resgate: Marcy no filme *Por água abaixo*, em 1996, e Gerrit na Inglaterra. Eles descobriram um tanque em Pacoima que atendia aos dois critérios de Marcy: "Os

dois 'd': despesa e disponibilidade." Uma segunda parte da cena foi filmada no aeroporto de Santa Monica, em um hangar. Não era viável que um helicóptero de tamanho natural voasse por cima do tanque, nem foi possível conseguir um helicóptero verdadeiro da Guarda Costeira americana, então o trabalho foi finalizado com uma miniatura. "Junta-se tudo, e parece totalmente convincente", diz Gerrit.

Para "Confidencial", o diretor Deran Sarafian fez girar um jipe Humvee em um espeto, como o ônibus de "A cabeça de House", na cena em que House sonha perder a perna na Operação Tempestade no Deserto. A cena levou cerca de vinte minutos para ser filmada. Marcy Kaplan achava que havia necessidade de mais de uma tomada após tanto trabalho de preparação e organização. "Eles chegaram lá com uma câmera de vídeo e giraram a coisa, e [Deran] disse: '"OK, conseguimos"', conta Gerrit. "Fiquei impressionada: 'Vocês não podem fazer isso novamente?'", diz Marcy. "Montamos tudo isso. É muito difícil que seja eu a pessoa a dizer 'Faça novamente.'"

> "Nós temos todo tipo de caneta de que você precise. E uma peruca loira, caso seja necessário."
> — MIKE CASEY

....

Muitos subterfúgios são empregados para convencer os telespectadores de que eles estão assistindo a pessoas à beira da morte em um hospital em Princeton, Nova Jersey, quando a ação está na verdade ocorrendo em uma série de galpões gigantes em um estúdio cinematográfico no sul da Califórnia. Como no caso da colisão do ônibus, algumas partes do que é falso são feitas digitalmente (efeitos visuais); outros elementos são introduzidos no cenário (efeitos especiais). Em muitos casos, quando você vê um personagem segurando algo, ele está

Jesse Spencer tem a maquiagem retocada entre as tomadas.

de fato segurando algo. Se é uma bola de tênis gigante, precisa ser o tipo certo de bola de tênis gigante. Qualquer coisa pega pelo ator é um objeto de cena, e é responsabilidade dos chefes dos *props* Tyler Patton e Mike Casey. Tudo que aparece no fundo da cena é de responsabilidade dos cenógrafos. Este é um programa médico, então os ferimentos e as doenças dos pacientes têm de parecer verossímeis. Em muitas cenas, como na de um procedimento médico complexo, todos os elementos visuais — objetos de cena, efeitos visuais, efeitos especiais, maquiagem, figurino, cenografia — agem em conjunto para transportar os telespectadores para Princeton-Plainsboro Teaching Hospital.

Tyler Patton e Mike Casey decoraram sua sala para parecer um salão *tiki*, de temática polinésia. Tyler está em pé no bar, que também serve como sua mesa. As paredes são adornadas com artefatos feitos de bambu e palmeiras. A pequena sala é abarrotada de plantas em vasos. Uma guitarra havaiana e al-

gumas garrafas de tequila em formato de arma estão expostas. Tyler e Mike passam tanto tempo no trabalho que desejaram fazer com que o local de trabalho tivesse um ar de férias. Algumas peças foram compradas por eles; outras, recuperadas de programas, como *Vegas*, que saíram do ar. Isso é televisão; nada é necessariamente como parece. Aqueles crânios são falsos. A granada de mão, essa é real.

Em um trailer intensamente iluminado ficam a sala e o estúdio de Dalia Dokter, responsável por toda a maquiagem de efeitos especiais do programa. Presas nas paredes estão fotografias do trabalho de Dalia — pele esfolada, tumores faciais gigantes, cicatrizes, esqueletos, erupções e feridas sangrentas. Dalia encomenda os órgãos postiços e aplica a maquiagem que transforma um ator em um paciente em risco. No canto, encontra-se um escalpo postiço, repleto de cabelos desordenados, com uma ferida aberta do tamanho de uma panqueca pequena, como a usada em "Resignação". Dalia descreve animadamente do que se trata: "Ela estava no aparelho de ressonância magnética, e a cabeça dela estourou. Tive de mandar fazer essa prótese, e isso se misturou ao cabelo dela; tinha muito sangue lá, gotejando e escorrendo."

Nos trailers, nos cenários e nos depósitos, suas próprias garagens, Tyler e Mike acumularam muito material. Tudo que apareceu no programa foi guardado, assim como versões rejeitadas dos objetos de cena e objetos que podem ou não ser úteis um dia. Mike diz: "Quando compramos gêneros alimentícios, levo 11 de cada um", mas essa afirmação parece se aplicar a todas as compras deles. O que eles não conseguem comprar ou encontrar em estoque, alugam de uma das empresas de objetos de cena da cidade, como a Hand Prop Room, ou encomendam de fabricantes especializados.

"O que difere um bom especialista em objetos de cena de um excelente é aquele passo adicional: 'O que eu pensaria nesta cena?' Então, quando o

ator entra em cena e diz: 'Ah, o que eu estaria fazendo? Eu teria um isqueiro?', eu retrucaria: 'Você provavelmente teria um isqueiro; que tal um desses? "Ah, legal, um Zippo. Talvez apenas um Bic. Você teria um verde?' E eu responderia, 'Claro que sim.'"

— TYLER PATTON

Baseado na análise do roteiro, o material necessário para um episódio é reunido no trailer de objetos de cena, onde o assistente do chefe de *props* Carl Jones os seleciona para Eddie Grisco levar até o estúdio e entregar aos atores para cada cena. Uma vez que os objetos de cena tenham sido usados, eles voltam para o estoque. O depósito no estúdio de Tyler e Mike é como se fosse o mercado mais estranho do mundo. Materiais da temporada mais recente são guardados, agrupados por episódio, no local mais conveniente possível. Latas de refrigerante de uva sem marca são guardadas juntamente com resultados de testes e papéis de fax usados no mesmo episódio. Eis um álbum de recortes que Thirteen fez de umas férias que passou na Tailândia. Na cena, Thirteen escreve em uma determinada página. Essa página precisou ser reproduzida diversas vezes para possibilitar tomadas de cena diferentes.

"**Há outras páginas,** caso ela queira folhear o álbum. Você não pode colocar um objeto de cena no local de filmagem e dizer que há tais e tais limitações. Você não pode virar a página — isso não é um bom trabalho de objetos de cena, e você precisa pensar além do que eles podem precisar."

— TYLER PATTON

Foram usadas fotografias da Tailândia tiradas por Olivia Wilde. Uma delas alterada de modo a remover o nome da linha aérea do avião. Para outra, um fotógrafo foi contatado e uma autorização obtida para a fotografia ser usada. A cena com o álbum de recortes aparece no episódio por segundos.

Penduradas em uma barra estão as bengalas de House, talvez cinquenta delas, com diversas versões de cada desenho. Tyler pintou à mão a bengala com um tema de chamas para Hugh Laurie. Seus objetos estão ali. "Lá, estão as guitarras de House", diz Mike. "Sua caixa de som. Sua raquete. Seu bastão de críquete. Seu uísque escocês. Uísque Black Fox Single Malt. As garrafas verdadeiras são caras."

O estoque fica mais bizarro. "Doces e papéis de embrulho", conta Tyler. "Cachimbos para fumar maconha... ali tem um pedaço de pele peitoral." Há condimentos falsos, cereais falsos, com caixas que parecem iguais, mas que não são, às marcas favoritas de todos nós. Nas proximidades, há um "imobilizador de cabeças descartável". Em uma caixa, estão as amostras dos batons de Cuddy que House confundiu com suas pílulas em "Na minha pele". O roteirista queria um batom dourado; o diretor, um transparente; então, Tyler e Mike encontraram cerca de quarenta amostras para que pudessem escolher. Quando o batom certo foi encontrado, eles compraram seis por prevenção. Como diz Mike, eles nunca querem se encontrar em uma posição na qual alguém diz: "Ok, não podemos filmar essa cena porque não temos um batom de dois dólares."

O exterior do trailer de objetos de cena é decorado com o símbolo pessoal de um dragão de Tyler Patton. Tyler gosta de marcar suas coisas, mas, se ele escreve "Patton" em uma caneca, ela não pode ser usada como um objeto de cena. O símbolo de dragão é útil dessa forma. Há ainda mais material aqui, meticulosamente organizado em gavetas. "Furadores, grampeadores, réguas. De que tipo de régua você precisa?", pergunta Tyler. "Tenho muitas réguas escolares de madeira antigas porque elas são difíceis de se achar." "Temos cigarros aqui", diz Mike. "Essa é toda a parafernália de drogas: cigarros de ervas. Cachimbos de crack, se você fuma crack. Coca falsa.

Maconha falsa. Baseados falsos e todo tipo de material diferente." De volta a Tyler. "Pastas de documentos. Há cinquenta aqui. Eu tinha mais de duzentas para [Wilson] escolher."

PERGUNTA: As casas de vocês são igualmente bem-organizadas?

MIKE: Não, só temos tempo para fazer isso aqui.

TYLER: Minha garagem parece quase idêntica a isso. Tenho quase o mesmo número de objetos nela.

Os alimentos são um desafio especial para os chefes dos *props*. Em uma cena com comida, os atores evitarão o máximo possível comer. Cada cena pode ser filmada de ângulos diferentes, e de diferentes distâncias. Se um ator come em uma tomada, ele precisa comer em todas elas. Se ele dá só uma mordida em um hambúrguer em uma tomada, ele terá de fazer o mesmo todas as vezes. Isso significa que o departamento de objetos de cena tem de fornecer tantos itens de comida quantas filmagens bem-feitas, mais sobressalentes. Se o ator não quer mastigar e engolir cada pedaço da comida, há um balde para cuspir ao lado para resolver o assunto.

Em "O grande fiasco", o temporariamente desempregado House aborda a cozinha gourmet com vigor científico. House faz um prato complicado com ovos e guisado, que Thirteen experimenta e avalia como a melhor comida que já comeu. "Esse episódio foi um pesadelo para mim", diz Tyler Patton, que contratou um especialista em comida requintada para ajudar. "Ele injetava a gema do ovo e tirava o ovo. As pequenas gemas eram feitas de silicone." Os ovos injetáveis foram feitos pela firma Autonomous Effects, que faz os corpos para o programa. "Tivemos de trocá-lo por um pequeno pedaço de tofu temperado que [Olivia] comeu. Ela comeu provavelmente de doze a quinze desses", conta Tyler. "Ainda não envenenei nenhum ator."

PERGUNTA: Alguns atores comem tudo que você colocar na frente deles?

TYLER PATTON: Não quando estão todos trabalhando. Quando estão começando, eles ainda têm fome. Os artistas que não são da equipe fixa comem.

MIKE CASEY: Robert [Sean Leonard] queria comer algo por alguma razão, e tal ato não estava no roteiro. O assistente de cenografia perguntou: "Você tem certeza?", e ele respondeu: "Sim". Eu lhe dei uma mistura de nozes com passas, e ele teve de comê-la repetidamente. Ele se aproximou depois que a cena terminou e disse: "Se algum dia eu disser que quero comer novamente, me lembre dessa mistura. Comi mais nozes com passas do que precisarei comer pelo resto de minha vida."

TYLER PATTON: Hugh pediu alguns biscoitos. Tínhamos muitas exigências em termos de aparência e sobre que tipo de caixa eles deveriam estar acondicionados, e os únicos que se enquadravam eram esses biscoitos sem açúcar para diabéticos. Ele disse: "Bem, não são ruins." No final da cena, ele falou: "Vou explodir." O normal é que se coma apenas três deles, e ele comeu sessenta. Ele foi para seu trailer falando "Ai, meu estômago". Eles precisam tomar cuidado.

> Armas e dinheiro são outro problema. Mostrar dinheiro na tela é uma questão delicada. Tecnicamente, reproduzir dinheiro por meio de filmagem é falsificação, nos termos estritos da lei; portanto, algumas restrições são aplicadas. O dinheiro precisa ser menor ou maior do que o tamanho real. Tyler Patton é um fabricante de armas e passou pelo mesmo processo de credenciamento para trabalhar com armas que dão tiros de festim que parecem verdadeiros. A estrutura da arma é a mesma: foi modificada para atirar balas de festim, mas, da mesma forma, pode facilmente ser modificada de volta para atirar projéteis verdadeiros. Não existe muita demanda por armas em *House*. Quando Wilson foi caçar peru, seu ex-paciente com câncer Tucker atirou em uma bolsa de quimioterapia presa a uma ár-

vore. A arma dava tiros de festim; efeitos especiais explodiram a bolsa com uma pequena carga de pólvora para parecer que o tiro tinha sido real.

Tyler Patton é da terceira geração em Hollywood. Seu avô foi diretor de um programa na década de 1950 chamado *Super Circus*. Sua mãe [*A Swingin' Summer*] e seu pai [*Scampy the Boy Clown*] eram atores, e seu pai foi produtor e assistente de direção. Aos 16 anos, assim que pôde dirigir, Tyler dirigiu caminhões para comerciais. Mike Casey também entrou no negócio por meio de comerciais. Ele foi o assistente encarregado do estúdio por três anos enquanto Tyler foi o especialista em cenografia sozinho. Tyler Patton também tem atuado e ainda aparece como neurocirurgião em *House*, operando o equipamento que os responsáveis pelos objetos de cena projetaram e construíram.

"Quando se é jovem, você olha para as pessoas no elenco do filme, vê o cenógrafo, ele está com tudo — ele tem armas, bebida alcoólica, todo mundo faz perguntas a ele, que é o responsável. Ele é o cara. Certamente, em retrospectiva, teria sido melhor ser um operador de câmera, talvez, ou um artista de maquiagem."

— Tyler Patton

"Quase todo dia é diferente", diz Tyler sobre seu trabalho. "Há sempre algo novo para resolver. Sabemos muito sobre várias coisas que são totalmente inúteis." Ele menciona a corrida de carros (vista no início de "O que for preciso") e como ele sabe o que os motoristas vestem e que tipo de fone de ouvido usam, mais até do que muitos fanáticos sabem. "Tivemos de falar com os caras", conta, "ir até o autódromo e perguntar: 'O que é isso? Quem é esse? O que ele está fazendo?' Uma vez

que esse pequeno trecho inicial foi filmado, sempre aparece mais alguma coisa."

No escritório deles, além dos cronogramas de filmagem, Tyler e Mike têm escritas suas "Cinco regras de ouro", projetadas de forma que eles não "pirem" ao longo de suas longas semanas de trabalho. Suas listas têm alguns itens idênticos, tais como "superar as respostas emocionais" e "não ficar se preocupando com as deficiências dos outros". Tyler tem "Não fale no walkie-talkie a menos que seja absolutamente necessário" e "Aceite pequenos problemas"; Mike, "Seja positivo". "Ele faz com que eu cumpra as regras dele", conta Mike. "Eu faço com que ele cumpra as minhas. Metade do trabalho é fazer todo mundo se entender... Nós nos entendemos porque ainda somos amigos depois de tudo. As pessoas perguntam: Como você consegue fazer isso? É mais tempo do que ficamos com nossas esposas." "O bom é que é um programa muito exigente", comenta Tyler.

"Há sempre mais do que o suficiente para se fazer. Só podemos ter nossos acessos durante certo tempo; depois, temos de começar a trabalhar... Neste programa, eles nos dão muita liberdade de ação, mas tivemos que conquistar essa confiança."

PERGUNTA: Onde você conseguiu a bola de críquete de House?

MIKE CASEY: Acho que consegui na Índia. Queria conseguir uma legítima. Se não fosse boa de forma alguma, Hugh implicaria comigo. Ele tem uma Magic 8 Ball, bolas de tênis, uma bola de bocha. Os cenógrafos as expuseram, e eu disse que seria necessário adquirir múltiplos exemplares, pois as pessoas infelizmente retiram objetos do cenário, por mais ridículo que isso possa parecer. Essas bolas de bocha são bem bacanas, mas tive de entrar na internet e comprar quatro. Acho que já perdemos uma nesta temporada. Pode ser que o próprio Hugh as leve.

Juntamente com os maquiadores Ed French e Jamie Kelman, a chefe de departamento Dalia Dokter ganhou um Emmy por

Excelência em Maquiagem de Prótese, em 2007, por George, o cara de 270 quilos resgatado de sua casa por bombeiros em "O que será, será". "Esse foi um trabalho de amor", diz Dalia, examinando as fotos da transformação do ator. Dalia trabalhou com o diretor e os roteiristas para avaliar o conceito e supervisionou a construção do traje que foi feito por um laboratório especializado em maquiagem. Eles precisaram de um trailer adicional para trabalhar no ator, e o ajuste da prótese exigiu três pessoas e três horas e meia. Dalia conta que nunca acordou tão cedo em sua vida como para essa cena: 3h42. "Foi interessante caminhar pelo cenário àquela hora da manhã", Dalia conta. "Estava um tanto deserto." Um problema com relação à pele falsa é fazer com que ela se mova como pele verdadeira, e muito do sucesso do trabalho da prótese é do ator. "O ator foi fundamental", diz Dalia a respeito de Pruitt Taylor Vince, o homem de 270 quilos. "Parecia que era parte dele... Ele foi muito engraçado e se divertiu com isso."

Frequentemente, o trabalho de Dalia Dokter com próteses contribui para uma cena médica. Quando House e Foreman começaram a realizar a autópsia de um policial em "Coração valente", houve uma tomada da serra cortando o peito do cadáver/paciente. Dalia mandou fazer uma peça de silicone que incluía o ferimento. Ela a coloriu e acrescentou sangue; na pós-produção, o efeito de um homem sendo serrado e destrinçado foi acrescentado. Em "O grande fiasco", Vince, o empresário de jogos de vídeo, inchou em parte pelo uso de uma prótese que foi colocada em seu peito. O peito do ator já havia sido filmado e era cabeludo, então a prótese precisou ter cabelos implantados nela, um a um.

Em "Situações adversas", foi a cabeça do artista que explodiu dramaticamente. Dalia mandou o ator para o laboratório, e um molde foi feito de sua cabeça e de seu pescoço para que fosse elaborada uma versão de teste para o diretor e o autor

analisarem. Em seguida, a prótese foi feita e colocada no ator para a filmagem. Dalia guarda todas as suas próteses e, ocasionalmente, retira um pedaço e faz algo diferente nelas. Mas ela não precisou repetir nenhuma das sarnas diferentes que teve de inventar ao longo dos anos.

No curso normal dos acontecimentos, Dalia tem uma semana para pesquisar e criar seus efeitos especiais. O roteirista compartilha suas pesquisas com Dalia. Para a jovem mulher cuja pele caía ("Na minha pele"), "[roteirista] Pam [Davis] me enviou um link, e eu sentei aqui, olhando para o monitor, chorando um tempão. Era a história verdadeira de uma mulher que tomava antibióticos e em seis horas surgiam pústulas e a pele dela começava a... eles achavam que ela morreria. O cabelo dela caiu. A única coisa que se podia ver em sua face eram os globos oculares, era muito apavorante. Mas, apesar de tudo, ela sobreviveu. Ela era linda". Foi muito desafiador recriar a pele, com diferentes camadas de peles muito finas. O jovem homem com o tumor grande na cabeça em "Feio" também foi pesquisado na internet, resultando em uma prótese com uma peruca para colocar por cima.

Se você precisa de uma tatuagem, Dalia Dokter pode dar dicas. Ela usa tatuagens da marca Tinsley. "O essencial de uma boa tatuagem é que ela não seja muito preta", diz Dalia. "Se ela aparecer muito preta na tela, parecerá falsa. Se elas estiverem mais desbotadas, parecerão reais."

Fotografias do trabalho que Dalia fez na sexta temporada estão agrupadas em um canto do trailer. Eis "Freedom Master", que pulou de um estacionamento de veículos em "Derrotado",

e Alvie, o colega de quarto de House no hospital fotografado após House bater nele. "Adorava Alvie", diz Dalia. Eis Vince em "O grande fiasco" e os esqueletos que foram testados para DNA ruim em "Coração valente". É essencial para Dalia fotografar seu trabalho porque muitas cenas são filmadas fora de ordem. Um paciente pode ser filmado prestes a ter uma morte sangrenta e depois, imediatamente, sendo internado, quando ele teria de estar com uma aparência muito mais saudável. As fotografias de Dalia ajudam a continuidade das cenas.

"Andando na ponta dos pés pelos cenários e olhando pela janela do paciente, você pode ver uma árvore lá, e seus galhos balançam — isso precisa ser real. Estou andando e vejo um de nossos membros do elenco, um técnico de efeitos especiais, sentado em uma cadeira de praia, segurando um filamento e movimentando esse pedaço de fio para mover os galhos. Ele está lá para completar a cena toda. Não é legal? As pessoas não têm a mínima ideia de tudo que é necessário."

— DALIA DOKTER

Dalia começou a treinar para ser uma artista de maquiagem aos 40 anos. Ela lecionou na escola de maquiagem onde aprendeu o que sabe antes de sair e tomar o caminho tradicional para o trabalho em Hollywood: bater em muitas portas. Ela trabalhou em filmes pequenos, filmes da semana, depois em séries televisivas, incluindo *Angel*, por cinco temporadas. Embora sua formação seja em beleza, em *House* Dalia se especializou em efeitos. Kathleen Crawford e Marianna Elias chefiam a parte relativa à beleza, e o cabelo é um departamento separado. "Mas estamos todas juntas", diz Dalia. "Somos uma equipe." Dalia ajuda na maquiagem de beleza se necessário. Ela ajuda na cenografia se houver um episódio muito pesado. Se o ator estiver sentado na cadeira de maquiagem e precisar de ataduras (tecnicamente um objeto cenográfico), ela as aplicará.

Esmurrando House

Em "Santa ignorância", Chase pôde esmurrar House, deixando uma quantidade impressionante de lesões criadas por Dalia Dokter. Foi necessário avaliar a força com que Chase bateu em House. A enfermeira residente Bobbin Bergstrom está sempre envolvida em questões como essa: qual será a aparência do olho logo após o fato, e como o olho ficará em dois dias? "Eles querem que seja grande, como Rocky, com um corte imenso?", ela pergunta. "Mas isso não seria realístico para um só soco." Em outras ocasiões, poderia haver mais liberdade: um soco forte desferido em um dia não deixa marca alguma no seguinte.

O olho de House, machucado pelo soco de Chase, começa a melhorar.

PERGUNTA: Algum dia, Thirteen esmurrará House?

OLIVIA WILDE: Acho que Thirteen encontraria uma forma diferente de punição. Se ela punisse House, isso só serviria para excitá-lo. Há algo em relação à perda do controle dela e ao fato de atacá-lo fisicamente que o tornaria vencedor. Sua forma de esmurrá-lo seria diminuí-lo de alguma forma ou mostrar indiferença.

Nesse caso, Dalia fez um teste de maquiagem no dublê de Hugh Laurie, Patrick Price, dando a este o nariz quebrado, o olho cortado e o "olho roxo", que ela mais tarde usaria em House. O corte foi feito usando uma prótese feita de um pedaço minúsculo de borracha. Dalia o

mostra. "Este foi o pedaço que usei em Patrick. Eu o aplicarei de algum jeito em House. Uso cola e o grudo, faço as bordas desaparecerem. Espero que fique durante o dia todo."

PERGUNTA: Ele socou House bem no olho e o cortou; esse foi um belo soco.

DALIA DOKTER: Foi mesmo. E ele quebrou o nariz. Em dois dias, estará bem.

Maquiar Patrick Price para se parecer com House esmurrado levou duas horas. As fotografias do resultado circularam entre o diretor, Greg Yaitanes, os roteiristas, Katie Jacobs e Hugh Laurie para que verificassem a necessidade de algum ajuste. Patrick foi o dublê Hugh Laurie na série inteira e, além de quando foi baleado, esse foi o melhor golpe que House já recebeu. "Jesse Spencer pode dar um soco sério", diz Patrick. "Veja bem, ele é da Austrália. É um cara forte."

PRODUZIR PARA A TELA

 Efeitos visuais e edição

> "É como montar um carro. Você usa esse tipo de bloco de motor — ah, esse não funciona, você coloca outro. E a curva da lataria no lado do carro? É um processo de montagem, desmontagem, montagem, desmontagem, até você chegar ao que realmente deseja."
>
> **— CHRIS BROOKSHIRE, EDITOR**

As partes finais do quebra-cabeça de *House* são reunidas nas ilhas de edição, nos estúdios de som e nas telas dos monitores no departamento de efeitos visuais de Elan Soltes. "Fazemos muita (computação gráfica CG) hoje em dia", diz Elan. "Privilegiamos cada vez menos o interior do corpo e mais os teasers para torná-los mais excêntricos e extremos." Nada foi mais excêntrico do que a sequência de videogame no começo de "O grande fiasco", na sexta temporada. No jogo futurista do episódio, os personagens se transformaram em Thirteen e Foreman enquanto o paciente alucinava. O teaser era algo completamente diferente de tudo que o programa já havia apresentado. É possível que alguns telespectadores tenham conferido se estavam no canal certo. "Tive medo disso", disse o produtor Marcy Kaplan. "As pessoas vão desligar?" Não após assistirem um segundo ou dois.

Elan Soltes é membro do grêmio de cinematógrafos, um resquício da época pré-CG de telas verdes e azuis, e de miniaturas de filmagem. Quando criança, Elan queria ser fotógrafo. Ele fez vídeos na faculdade e depois experimentou a Sony Portapak, uma máquina fotográfica preta e branca que usava fita de rolo. Ele filmou alguns documentários para a televisão pública e entrou no ramo de projetar títulos de tevê. Quando seu empregador precisou de um supervisor de efeitos visuais para o remake de *Missão impossível*, o trabalho foi oferecido a Elan. "Eu disse que não conhecia ninguém que fizesse isso, e eles disseram que seria o mesmo que projetar títulos, que eu daria um jeito."

A sequência do videogame foi concebida no intervalo entre as temporadas do programa. "Aquilo foi bastante ambicioso", diz Elan Soltes, que obteve aprovação quando a temporada anterior estava por terminar. "Eu disse que era melhor começarmos naquela hora. Era um processo longo e elaborado começar dizendo aos roteiristas: 'Em que vocês estão pensando?' Na vida real, levaria de três a quatro anos." Com dois meninos em casa, Elan conhece os videogames. A ideia era melhorar a tecnologia, como se Vince, o produtor do videogame na história, estivesse dando um grande salto adiante. Os personagens usavam óculos de realidade virtual e ficavam em pedestais atirando com armas cujos movimentos eram eletronicamente registrados. Tyler Patton e o departamento de cenografia fabricaram as armas e os óculos. Tyler fez um protótipo da arma e encomendou outras seis em uma loja. Os óculos foram feitos de fones de ouvido e de máscaras de hockey; o microfone foi uma peça de um abajur de mesa que ficava na escrivaninha de Tyler, cortado. Todo o resto era um pouco mais avançado tecnologicamente.

> "**O jogo que queríamos** era algo entre um videogame e um filme animado, o que acredito termos conseguido."
>
> — Greg Yaitanes

Elan Soltes recorreu a sua experiência como supervisor de efeitos visuais para a série futurista de James Cameron, *Dark Angel*. A ideia dos roteiristas era a de um laboratório médico pós-apocalíptico modelado no Princeton-Plainsboro, mas habitado por mutantes. Elan e os artistas com os quais trabalhou desenvolveram esboços do elenco de personagens do jogo: Sniper Chimp, Lizard Man e Vince, o paciente da semana. Dirigido por Greg Yaitanes, as sequências foram resumidas em *storyboard*; 15 técnicos da empresa de efeitos visuais Encore Hollywood criaram o ambiente do jogo.

> "Estamos competindo com os filmes, e os telespectadores não estão nos assistindo numa tela de cinema, mas em tevês de cinquenta polegadas nas salas de estar de toda a América. Tem de parecer bom."
>
> — David Shore

O jogo completo de primeira pessoa foi chamado "SavageScape". À medida que passavam pela área de alimentação do hospital/laboratório, os personagens eram atacados por pterodáctilos pré-históricos e "fedelhos" — híbridos morcego/corvo mutantes —, e os combatiam com armas a laser. "Foi insano", conta Elan. "Mas fizemos. Estamos nos aprontando para fazer uma versão animada para o horário infantil."

Elan lembra outros trabalhos para os teasers dos programas. Um garoto com alucinação com alienígenas ("Com ou sem bengala"); enchendo um auditório para o virtuoso piano de Dave Matthews usando apenas oitenta figurantes ("Meia capacidade"); arrancando a perna de House ("Confidencial") — "isso foi outra piadinha", diz Elan —; o colapso do prédio em "Sozinho"; a sequência de teste de voo de uma astronauta-

estagiária da Nasa com um mostrador visual, voando apenas a 150 metros acima do solo e a sequência alucinógena no melhor estilo *2001: Uma odisseia no espaço*, quando ela começou a ouvir com os olhos ("A coisa certa").

"Tentamos ser repulsivos. Havia um roteirista que gostava de enfiar agulhas em olhos, então fizemos uma porção desses. Todos pareceram gostar deles."

— Elan Soltes

Frequentemente, os efeitos visuais são usados para "consertos" menores que ajudam a acelerar o processo de produção, sempre em movimento. Durante a sequência do videogame, o diretor Greg Yaitanes solicitou uma tomada mais aberta, mas recuar a câmera faria com que uma luz, instalada no teto pelo diretor de fotografia Gale Tattersall, estivesse na filmagem. Elan mandou filmar, ele cuidaria disso mais tarde. "Posso ter um cara sentado em um computador por alguns minutos e me livrar daquela luz ou posso deixar a equipe parada durante meia hora enquanto alguém decide como posicionar a luz para que ela não apareça na filmagem." Os efeitos visuais podem suavizar as bordas de uma prótese, dar a alguém uma erupção que se move rapidamente ou pintar de amarelo os olhos de um paciente para dar a eles icterícia, uma forma mais rápida de fazer isso do que colocar lentes de contato. Se os efeitos especiais montaram um tubo para ter sangue jorrando do ouvido de alguém, Elan se livra do tubo.

Ele também está envolvido na conspiração ampla e intrincada para fazer os telespectadores de *House* acreditarem que estão vendo Princeton, Nova Jersey. Steve Howard contrata um jardineiro, cujo trabalho, em parte, é amarrar palmeiras e fazê-las parecerem algo que você encontraria na Costa Leste. A caça ao peru feita por Wilson e Tucker ("Wilson") foi filmada

em Los Angeles. "Estamos filmando em Griffith Park, então teremos que fazer com que pareça outono em Nova Jersey", diz Elan. "Temos essas ferramentas que nos permitem modificar um pouco a cor."

"**Não sei por que** eles não dizem que House e sua equipe se mudaram para UCLA. Dá muito trabalho fazer parecer Princeton, Nova Jersey. Não sei quantas pessoas prestam atenção nisso."

— Elan Soltes

Durante o que Elan chama de "reunião da cozinha", uma reunião de produção com os outros chefes de departamento, decisões serão tomadas quanto ao que é um efeito especial (produzido no estúdio); um efeito visual (inserido posteriormente); o que é de responsabilidade da maquiagem e assim por diante. Todos tiveram que participar no episódio Antártico "Congelada", em que House diagnostica e paquera a personagem de Mira Sorvino, Cate, que fica doente na estação de pesquisa no Polo Sul (que na verdade foi construída no estúdio). "Congelada" foi o episódio de Super Bowl de *House*. "Eu disse: 'Ok, preciso que os efeitos visuais sejam inacreditáveis.'", conta Katie Jacobs. "Elan [editor], Dorian [Harris] e eu trabalhamos com mais intensidade fisicamente e colocamos muito mais naquele teaser porque sabíamos que ele seria exibido após a final do campeonato de futebol americano... Nós nos esforçamos ao máximo."

O cenário na Antártica foi projetado e construído no local em sete dias. A cena começa com uma tomada aérea do gelo da Antártica indo em direção a um cara que foi fatiado pelo rotor de um moinho de vento (É uma pista falsa: ele não é o paciente da semana). Grande parte da tomada foi feita com computação gráfica, exceto por uma seção do moinho de vento, alguma neve e o veículo polar que o departamento de transporte encontrou em Oregon e levou para lá.

A ideia para o teaser foi ter um horizonte infinito entrando na imensidão do branco usando um pano de fundo, luz polar e neve sendo carregada pelo vento, mas a neve de computação gráfica nunca parece tão convincente quanto a "verdadeira neve falsa". Como sempre acontece com todos os tipos de efeito, o mais importante é encontrar o equilíbrio entre o que é feito no estúdio e o que é acrescentado na pós-produção. Em Hollywood, há um especialista para tudo; logo, certamente há uma companhia chamada Snow Business para esse tipo de trabalho. Entre Snow Business e os computadores de Elan, os elementos foram misturados para se chegar a um efeito máximo.

"Gostamos de sangue. Elan faz um ótimo trabalho nos levando para dentro do corpo. *CSI* mudou tudo isso. As pessoas querem ver a unha da mão, que eles mais adiante recuperam com suas pinças, se soltando e penetrando na parede em *CSI*. Os telespectadores esperam esse tipo de estímulo visual."

— David Foster

....

Perto da sala de Elan Soltes, estão os três editores de *House*: Amy Fleming, Chris Brookshire e Dorian Harris. Sentados em frente a bancadas de telas de televisão, os editores pegam o filme e o transformam naquilo que a Fox transmite em uma segunda-feira à noite. Uma ou duas vezes por dia, dados e arquivos abrangendo o que foi filmado no dia anterior (os "diários") são importados para suas ilhas de edição AVID. O editor começa a fazer seu trabalho imediatamente — é útil descobrir se há qualquer problema técnico com qualquer cena que tenha acabado de ser filmada. Após a filmagem terminar, o editor tem quatro ou cinco dias para entregar o trabalho já editado ao diretor.

"A qualidade dos atores é inigualável. O elenco é muito bom, mas os atores precisam dar o melhor de si. Quando se está em um estúdio com Hugh Laurie, você precisa ser muito bom. Você tem quatro tomadas diferentes de Hugh Laurie, e ele é absolutamente fantástico em todas. Você tem várias opções excelentes."

— Chris Brookshire

No estúdio, uma cena é filmada diversas vezes e sob diferentes pontos de vista, distâncias e ângulos. O editor toma a decisão criativa de que uma dessas tomadas funciona melhor depois de outra. "Há uma linguagem que rege a maneira com que as coisas são filmadas", conta Dorian Harris, "e há uma linguagem de edição. Ela segue certas regras prescritas." "Estamos tentando fazer com que os telespectadores entendam a história", diz Chris Brookshire. "Tentamos contar a história de uma forma realmente criativa, eficiente e excitante a partir da matéria-prima."

"Digamos que exista um diálogo de Wilson repreendendo House por tomar uma decisão ruim. Isso significaria muito mais se, em vez de mostrar Wilson repreendendo House, víssemos algumas tomadas da reação de House absorvendo e reagindo ao que Wilson está dizendo. Isso faz o programa parecer melhor. São as escolhas dos atores, do diretor, dos editores, do produtor. Muitos processos diferentes."

— Chris Brookshire

Em geral, o primeiro corte feito tem oito ou nove minutos além do tempo de exibição na tevê. O editor tomou as primeiras decisões usando, além de seu conhecimento roteiristas dos, sua experiência com a linguagem visual do programa, que se desenvolveu ao longo dos anos. "De certa forma, sabemos como o episódio ficará no final, então tentamos levá-lo até certo ponto por esse caminho", diz Chris.

Os nove minutos extras são perdidos à medida que o processo de edição avança. O diretor passa quatro dias com o filme; em seguida, segue para os produtores. É provável que nenhum "corte de diretor" na história do cinema ou da tevê tenha sido mais curto do que o que o produtor desejava, mas pode convir ao diretor fazer os cortes em vez de deixá-los para o produtor. "Muitas vezes é do interesse do diretor levar um corte mais avançado aos produtores para que não haja muito a ser alterado", diz Dorian Harris. "Em última análise, David Shore e Katie Jacobs decidem o que fica e o que sai." Os produtores conhecem melhor o arco de longo prazo que uma história terá e, ao escolherem uma tomada, podem prenunciar algo sobre o qual um editor talvez ainda não esteja consciente. "Quero que essa reação seja mais raivosa porque, mais tarde, lá na frente, desenvolveremos a trama de uma história", comenta Chris. "Preciso ver essa raiva vir à tona."

Muitos profissionais qualificados que trabalham em House chegaram a Los Angeles sem um emprego, após obterem experiência em televisão, filmes independentes ou comerciais em outros lugares do país. Amy Fleming foi para uma escola de cinema e gostou de editar, "construindo obras e reconciliando a intenção escrita com aquilo que ocorre na produção". Ela mudou de Chicago – onde a maior parte dos trabalhos é em comerciais – para Los Angeles.

Dorian Harris viu a edição como uma forma de aprender uma arte desde seus fundamentos, e não estava interessada no trabalho de produção. Ela foi assistente em Nova York, posteriormente editando por conta própria com Robert Altman. O marido de Dorian também é do ramo, e trabalha como assistente de direção e gerente de unidade de produção em longa-metragens. Chris Brookshire dormiu no sofá de alguém e começou a trabalhar como assistente pessoal. Ele trabalhou na edição de

longa-metragens, mas percebeu que aprenderia mais, e mais rápido, na tevê. Começou com *Law & Order*.

É essencial, enquanto o material é editado, que a história continue a fazer sentido o tempo inteiro e que seja consistente do começo ao fim. O enredo não pode ser destruído. É um princípio básico do primeiro corte não remover diálogo algum. Os roteiristas de *House* são tão cuidadosos ao interconectarem as várias tramas que fazem parte de cada episódio que, se uma fala é excluída do primeiro ato, isso provavelmente significa que algo precisará ser alterado no terceiro. Em alguns casos, falas SAD podem ser acrescentadas. SAD significa "substituição automatizada de diálogo", falas que, uma vez incluídas, compensam algo que um microfone não captou ou uma fala que foi acrescentada ou reescrita (em inglês, ADR, "automated dialogue replacement"). Uma SAD ocorre fora do ar; ocasionalmente, uma cena precisa ser filmada novamente para manter a integridade da história.

Os editores também cortam o som de produção, que é o som gravado no cenário. Eles acrescentam efeitos sonoros temporários e música, que mais tarde são substituídos por som regravado. Há um corte de rede que vai para a rede, e os encarregados de padrões de apresentação e práticas, como as vendas de anúncios pela rede, também afetam o corte. A música precisa receber as devidas autorizações e ser paga, com a NBC dividindo os custos entre produção, distribuição e parceiros estrangeiros. Quando a fotografia e o som são "finalizados", significando que o trabalho dos editores está completo, o episódio é enviado aos departamentos externos que "preparam" a imagem, o que significa levá-la ao nível mais alto de qualidade de alta definição e à limpeza do som. Em seguida, ele é entregue à rede e colocado no ar.

"**Um dos atrativos da TV para** mim é que você não pode ficar concentrado em algo para sempre. Se você complica demais o processo, em um dado momento ele sai pela porta. Estamos editando programas, mas sem papa-ricação demais. Por mais de um ano, trabalhei em alguns filmes curtos que poderiam ter se beneficiado de um processo de pós-produção mais breve. Há uma determinada autossatisfação em um filme."

— Dorian Harris

"Muitas vezes, você pode trabalhar um pouco demais, quando deveria ter seguido seus instintos iniciais", opina Chris. "Você começa a ter dúvidas e a tornar tudo mais confuso." Segundo Dorian Harris, "são muito poucos os programas com relação aos quais eu sinto que não tivemos tempo suficiente".

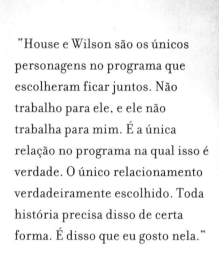

"House e Wilson são os únicos personagens no programa que escolheram ficar juntos. Não trabalho para ele, e ele não trabalha para mim. É a única relação no programa na qual isso é verdade. O único relacionamento verdadeiramente escolhido. Toda história precisa disso de certa forma. É disso que eu gosto nela."

— Robert Sean Leonard

WILSON

Robert Sean Leonard

O que sabemos sobre o Dr. Wilson? Ele é chefe do departamento de oncologia do Princeton-Plainsboro. Por sua dedicação ao trabalho, parece ter alguma ligação com a McGill University, em Montreal. Há três ex-Senhoras Dr. Wilson (uma foi recaída?), e uma companheira recentemente falecida no apartamento em que Wilson viveu por um tempo. Ele é judeu. Dirige um carro comum e se veste como gerente de banco. É muito cuidadoso e um pouco carente. House é seu melhor amigo.

Quando parece que Wilson largou o hospital e House, após a morte de Amber, Kutner sucintamente indica a House o que Wilson significava para ele: "Ele pagou o seu almoço, gosta de monstros trucks e era sua consciência" ("Não é câncer"). De acordo com o piloto, fica claro que Wilson acredita que House gosta dele. Porém, mesmo com as gentilezas comuns, House tem uma maneira curiosa de mostrar esse carinho. Em "Wilson", na sexta temporada, quando os dois estão morando juntos no antigo apartamento de Amber, House acorda Wilson às 6h30 da manhã tocando – muitíssimo bem, mas muito alto – *Faith*, de George Michael com sua guitarra. Ele tira todos os jantares congelados de Wilson do refrigerador para dar espaço para seus copos de margarita. Isso é só o começo. Qual a vantagem disso para Wilson?

Se Taub é um galanteador em série, Wilson é um mártir em série. House é viciado em comprimidos; Wilson, em compromissos. Com relação às mulheres, no entanto, Wilson pode assumir mais de um compromisso ao mesmo tempo. Ele começa a primeira temporada casado, mas obviamente há problemas em casa porque passa o Natal/Hanukkah comendo comida chinesa com House. Ele conta a House que ama a mulher. House ri: "Sei que você ama sua esposa", ele diz. "Você amou todas as suas esposas. Provavelmente, ainda as ama. Na verdade, provavelmente você ama todas as mulheres que amou e que não foram suas esposas" ("Fidelidade"). Na segunda temporada, House pega Wilson "cercando"

Debbie da contabilidade ("Autópsia"). Wilson compartilha um segredo com Cameron. Ele não é um cara constante.

> *"Minha mulher não estava morrendo. Nem doente ela estava. Tudo ia bem. Encontrei alguém que... me fez sentir engraçado... Bem. E não queria perder esse sentimento... Você não consegue controlar suas emoções." ("A corrida")*

A pergunta é: que esposa? Foram três. Wilson possui talentos ocultos. Ele tenta desesperadamente esconder sua capacidade de atuar. Em "Vidas privadas", House descobre a participação juvenil de Wilson em um filme pornô, com orçamento zero, chamado *Feral Pleasures* [Prazeres selvagens] ("Ele descobriu que era um pouco fera selvagem... mas todo homem..."). Wilson insiste que um dublê de corpo fez o real pornô selvagem. Quando House está de saída para seu encontro com Cameron ("O amor dói"), Wilson lhe dá um conselho muito específico. Falar sobre SEA — sonhos, esperanças e aspirações. Obviamente, funcionou para ele. E, em "Treinamento", House localiza a segunda Sra. Wilson para saber mais sobre as técnicas de namoro de Wilson. Este queria amizade; ela se atracou com ele. "Ele absorve você", ela diz. Ele está sempre lá até que, um dia, não está mais." "Talvez se você não tivesse transando antes de construir uma ligação", pondera House. "Fazer sexo com James é fantástico", ela

> "'Wilson é do ponto de vista de Wilson. De uma maneira engraçada, sempre foi. É como se Wilson fosse Watson e House, Holmes, e sempre tive essa sensação de que tudo tem a ver com a capacidade de Wilson observar House. Mesmo que Wilson esteja frequentemente ausente, é a perspectiva dele sobre House. É a afeição de Wilson por House. Ele é a única pessoa que gosta genuinamente de House, não deseja nada dele e não precisa dar nada a ele. Existe uma espécie paridade aí."
>
> —Hugh Laurie

diz. Ninguém trabalha mais arduamente para dar a uma mulher o que ela quer.

Ao final da segunda temporada, Wilson deixou a terceira mulher porque ela estava tendo um caso ("Sexo mata") e House e Wilson estão dividindo um apartamento pela primeira vez. Eles se adaptam a uma rotina: House come a comida de Wilson e sabota suas tentativas de encontrar um novo lugar para morar. Ele coloca a mão de Wilson numa vasilha de água enquanto dorme, aí Wilson mija no sofá. A resposta de Wilson é desproporcionalmente pequena: ele serra uma das bengalas de House ("Por segurança"). (Wilson pode adotar táticas houseanas. Em "Sozinho", ele sequestra o violão novo de House para motivá-lo a contratar uma nova equipe.) Wilson continua procurando — em "O amor é cego", House menciona o caso amoroso de Wilson com uma paciente; Wilson agora está interessado numa enfermeira pediátrica.

"Meus casamentos eram tão merda que eu passava o tempo inteiro com você", diz Wilson para House. "Você tem medo mesmo é de eu ter um bom relacionamento." Isso é tão provável quanto a existência do monstro do lago Ness. House não tem com que se preocupar.

Até que Wilson conhece Amber.

> "Minha amiga Pam Davis escreveu uma grande cena em que estou tentando examinar os seios de uma mulher, sendo que House me dopou, sem que eu soubesse, com metanfetamina ou algo parecido; fico viajando em alguma droga... ("Resignação"). Isso foi muito engraçado, um pouco Buck Henry. Tive de fazer algo no estilo Cary Grant, encontrando problemas para colocar as luvas."
> — Robert Sean Leonard

House testa Wilson constantemente. Em "O garoto do papai", ele fica pedindo dinheiro emprestado a Wilson para ver o quanto em dólares e centavos Wilson valoriza a amizade dos dois. (Wilson chega a presentear House com 5 mil dólares para ele comprar um carro, dinheiro que

House usa para comprar sua motocicleta). Com o detetive Tritter, House vai longe demais. Primeiro, Wilson conta a Tritter que ele receitou todos os remédios de House ("O que será, será"). Quando House rouba o receituário de Wilson para prescrever as próprias receitas, Wilson acusa House de ter sido muito abusado, e ameaça romper a amizade com ele, provando a House que ele está certo com relação aos relacionamentos humanos ("O filho do sujeito em coma"). Mesmo quando Tritter fecha o consultório de Wilson, House fica impassível — ele não fará qualquer acordo com Tritter que o force a admitir que ele tem um problema com drogas. "Ou você me ajuda ou não", diz Wilson ("O irmão mais velho"). Irritado, Wilson faz um acordo com Tritter: House admite que forjou receitas para reabilitar-se e não ir para a cadeia ("À procura do Judas"). "Vou precisar de trinta moedas de prata", Wilson diz a Tritter.

> "House arrombou minha gaveta e roubou meu receituário? Claro que sim. Se ele não fez isso, ele não é House. Conheço ele."
> — Robert Sean Leonard

Até esse momento, Wilson foi um dos proponentes principais do ponto de vista do vício funcional de House, defendendo que ele é uma força positiva no universo apesar de seu vício. Wilson salva House de Vogler ao defendê-lo em uma reunião de diretoria cujo tema principal era a demissão de House. "Ok, ele fez uma grande besteira. Ele é um desgraçado. E provavelmente deveria reler o código de ética, mas é assim que funciona para ele. Ele já salvou centenas de vidas." ("Bebês e água para banho"). Somente Wilson dá preferência a House em vez de à doação de 100 milhões de dólares de Vogler. Até Cuddy vota contra House a princípio, e parece que Wilson vai sair perdendo. House não estava disposto a se salvar ou a salvar Wilson. Vogler daria a House uma chance se ele desse uma palestra promovendo um remédio que ele estava desenvolvendo, uma oportunidade que House aceitou e depois arruinou.

WILSON: Não tenho filhos. Meu casamento é uma droga. Só tenho duas coisas que funcionam para mim. Este emprego e esta amizade estúpida e problemática, e nenhuma das duas

importa o suficiente para que você se disponha a fazer uma única palestra.

HOUSE: Elas importam. [cansado] Se eu pudesse fazer tudo outra vez...

WILSON: Você faria a mesma coisa.

A reincidência de atitude negativa de House com relação aos relacionamentos é irreprimível. Em "Meia capacidade", House finge ter um câncer terminal no cérebro para obter remédios e, quando é pego, deixa seus colegas pensarem que só tem mais alguns meses de vida. Compreensivelmente, eles ficam irritados com sua mentira. "Você não tem câncer", diz Wilson. "Você tem pessoas que se importam. Então, o que faz? [risos] Finge que tem câncer afastando as pessoas que se importam."

A partir da "prova", a camisa cor de lavanda do amigo, House imagina que Wilson está saindo com alguém ("Congelada"). Em "Não mude nunca", ele descobre que a candidata é Amber, a candidata ultra-agressiva que ele não contratou por ela não suportar estar errada. "Ela é uma vampira insensível; você chora quando assiste *Dark Victory*", House diz. "Por que a covarde precisa do patético?" House pergunta e depois responde à própria pergunta.

> *Não se trata apenas de sexo; você gosta da personalidade dela. Você gosta da cumplicidade dela. Você gosta da falta de preocupação dela com as consequências. Você gosta do fato de ela poder humilhar alguém se isso for conveniente... Ah, meu Deus. Você está dormindo comigo.*

PERGUNTA: Quando ele descobre sobre Wilson e Amber, House diz: "Meu Deus, você está dormindo comigo..."

ROBERT SEAN LEONARD: Para mim, foi: "Sim, e daí?" Quero dizer, as qualidades que o atraem em um amigo às vezes são as mesmas que o atraem em uma companheira. Vejo lógica nisso.

Porém, parece que Wilson mudou Amber. Ela não está disposta a largá-lo por um emprego, como House se oferece para fazer. O amor e o respeito de Wilson superam um cargo de pesquisadora. Em "Adeus, Sr. bonzinho", House e Amber concordam em ter a tutela conjunta de Wilson. Amber tem pouco tempo para mudar Wilson. Ao revistarem o apartamento de Amber em "O coração do Wilson", Kutner e Thirteen encontram um filme sensual que Wilson e Amber fizeram. A primeira vez no caso de Wilson, mas não de Amber. No entanto, em uma loja de colchões, ele fica indeciso e paralisa quando Amber o força a escolher o que comprar ("Vivendo um sonho"). Wilson conta a Amber que ele sempre quis ter uma cama d'água, compra uma e se arrepende imediatamente.

> "Ele sai, compra um colchão d'água e assim que chega em casa diz: 'Não quero um colchão d'água'. Pelo menos ele tentou, mas não acertou. Acho que ele é tão atrapalhado, que não sabe o que quer. Como quando Amber pergunta: 'Você quer o colchão d'água? Se quer, compre'. Acho que ele está tão cheio de problemas que não sabe mais o que quer."
>
> — Robert Sean Leonard

Apesar de suas diferenças, novamente Wilson se compromete em definitivo, e Amber também. Em seguida, em "A cabeça de House", fica evidente que Amber está no ônibus acidentado, junto com House. Em "O coração do Wilson", Amber morre quando Wilson desliga a máquina que a mantinha viva. Ela havia ido buscar House bêbado em um bar quando ele ligou procurando por Wilson. House arrisca sua vida tomando remédios para Alzheimer e estimulando o cérebro profundamente para tentar lembrar que sintoma ele viu em Amber antes do acidente. Ele percebe que ela tomou Amantidina, um remédio antiviral, mas seu coração e seus rins estão destruídos. Não há nada a fazer.

No início da quinta temporada, Wilson deixa o hospital.

HOUSE: Lamento. Sei que não a matei intencionalmente. Sei que eu não queria machucá-la. Sei que foi um acidente dos mais improváveis. Mas me sinto um lixo, e ela está morta por minha causa.

WILSON: Não culpo você. Eu queria. Tentei. Devo ter revisto a ficha médica do caso de Amber uma centena de vezes para tentar encontrar uma maneira... mas não foi culpa sua.

HOUSE: Então, estamos ok. Quer dizer, você não, mas quem sabe posso ajudar.

WILSON: Não estamos ok. Amber nunca foi a razão para eu partir. Eu não queria deixar você porque... porque eu estava tentando, como sempre faço, protegê-lo. Esse é o problema. Você espalha desgraça porque não consegue sentir mais nada. Você manipula as pessoas porque não consegue lidar com qualquer tipo de relacionamento genuíno, e eu ajudei nisso. Por anos, os jogos, as farras, os telefonemas no meio da noite. Eu devia estar naquele ônibus, não... Você devia ter ficado sozinho no ônibus. Se eu aprendi alguma coisa com Amber foi a tomar conta de mim. [coloca a caixa embaixo do braço] Não somos amigos, House. Não tenho certeza se algum dia fomos. [deixa o consultório]

Como personagens antes e depois dele, Wilson não consegue se separar definitivamente de House. Ele tenta. Em uma decisão fatídica, House contrata o investigador Lucas Douglas (Michael Weston) para vigiar Wilson e ver se ele está abalado. Wilson tem outro emprego; ele diz que está indo em frente ("Não é câncer"). Ele desaparece por quatro meses. Porém, o pai de House morre, e Wilson é arrastado de volta pela mãe de House, que liga para ele a fim de tentar fazer o filho comparecer ao enterro do pai que sempre foi ausente ("Marcas de nascença"). Quando Wilson é parado e preso no caminho para o enterro, descobre-se que há uma ordem de prisão pendente em seu nome na Louisiana. Claro, House

estava envolvido. Em uma convenção médica em Nova Orleans, logo após a formatura em medicina, Wilson atirou uma garrafa no espelho de um bar, provocando uma briga. House pagou sua fiança porque estava entediado e porque Wilson não era chato.

Na funerária, House tenta fazer Wilson admitir que ele o rejeitou porque tinha medo de perdê-lo. Ele importuna Wilson até ele jogar uma garrafa de uísque em uma janela de vitral. Wilson continua não sendo chato. House sabia que Wilson havia passado por uma crise em Nova Orleans porque estava se divorciando (de Sam). Ele tem problemas em perder pessoas. Wilson admite que House está certo e diz: "Aquela viagem estranha e irritante que fizemos foi a mais divertida que tive desde que Amber morreu".

> "Wilson é muito problemático. Ele está disposto a ouvir muita besteira das pessoas que teoricamente deveriam ser suas amigas. É quase tão ruim quanto uma mulher que está apaixonada por um sujeito e ouve uma porção de asneiras. O relacionamento deles é muito mais íntimo. E por que [ele se rebaixa tanto]? Ele simplesmente adora esse cara."
> — LISA EDELSTEIN

Então, House e Wilson voltam a ficar juntos. House está preocupado com o fato de Wilson ter mudado enquanto estava longe. Ele contrata Lucas e os dois seguem Wilson, descobrindo que ele tem uma nova namorada, Debbie, uma ex-prostituta ("Treze da sorte"). Wilson quer ajudá-la a pagar o curso de direito. Mas a namorada foi uma armação de Wilson, provando que nada mudou. Eles gostam de seus truques. Mais tarde, House e Wilson vão morar juntos no apartamento que Wilson dividiu com Amber.

Tem-se um entendimento melhor sobre a carência de Wilson a partir das revelações sobre seu irmão. Em "Históricos de parentes", sabemos que Wilson tem um irmão que não vê há nove anos. Em "Contrato social", House descobre que o irmão de Wilson, Daniel, foi encontrado dormindo no saguão de um prédio comercial em Manhattan e está em uma

enfermaria psiquiátrica. Wilson diz que não contou para House porque eles não têm um contrato social convencional: Wilson esconde coisas de House; House não mente para ele. Wilson conta a House que seu irmão é esquizofrênico. Danny ligava todos os dias quando ele estava na escola de medicina, até que um dia Wilson não teve tempo para falar com seu irmão, e ele fugiu. House conclui precipitadamente que a culpa de Wilson moldou toda a sua vida. "Você desenvolveu seu talento para agradar as pessoas como um atleta de nível olímpico desenvolve os músculos", diz House. "Trata-se de uma reação excessiva a apenas um evento." Wilson entende que eles são diferentes.

> "Minha vida inteira é um grande compromisso. Piso em ovos com todo mundo, como se fossem feitos de porcelana. Passo o tempo inteiro analisando. Qual será a reação se eu disser isso? Então, tem você. Você é um drogado de verdade. Se eu lhe oferecesse uma mentira confortadora, você me golpearia na cara com ela. Vamos continuar assim." (Wilson)

Em "Encarcerado", House deduz que a nova namorada de Wilson trabalha na unidade psiquiátrica onde Danny está internado. "Ela é uma cuidadora, como suas outras ex."

> "[Isso explica] sua precaução, sim. Ele vem de uma família disfuncional. Muito reboco caiu em sua cabeça naquele incidente. Ele fugiu de casa. Nunca mais foi o mesmo. Muito disso é superficial... Penso que seus pais são uns merdas e pegaram muito da dor que sentiam por causa do irmão mais velho e transferiram em forma de acusação para o mais novo por ele não ajudá-los, porque, na verdade, eles são pais patéticos."
> — ROBERT SEAN LEONARD

Na sexta temporada, Wilson foca a recuperação de House. Sem comprimidos, talvez ele possa fazer o relacionamento com Cuddy dar certo.

"Veja", Wilson conta para o fantasma de Amber, "ele realmente está melhorando" ("Coração valente"). Então, eles descobrem sobre Lucas.

Em "Verdades não ditas", o paciente de Wilson, Joseph Schultz, morre. Wilson se sente culpado por não ter estado com ele no fim e está preparado para cometer suicídio profissional ao apresentar um trabalho em uma conferência médica admitindo ter cometido eutanásia. House tenta chamar Wilson à razão, mas ele não volta atrás. "Se há uma coisa que aprendi com você, é que devo fazer o que penso ser certo sem me preocupar com as consequências." "Funcionou muito bem comigo", diz House. Então, House droga Wilson, rouba suas calças e apresenta o trabalho dele se passando por Dr. Perlmutter.

> "Eu não estava consciente disso quando desenvolvemos isso, e Hugh e outras pessoas o mencionaram; uma das coisas das quais me orgulho é que raramente uma série de uma hora explora os relacionamentos masculinos da forma como fazemos. Gosto disso e nos divertimos com isso."
>
> — David Shore

Ao ver Wilson na sala de conferências, House desvia-se do texto do amigo. "Sou incapaz de fugir da responsabilidade", House/Pelmutter diz, fazendo o papel de Wilson. "Meus amigos tiram vantagem desse fato com muita frequência." Após gritar com House por drogá-lo e roubar suas calças, Wilson agradece a House por ter-lhe dito que ele é um cara legal, que ele fez tudo que podia pelo Sr. Schultz. "Você é um bom amigo. Cuddy devia saber disso", Wilson fala. "Ela devia saber que o droguei para que você não confessasse um assassinato", comenta House.

Em "Wilson", vemos como ele é um grande médico justamente porque se preocupa. (House implica com Wilson por causa de suas preocupações. "Sei que você está lá dentro", House diz em "Preciso saber". "Posso ouvir você se importando.") Wilson lembra os nomes dos pacientes, antes de mais nada. Em "Verdades não ditas", Wilson chama de Joseph, com muita ternura, seu paciente moribundo, enquanto não fica claro se House sequer sabe que o nome de Thirteen é Remy ("Bebezão"). Wilson

deduz que um paciente teve uma recaída porque ele não contou sobre as proezas de seus netos (cujos nomes Wilson sabe), o que aponta para uma depressão, indicando o retorno do câncer. É um feito de diagnóstico houseano, mas o próprio House nunca se preocuparia o suficiente para saber detalhes como esses a respeito de seus pacientes.

O amigo de Wilson, Tucker, aparece. Ele foi um paciente cuja vida Wilson salvou cinco anos atrás. Desde então ambos se aproximaram. Tucker chama Wilson de "Jim", outra razão para House não gostar dele (todo mundo sabe que o nome Jim é Wilson). Tucker tem uma namorada jovem, mas, à medida que seu diagnóstico piora, ele volta para a ex-mulher e a filha a fim de obter conforto. Com uma agressividade típica de House, Wilson opta por um procedimento de alto risco em Tucker. House avisa a Wilson que ele precisa ser capaz de lidar com as consequências do fracasso. A dose dupla de quimioterapia funciona no câncer de Tucker, mas também destrói seu fígado.

Com House, Wilson tenta obter um fígado novo para seu amigo. Então, como último recurso, Tucker pergunta se Wilson não pode doar parte de seu fígado para salvar sua vida. Após agir como House no tratamento de Tucker, Wilson reage a seu fracasso como ele próprio, não como House. Quando House vê que o amigo está considerando a doação, ele o chama de capacho. Wilson diz que fará isso: Tucker é seu amigo. "Todos eles estão morrendo", diz House. "São todos seus amigos." Apesar das objeções de House, Wilson lhe pede que participe da cirurgia.

HOUSE: Não.

WILSON: Por quê?

HOUSE: Porque se você morrer, eu vou ficar sozinho.

House assiste à cirurgia da sala de observação. Wilson salva Tucker. Na sala de recuperação, Tucker diz que voltará para a namorada. "A pessoa com quem você deseja estar quando está morrendo não é a mesma de quando está vivo", ele diz. Isso não é aceitável para Wilson; você não

pode escolher assim. Quando a namorada de Tucker entra na sala e o chama de "Jim", ele a corrige. "Na verdade, é James."

Wilson agora prova a House que ele não é um capacho. House diz a ele que ficar irritado é positivo. Wilson telefona para sua segunda ex-mulher, uma corretora de imóveis, e faz uma oferta maior pelo apartamento que Cuddy ia comprar para ela e Lucas. "Ela magoou meu amigo", diz Wilson. "Ela devia ser punida."

> **KATIE JACOBS:** Acho que eles são dois médicos fantásticos, e, para mim, o que é interessante é o que torna um médico fantástico. Uma pessoa fantástica não é necessariamente um médico fantástico.
>
> **PERGUNTA:** House e Wilson seriam um grande médico.
>
> **HUGH LAURIE:** Eles provavelmente têm consciência disso. Eles seriam um médico fantástico e provavelmente um ser humano muito fantástico.
>
> **ROBERT SEAN LEONARD:** Se Wilson e House pudessem se fundir em uma pessoa, esta seria uma combinação interessante. Wilson é muito bom como *maître d'*. Ele é o recepcionista. Se isso fosse tudo que ele tivesse de fazer, seria excelente.

Wilson aprendeu uma lição com House, que evitou que Wilson colocasse uma lição diferente em prática quando o drogou e frustrou seu discurso suicida sobre suicídio assistido. Isso é o que está lá para Wilson: uma força corretora para a culpa e a carência que o reprimem, os mesmos atributos que o ajudam a ser um grande médico. Quando Amber morreu, House reconheceu o sentimento de injustiça contra o qual Wilson lutava, algo que se encaixa bem na visão de mundo de House. "Trata-se de você estar preparado para o pior. Então, você se torna um oncologista. Nenhuma surpresa, coisas muito piores acontecem o tempo todo. Com exceção de Amber. Ela era jovem e saudável. Sua morte veio do nada" ("Marcas de nascença").

> "É possível que seja um trabalho ruim para Wilson do ponto de vista emocional, mas bom para seus pacientes. Acho que se você tivesse uma doença misteriosa, fatal, o House seria o primeiro a ser procurado. Se não fosse fatal, qualquer outra pessoa no mundo, talvez, para não ter que aguentar suas bobagens; mas, se você tem câncer, não há ninguém que você preferiria mais do que o Dr. Wilson."
>
> — David Shore

Como os pais de um adolescente infeliz, House quer proteger Wilson até quando ele não quer ser cuidado. Quando Sam Carr (Cynthia Watros), a primeira Sra. Wilson, reaparece ("A queda do cavaleiro"), House se empenha para ter certeza de que ela não se torne a quarta Sra. Wilson. Em uma armação inicial, House leva uma prostituta travesti como sua namorada ao jantar, mas o tiro sai pela culatra quando "Sarah" e Sam se dão bem como se fossem velhos amigos. House faz um jantar caprichado para Sam e Wilson, e espera o amigo ir ao banheiro antes de colocar as cartas na mesa.

> **HOUSE [SORRINDO]:** Você é uma vagabunda fria que arrancou o coração dele. Eu o vi lutar por anos para superar os danos que você causou. De forma alguma vou permitir que você ponha as garras nele e faça tudo aquilo de novo.
>
> **SAM:** E tudo isso?
>
> **HOUSE:** Fase dois de conhecer meu inimigo.
>
> **SAM:** Você está errado sobre mim. Mas estou contente agora que não preciso fingir gostar de você. Exceto quando James estiver perto de mim.
>
> **HOUSE:** Eu também. A única diferença é que eu vou sobreviver a você.

House contrata seu outro rival, Lucas, para investigar Sam, mas nada é encontrado, apenas os registros psiquiátricos lacrados, os quais House considera fora dos limites. Como sempre fez, House enxerga as qualidades de Wilson como defeitos. Nesse meio-tempo, House e Thirteen tratam um homem que vive em um campo medieval e que é fiel a uma versão moderna de amor cortês da época de William Chaucer.

> **HOUSE:** O código pelo qual nosso cavaleiro afirma viver, toda aquela baboseira sobre honra e nobreza, Wilson é naturalmente assim. E é por isso que ele é...
>
> **THIRTEEN:** ... um grande sujeito...
>
> **HOUSE:** ... um idiota e um alvo. Alguém precisa tomar conta dele.

House e Wilson. A relação deles é central em *House*. Eles são yin e yang. A maioria dos pacientes de Wilson morre; a maioria dos de House sobrevive. House não se dá com ninguém; Wilson se dá com todo mundo. Em geral, Wilson é entediante; House nunca é. House escreve claramente; em "O garoto do papai", Wilson começa um diagnóstico diferencial no quadro branco, e sua caligrafia é horrível. Até brincando eles sabem o que existe entre eles.

> **WILSON:** Você pode ser um verdadeiro imbecil às vezes, sabia?
>
> **HOUSE:** Sim. E você é um bom sujeito.
>
> **WILSON:** Pelo menos tento ser.
>
> **HOUSE:** Contanto que esteja tentando ser bom, você pode fazer o que quiser.
>
> **WILSON:** E contanto que você não esteja tentando, você pode dizer o que quiser.

HOUSE: Então, entre nós, podemos fazer qualquer coisa. Podemos dominar o mundo.

[WILSON SUSPIRA] ["FIDELIDADE"]

O VISUAL DE WILSON

PERGUNTA: E o guarda-roupa de Wilson?

CATHY CRANDALL: Ele é conservador demais, Brooks Brothers o tempo inteiro.

PERGUNTA: Ele vai usar bege e marrom...

CRANDALL: De vez em quando, ele surgirá com uma gravata vermelha. Ele é conservador, à moda antiga. Ele se veste como acha que um médico deveria.

PERGUNTA: Quando vai ter um encontro amoroso, ele troca de gravata.

CRANDALL: Nem sempre. Quando estava namorando Amber, ele vestia uma camisa rosa, ou amarela, ou talvez uma verdementa bonita, se ela escolhesse. Mas ela não ficou por perto tempo suficiente.

Robert Sean Leonard sobre... Wilson e House

Eles são homens, então acho que muitas vezes não pensam sobre o que as mulheres fazem em relacionamentos. No fim das contas, acho que é muito importante para os telespec-

tadores que House e Wilson sejam amigos. Acho que é um relacionamento muito bem-sucedido no programa. Parte da razão desse sucesso é o fato de esse relacionamento estar sempre à beira de terminar, pelo menos do ponto de vista de Wilson. Talvez não do ponto de vista de House.

PERGUNTA: O que atrai House e Wilson?

Gosto daquele cara. Acho que ele é realmente interessante. Muitos entrevistadores perguntam por que Wilson perde tempo com House, "esse cara péssimo"... Até eu sei que os atributos do protagonista de nosso programa combinam assustadoramente com os de muitos personagens de outros programas — eles são solitários, misantrópicos, não conseguem ter relacionamentos longos com mulheres e tocam algum instrumento de Jazz; e, quando estão sozinhos em casa, à noite, bebem uísque. São brilhantes. São realmente cínicos.

Robert Sean Leonard aproveita um intervalo

Têm um senso de humor cortante, são briguentos. E, desculpe, mas o que nessa lista não é atraente? Isso é a natureza humana. Me mostre um programa de TV sobre um homem que é legal e social, e que escreva cartas para a mãe todas as semanas — esse não é um cara atraente para mim. Tudo sobre House é projetado para ser atraente, um personagem.

Estamos falando de ficção aqui. Ele é um personagem muito, muito atraente e interessante.

PERGUNTA: E ele permite que Wilson seja mau.

Pessoas tiram coisas diferentes de cada relação, e algo que acontece com essa combinação é que Wilson é arrastado para situações nas quais normalmente não se encontraria, o que às vezes é bom para ele, outras, não.

PERGUNTA: Depois que Amber morreu, Wilson recorre a subterfúgios para namorar, e House precisa descobrir. Ele quer Wilson para si...

O personagem de House é nitidamente perturbado. Ele tem um problema. Vai além de ser intrometido, ciumento ou insignificante. Ele realmente tem um problema. Quando você contrata um investigador para seguir seu amigo, isso vai um pouco além do que a maioria das pessoas faz. Ele evidentemente tem um problema.

PERGUNTA: O que aconteceu com o irmão de Wilson explica muito.

Acho que nós dois somos bastante abandonados. Somos ambos muito sozinhos. Chase tem amigos; House e Wilson são sozinhos. Há muitos videogames. Há muito futebol para assistir na tevê, muita pornografia. Há muitos hábitos alimentares ruins. Levam vidas solitárias muito semelhantes, sempre pensei isso. Minha grande piada é que Wilson fica incapacitado, é internado em um hospital e faz House ir ao seu apartamento para pegar toda a pornografia a fim de que seu laboratório não a encontre. Ele entra com caixas de pornografia, e Wilson pergunta: "Onde está o material alemão? Onde está todo o material alemão?" E House não tinha encontrado outra coleção

completa que estava embaixo das tábuas do piso. Acho que eles são caras muito solitários.

PERGUNTA: House é uma força positiva no universo?

Ele faz muito bem às pessoas... A forma como vejo o mundo se mistura um pouco com a maneira como Wilson vê o mundo. Acredito que o mundo é muito cinza... críticas deveriam ser muito, muito raras.

PERGUNTA: Crítico é a última coisa que Wilson é.

Ele é mais crítico do que eu, com certeza. Se você é adulto e não tem filhos que dependam de você, não dou a mínima para o que você faz. Se você se machuca, não me importo. Há uma parte de Wilson que sente dessa forma.

PERGUNTA: Há muita gente contra quem House se voltou — o médico de tuberculose de Ron Livingston e Vogler, cujos testes clínicos poderiam salvar centenas de vidas. Mas eles eram hipócritas.

Você também pode assumir a visão incrivelmente cínica de: "O que há de tão maravilhoso em salvar algumas centenas de pessoas?" A Terra precisa de mais gente? Não sei no que Wilson acredita.

Robert Sean Leonard sobre... Hugh Laurie

PERGUNTA: Quando você e Hugh Laurie se deram conta da afinidade entre vocês?

Hugh e eu nos demos bem no momento em que eu o conheci, acho. Me lembro muito claramente da primeira vez que o vi, na fila do elevador. Ele portava uma bengala, estranhamente.

Ele não a usava, mas a tinha com ele não sei por quê. Eu estava com a Lisa Edelstein. Estávamos em Vancouver filmando o piloto e tínhamos acabado de chegar. Lisa, Hugh e eu nos conhecemos naquela primeira noite em Vancouver e comemos sushi.

Hugh e eu rapidamente descobrimos no início do jantar que ambos tínhamos sido Bisonhos no Bosque dos Cem Acres. Lembro de Hugh dizendo: "Você não pode ser esse cara; eu sou esse cara. Não podemos ter dois caras como esses em apenas um estúdio." Não somos pessoas muito positivas quando se trata de visão de mundo. Hugh é muito entusiasmado com o programa. Se você precisa de algo feito, ele o fará. Eu estarei no meio da estrada com o cachecol ondulando ao vento. Ele é o cara com quem contar, o cara a quem procurar. Definitivamente, temos um humor semelhante, e meu passado de cinema estranhamente se sobrepõe ao passado cômico dele. Ken Branaugh, Emma Thompson, Imelda Staunton, Stephen Fry — cresci assistindo a essas pessoas e as admirando, e mais tarde trabalhei com elas. Acho que não havia muitos caras de 34 anos em Hollywood que ele teria conhecido na época que soubesse quem era Peter Cook e que pudessem falar sobre Imelda Staunton, Stephen Fry e Derek Jacobi. Isso foi uma sorte.

Hugh é um exemplo fantástico. Ele é um ator muito raro. Ele não é um ator de palco. Acho que ele teria se definido como um artista de esquetes ou um comediante por anos e tentado começar a atuar em filmes. Acabou nesse papel por sorte. Até ele admitiria que esse papel foi um acaso feliz.

PERGUNTA: No Reino Unido, ele tem um currículo incrível...

Ele tem um vasto currículo de uma coisa e agora tomou essa outra direção. Acho que Hugh nunca teria dado essa virada em Londres. Eles têm uma ideia muito arraigada de quem é

Hugh Laurie. Eles são muito críticos, porque isso não é nada parecido com o que ele fez antes. E eles não permitem que você faça isso.

Robert Sean Leonard sobre... Wilson

PERGUNTA: Não vimos muitos pacientes de Wilson.

Você vê mais os pacientes sendo conduzidos pela porta de trás. O que é algo que ele tinha em comum com Cameron, e que acho estranho nunca termos explorado.

PERGUNTA: Com Wilson, tudo tem a ver com ajudar pessoas.

Acho que essa é a razão para ele ter estudado medicina, ele é um cara inteligente, e a medicina o atraiu, e ajudar pessoas é uma razão...

PERGUNTA: House gostaria de ser mais como Wilson?

Não acho que House pense sobre isso. Não acho que ele pense: "Ah eu deveria ser mais simpático com as pessoas." Acho que ele pensa que sou louco, e não acho que ele esteja errado.

PERGUNTA: Todo mundo mente. Wilson é conhecido por mentir...

Wilson mente, acho que mais do que House.

PERGUNTA: Vamos explorar o fato de Wilson ser mais doente do que House — ele não é capaz de liberar seus pensamentos, suas ações, suas palavras...

Ele precisa bancar o certinho. Seja lá o que tenha acontecido com ele naquela casa com o irmão e aqueles pais... Acho que

há um pouco de uma vida de desespero contido no caso dele. Há alguns quilômetros adicionais que ele jamais trilhará, e, aí, um dia ele estará morto. E ele não os terá trilhado. House os trilhou. Ele se envolve em encrencas, se machuca, e muita gente se fere, mas ele percorre o caminho inteiro.

PERGUNTA: Ele está sempre buscando, no entanto, seus múltiplos casamentos...

Isso é uma grande besteira. Ele não está buscando. Sou duro com Wilson, mas preciso ser. Seus casamentos são uma tentativa de evitar compromissos. São sempre a mesma coisa.

PERGUNTA: Ele acha que está buscando?

Uma busca para ele seria não bancar o certinho. Isso é uma busca para ele. Para Wilson, não é uma busca casar com alguém que precisa de sua ajuda. Isso é uma poltrona confortável e um pacote de cigarros. Isso é confortável.

> "Em minha cabeça, Wilson é uma pessoa muito mais doente do que House. Para mim como ator. Essa é a minha opinião. Acho que ele é muito constipado."
> — ROBERT SEAN LEONARD

PERGUNTA: Seria engraçado fazer uma história com um Wilson mau.

Amber tentou fazer um pouco isso.

PERGUNTA: Ela estava tentando libertá-lo fazendo-o pedir aquilo ele queria...

É isso que quero dizer. Mesmo se ele casasse com a pessoa certa, como Amber, que o forçou a buscar, ainda assim ele não seria bem-sucedido. Ainda assim ele morreria sem via-

jar aqueles três quilômetros adicionais. Acho que é trágico e triste, mas, desculpe, acho que é assim que ele é. Muita gente é assim, posso ser um deles. House, não... Sim, ele machuca as pessoas, mas o faz de maneira limpa, rápida e verdadeira. Wilson é muito mais problemático, acho, e muito mais doloroso. Para mim, ele feriu um maior número de pessoas mais profundamente do que House.

PERGUNTA: Robert Sean Leonard acha que Wilson é mais atrapalhado do que House.

DAVID SHORE: [risos] Não tenho mais certeza de que ele é tanto. Acho que é ótimo Robert pensar assim... Veja bem, se o cara fosse tão bem-ajustado quanto parece ser no mundo, não acho que ele seria amigo de House. Provavelmente, Wilson está enterrando coisas. Acho que ele quer ser mais como House. E House é amigo de Wilson porque ele o inveja de alguma maneira.

PERGUNTA: Porque a estrada para o inferno é pavimentada com boas intenções...

Ele tenta fazer tudo da maneira certa, ele tenta manter todos felizes... Ele tenta bancar o certinho. Você machuca muito mais pessoas fazendo isso do que sendo Peter Fonda e pegando a estrada.

PERGUNTA: Então, nunca teremos um Wilson mau...

Não seria divertido porque o Wilson mau é a cama d'água. O Wilson mau é um tiro que sai pela culatra. Não acho que seja algo que House deseje. Ele não quer provocar isso em Wilson

da forma como Amber fez. House gosta de Wilson da maneira que ele é. Dói em House assistir-lhe lutando. Assistir a tatus. Eles se enrolam em bolinhas. Quando vemos um deles de barriga para cima, pensamos: "Ah!", e eu penso que é assim que House se sente em relação a Wilson.

Robert Sean Leonard sobre... Robert Sean Leonard

Quando penso em *House*, penso nesse trailer em que estou, a maquiagem em meu rosto, Ira [Hurvitz, supervisor de roteiro] me entregando um aviso sobre o roteiro. O que quero acabar até as 18h30, porque minha mulher está preparando o jantar. Esse é o meu dia. O programa não é o que a maioria das pessoas vivencia. Para mim, esse é o programa. Em Iowa, eles ligam a tevê às 20h e lá está. Um episódio se confunde com outro.

Certamente sou o homem mais preguiçoso desse estúdio, possivelmente de Los Angeles. Não gosto de trabalhar. Quando fiz o primeiro teste de elenco para esse programa, também fiz para o programa *Numbers*. Tive de decidir qual dos dois escolher. Em *Numbers*, havia cenas demais para o meu personagem. Muitas falas. Pensei: "Ah, é muito cansativo". Não tenho problema em ser o Schneider de *House* [Dwayne Schneider, o porteiro de *One Day at a Time*]. Você entra a cada oito cenas e diz: "Ei, você sabe que os canos estão..." Gosto do papel, gosto do sujeito que tem duas ou três cenas em cada episódio.

Adoro minha mulher, adoro minha vida, adoro minha filha, adoro meus cães, adoro meu jardim. Sou muito preguiçoso quando se trata de trabalho. Eu preferiria muito mais ficar em casa. Uma das piadas que fazem de mim no estúdio é que eu tendo a ser o tipo de cara "bom o suficiente". Se uma tomada foi feita, estou pronto para ir para a próxima. Se alguém

diz: "Vi um cabo no fundo", meu primeiro pensamento é: "Sério? Que nada." Sempre quero seguir adiante. Nunca quero repetir uma cena.

PERGUNTA: Isso é por causa de um passado no palco? Não vai ser perfeito todas as noites?

Não analisei dessa forma. O trabalho teatral é muito diferente do cinematográfico. Filmar é o trabalho mais chato que existe. É o maior paradoxo. As pessoas que não estão envolvidas pensam que é o trabalho mais excitante do mundo. Se você não gosta de ler, vai ter problemas, porque cara, ah, cara, são doze horas sem trabalhar para cada hora que se passa trabalhando, todos os dias.

PERGUNTA: A mesma coisa repetidas vezes...

Nunca realmente senti assim. Há atores de cinema de quem gosto mesmo. Não sou um deles. É excitante assistir Brando e Chris Walken. Sou muito cuidadoso. Estou muito consciente de que há uma lente enorme à minha frente. Nunca consegui me livrar disso. Pessoas como Chris Walken devem ser capazes de fazer isso, porque eles parecem muito vivos. Eles dão risadinhas, piscam e coçam os rostos, parecem tão vivos. Provavelmente, eles se divertem mais fazendo isso do que eu. Sinto que fico tenso.

PERGUNTA: Fico pensando por que você faz isso...

Se teatro pagasse mais, eu faria teatro. Em geral, os atores fazem cinema, televisão e teatro. Você precisa dos três. Não estou dizendo que esse trabalho não é uma alegria. É um excelente programa para se fazer. As pessoas são ótimas. Hugh é incrível, e os roteiros não poderiam ser melhores. Nunca antes tive tanto prazer atuando na tela. Quando falo para Ethan

Hawke ou pessoas com quem cresci, há alguns que ficam entusiasmados com isso, acho que da maneira com que eu me entusiasmo com a interpretação no palco. Quando eles falam sobre Tarantino, essa tomada ou *Tubarão*, é assim que sou com Tom Stoppard. Minhas histórias todas envolvem o Circle in the Square, o teatro público e Joseph Papp. Cresci assistindo Sam Waterston e Blythe Danner...

PERGUNTA: Então, você precisa trabalhar em televisão?

Há coisas que me divertem; mas elas não pagam minhas contas. Adoro ler os livros de Philip Roth, gosto de jogar beisebol e de ler as obras de George Bernard Shaw, mas nenhuma dessas atividades paga muito bem, então...

Meu objetivo na vida. Digo a você quando leio livros sobre John A. Roebling, o cara que projetou a Brooklyn Bridge, penso: "Ah, meu Deus, quem são esses caras?" Sou muito preguiçoso. Meu objetivo na vida é ganhar o máximo de dinheiro fazendo o mínimo possível.

PERGUNTA: Você assiste ao programa?

Conheço atores que evitam, mas consigo assistir ao meu trabalho. Não me incomoda de forma alguma, mas não gosto de fazê-lo. Não me torturo por assisti-lo, mas também não me escondo debaixo do sofá. Preferiria assistir a *Law & Order* — [minha mulher e eu] nós gostamos de Vince D'Onofrio. Ela gosta de *Nanny 911*. Não é que não goste de *House*. Gosto. Sei o que acontece. Não preciso assisti-lo.

PERGUNTA: Você gosta de Los Angeles?

Ainda estamos por aqui enquanto filmo *House*. Vivemos em Nova York e simplesmente ficamos aqui 11 meses do ano. Minha mulher, Gabriella, foi criada em Thousand Oaks, a cerca

de uma hora ao norte daqui, e estamos hospedados na casa dos pais dela.

PERGUNTA: Quanto tempo de férias você tem?

A cada ano, temos cerca de um mês, mais ou menos em maio, e depois talvez duas semanas no Natal. Volto para Nova York. Me sinto duas vezes o ser humano que sou quando estou em Nova York. Talvez lar signifique isso. É triste eu só ter essas seis semanas por ano.

Robert Sean Leonard sobre... aposentadoria

PERGUNTA: Wilson vai se aposentar?

Ele vai se aposentar. Wilson é um caso triste. Não sei. Ainda assim, ele encontrará House após o expediente. Não sei se viverão juntos. Para mim, há algo um pouco decadente nisso. Definitivamente, ele o encontrará em um banco do parque, eles tomarão um café e reclamarão da vida.

PERGUNTA: Você vê House e Wilson velhos? Ainda serão amigos?

Não me surpreenderia. O que observei em minha vida é que o que muda é a família. Não acredito que nenhum dos dois realmente forme uma família. Acho que eles poderiam ser a encarnação dos velhos amigos na música de Simon e Garfunkel, em um banco de parque com os saltos e seja lá o que a letra da música diz. Os barulhos da cidade caem sobre seus ombros. Acho que eles podiam ser esses homens.

TODO MUNDO MENTE

 A matéria escura no universo, Parte I

> **PERGUNTA:** Em alguma vez a entrega do episódio para a rede de televisão é feita no último minuto?
>
> **GERRIT VAN DER MEER:** Em todas as vezes.

House diz isso primeiro, no piloto; Wilson diz isso ("O significado das coisas"); detetive Tritter diz isso, e com boas razões ("O filho do sujeito em coma"); Amber diz isso ("O coração de Wilson"). Todo mundo mente. Até os fetos. Qualquer um que diga a verdade é recebido com incredulidade. "Então, todo mundo mente, exceto um assassino convicto?" ("Aceitação") "Todo mundo mente, exceto os políticos?" ("O exemplo") O fato de todos mentirem é uma das certezas absolutas do programa, uma constante no universo obscuro de House. Todo paciente tem uma oportunidade para mentir ao relatar sua história. Há também muitos motivos. "As pessoas mentem por milhares de razões", diz House. "Porém, sempre existe uma razão" ("A corrida"). Uma vez que tudo de que alguém precisa para mentir é abrir a boca, os meios, o motivo e a oportunidade estão bem à mão. Acontece. Todo mundo mente.

House: "É uma verdade básica da condição humana que todo mundo mente. A única variável é sobre o quê. É importante dizer a uma pessoa que ela está morrendo porque isso ajuda a focar em suas prioridades. Você descobre o que importa para ela. Pelo que está disposta a morrer. Pelo que está disposta a mentir." ("Três Histórias!")

E não apenas com palavras. Em um dado momento no piloto, a paciente Rebecca Adler, pergunta a Wilson se House é amigo dele. Wilson responde que acha que sim. Somos levados a entender, portanto, que House nunca disse isso abertamente. "Não é o que as pessoas dizem", diz Rebecca, "mas o que fazem." Bem, nesse caso, Wilson sabe. "Sim, ele gosta de mim." Se não podemos confiar nas palavras dos outros, Wilson diz, parafraseando House, certamente podemos confiar em suas ações. Faça essa pergunta para o detetive Tritter, na terceira temporada, quando ele está se esforçando para colocar House na cadeia. "As pessoas gostam de você", Tritter comenta com House, 56 episódios após o piloto, "até suas ações mentem."

PERGUNTA: Há uma cena em que House se desculpa com Tritter, que diz: "Não basta, porque até as suas ações mentem".

ROBERT SEAN LEONARD: Acho que as pessoas mentem e que, na maior parte do tempo, os caras maus acabam vencendo. Sou fã de Tritter por ter dito isso. Eu diria isso para quase todos em minha vida. Pedir desculpas não funciona comigo.

Em "Três histórias", quando House diz que morrer faz a pessoa se focar, é revelado que o fazendeiro que ele está tratando mentiu sobre ter sido mordido por uma cobra; foi seu cachorro que o mordeu. Se ele tivesse contado a verdade, o

fazendeiro teria sido tratado mais cedo, mas o cão, morto. Há dezenas de razões para mentirmos, Foreman diz em "A mentira não se compra". "Há apenas uma razão para dizer a verdade."

HOUSE: Há uma razão para todos mentirem. Funciona. É o que permite que a sociedade funcione. É aquilo que distingue o homem da besta.

WILSON: Ah, pensei que fossem nossos polegares.

Pergunte a David Shore se ele concorda que todos mentem por ser socialmente necessário, e ele dirá que sim. Mas ele encara o fenômeno descrevendo-o com seu sentido mais amplo, sobretudo no que se refere a House.

"Há uma contradição inerente em House, e, no entanto, uma verdade nessa contradição que não faz o menor sentido, sendo assim, em si, uma contradição. Ele acredita na verdade acima de tudo. Ele não acredita muito em emoções; ele acredita na verdade e em tudo que leva a ela, inclusive mentir."

Mas a verdade é um bagre notoriamente escorregadio.

"Não quero dizer que alguém pensa que algo é preto e diz que é branco, mas acredito que todos olham para tudo através dos próprios prismas. A pessoa vê suas contribuições ao trabalho como avaliada ou diminuída. Ela vê seu relacionamento com o esposo, os filhos, os amigos, de uma determinada maneira que a pessoa do outro lado não vê. Ela vê tudo com óculos cor-de-rosa.

Então, o que House quer dizer com "todo mundo mente" é que ninguém sabe a verdade e que, mais ainda, ninguém sabe que não sabe a verdade. Essa busca da realidade objetiva é aquilo que atrai House, e ele tenta se despir de tudo que o desaceleraria em sua busca pela realidade objetiva."

Isso foi algo que David Shore aprendeu muito cedo ao praticar a advocacia.

"Um cliente entraria por uma porta, contaria sua história e você diria: "Vamos pegar esse filho da puta; não acredito que ele fez isso com você." Você acreditaria nele piamente, iria ao tribunal e ouviria o outro lado contar sua história, sabendo que, se aquela outra pessoa tivesse entrado em seu escritório primeiro e contado sua versão da história antes, você teria dito: "Vamos pegar esse filho da puta." E você também sabe que nenhum deles está mentindo no sentido mais estrito do termo. Eles dois acreditam piamente em suas histórias, embora elas sejam contraditórias. Em um nível, eles estão vendo os eventos de uma determinada maneira, que os levou a essa conclusão. Eles não estão inventando; estão vendo tudo sob um determinado prisma."

Para House, a verdade está na resposta ao enigma que é o caso médico que ele tem para resolver, a realidade que fornece alguma ordem ao universo, pelo menos para ele. Tanto quanto possível, House remove o elemento humano do enigma — ele só verá o paciente se realmente tiver de fazê-lo. Um caso perfeito se apresentaria como um problema matemático, porque "Os números não mentem" ("Sem motivo"). Felizmente para seus pacientes, House em geral está certo, o que significa que há alguma compensação pelos danos colaterais causados por seu comportamento. Em "Com ou sem bengala", Cuddy deseja que House tivesse um pouco de humildade. "Por que ele precisa disso?", pergunta Cameron. "Porque as outras pessoas têm isso? Por que ele precisa ser como as outras pessoas?"

Algumas mentiras e os mentirosos que as contam

- House faz um teste de paternidade clandestino para uma paciente grávida da clínica a fim de ver se o bebê é do marido dela ou de seu amante. "Os casamentos mais bem-sucedidos estão baseados em mentiras", diz House. "Você começou bem." ("Maternidade")
- Um marido deve decidir se é possível que sua mulher doente tenha mentido para ele sobre um caso extraconjugal antes de ele consentir em tratá-la de sua doença do sono. Ela foi tratada e se recuperou, provando que tinha mentido. ("Fidelidade")
- O jogador de beisebol, que contou a verdade sobre não usar esteroides deliberadamente, mentiu para sua mulher sobre fumar maconha. ("Medicina esportiva")
- Um homem mentiu para sua família dizendo que trabalhara como piloto de teste na década de 1980, quando, na verdade, estava em uma comuna na Índia, onde contraiu lepra. ("Amaldiçoado")
- O ciclista profissional pode mentir quanto quiser sobre dopagem do sangue porque as transfusões que precisa para tratar seu timoma mascaram suas fraudes. ("A corrida")
- Uma mulher que está fazendo tratamento para engravidar também toma pílulas anticoncepcionais para não ficar grávida. Ela faz uma operação para remover um tumor, a fim de que não precise mentir para o marido. Ela pede que Foreman conte a seu marido que com a operação ela precisará parar o tratamento para engravidar. "As regras de confidencialidade me impedem de contar a verdade a seu marido." E Foreman completa: "Mas minha obrigação de mentir termina aqui." ("Preciso saber")
- Em "Sem pista", os pacientes clínicos casados de House acusam um ao outro por contraírem herpes. Algum deles poderia ter pegado a doença de um assento de privada? Se não, um deles está mentindo.

- Um pintor mente para sua namorada sobre quantas telas ele vendeu. Ele está participando de três experiências clínicas de remédios novos para conseguir pagar as contas. ("Situações adversas")

- Uma garota que afirmou ser uma adolescente emancipada que saiu de casa porque o pai a estuprou, na verdade, saiu de casa porque seu irmão morreu enquanto ela tomava conta dele. ("Emancipação")

- O personagem de Mos Def, com síndrome do encarceramento, mentiu para sua mulher sobre viajar para St. Louis. Em vez disso, ele pegou um emprego temporário como zelador em uma fábrica de pilhas, onde adoeceu. ("Encarcerado")

- Charlotte mente para o marido sobre ir ao Brasil sem ele – moscas de areia lhe deram uma leishmaniose visceral, e ela é diagnosticada tarde demais. ("Simples assim")

- Quando Valerie, a psicopata, é curada de sua doença de Wilson em "Remorso", ela não consegue mais mentir para o marido que a ama. Adeus, herança vultuosa; olá, sentimentos. "Dói?", pergunta Valerie. "Vai doer", diz Thirteeen.

- Mickey, um policial infiltrado em uma gangue, quer esperar uma onda de prisões antes de contar à equipe a história completa. O traficante de drogas Eddie arrisca sua vida para salvar o companheiro Mickey, mas percebe quando é preso que Mickey, que morre de síndrome de Hughes-Stovin, o traiu. ("Segredos")

- A estudante secundária Abby quase morre de uma alergia obscura a sêmen, mas não ao de seu namorado; ao do pai de seu namorado. O pai precisa admitir o que fez, ou Abby morrerá. House admite que mentir pode ser a opção mais fácil nas circunstâncias. "Considerando-se qual é a verdade", ele diz, "essa é uma escolha das mais difíceis." ("Buraco negro".)

- O ator dramático especialista em interpretar papéis medievais Sir William vive de acordo com um código de cavaleiro, o que signi-

fica que ele não pode atrair a garota que ama e assim afastá-la do rei, mas pode tomar esteroides anabólicos para trapacear na luta de espada. Um veneno antigo, pinheiro-do-canadá, interage com um moderno, os esteroides, e quase termina com o conto desse cavaleiro. ("A queda do cavaleiro")

- Tom e Julia têm um casamento aberto. Tom mente para a mulher sobre ter outras parceiras quando ele sabe que ela é quem tem, porque ele quer que Julia seja feliz. Tom também está escondendo de sua mulher que perdeu todas as suas economias. Quando eles parecem se reconciliar, House diz: "Isso é adorável. Tirando o fato de você querer fazer sexo com outros caras e de ele arruinar financeiramente sua família, acho que vocês, crianças, estão numa boa." ("Aberto ou fechado")

- Uma mãe e uma filha nunca mentem uma para a outra, exceto quando, na verdade, a garota é filha adotiva de um viciado em drogas. ("A mentira não se compra")

Inicialmente, House fica confuso com o relacionamento entre Maggie e a filha dela, Jane, de 11 anos, em "A mentira não se compra". Parece que elas são completamente honestas uma com a outra. A própria mãe de Maggie morreu de câncer de mama e não contou a Maggie que estava doente. Maggie prometeu nunca esconder nada de sua filha. Jane sabe que sua mãe fuma maconha e até como ela gosta de fazer sexo. Essa honestidade toda deve esconder algo, House acha. Ele está certo. Maggie se recusa a deixar House testar sua filha com relação a uma possível combinação de medula óssea por saber que não haverá compatibilidade. Jane é adotada. A promessa de Maggie à mãe verdadeira de Jane de não contar à sua filha que sua mãe era uma viciada em drogas é mais forte que a determinação de que ela nunca deveria mentir para a própria garota.

Mas ainda assim Jane não mente. Quando a mãe conta que ficará ok, ela reconhece a mentira. "Você está morrendo", Jane diz à mãe. "Ninguém pode ajudá-la. Nada acabará bem." Thirteen pensa que ela estava sendo fria; House pensa ter visto o cometa Halley em um ano em que sua aparição não estava prevista:

HOUSE: Vi algo impressionante — a pura verdade. Ela disse à mãe que ela estava morrendo. Acabou com todas as esperanças da mãe.

WILSON: Isso parece péssimo.

HOUSE: Era como assistir a um evento astronômico bizarro que você sabe que nunca verá novamente.

WILSON: Você conta às pessoas a verdade nua e crua o tempo inteiro. Você fica satisfeito com isso.

HOUSE: Porque não me importo. Ela se importa. Ela fez isso de qualquer forma. Ela fez isso porque ela se importava.

Logo, House tem um momento Eureca, se dando conta de que Maggie tem câncer de mama apesar da dupla mastectomia profilática. Tendo visto um milagre, alguém que diz a verdade, ele faz outro e salva a vida de Maggie.

"O timing é uma daquelas coisas místicas para mim como ator. Esse é o fator X. O timing para esse programa, com esse protagonista, com tudo que experimentamos no mundo nos últimos anos antes de *House* ir ao ar, é incrível. Para mim, as pessoas preferem saber a verdade nua e crua a serem alimentadas com essa propaganda para as fazer sentir seguras. Somos seres bastante avançados nesta altura. Deixe-me lidar com a realidade disso. E toda semana eles fazem isso no programa."

— Omar Epps

Mentir tem consequências

Não é necessariamente verdade que a verdade aparecerá no final. Longe disso. Então, para que ele consiga parar de viver uma mentira e se revele como um homem gay, o gângster em "Regras de gângsters" precisa entrar no Programa de Proteção a Testemunhas. Em "O amor é cego", um casal birracial casado descobre que têm o mesmo pai, que transmitiu uma doença genética rara a ele. O pai tentou violentamente separar os dois quando eram jovens. A verdade chegou tarde demais, e o relacionamento deles parece estar destruído.

Algumas mentiras têm consequências positivas. Em "A coisa certa", House usa implantes de seio para encobrir a operação que ele faz no pulmão de Greta, uma piloto da Força Aérea que sonha em ir ao espaço. Se a Nasa tomasse conhecimento da verdadeira operação, ela seria desqualificada para o treinamento. House então mente para os médicos que participaram da competição para se juntarem à sua própria equipe dizendo que ele delatara Greta para a Nasa por saber que um deles tentaria obter favores de House fazendo a mesma denúncia por conta própria. House mente para seu velho amigo sobre os resultados de um teste de paternidade em sua filha em "Quem é seu pai?". Em "Controle", House mente para o comitê de transplantes dizendo que não há razões psicológicas para que sua paciente não receba o coração. Ela seria excluída, mas disse a House que deseja viver, e ele mente para salvar a vida dela. Outras mentiras são simplesmente convenientes, tais como a de Wilson para o detetive Tritter sobre House ter roubado seu receituário. Se dissesse a verdade, House poderia ter pegado dez anos de prisão.

"Meu pai é igual a você. Não é o tipo que cuida até o fim. Apenas a bússola moral insana que não deixará você mentir para alguém sobre algo. É uma

grande qualidade para escoteiros e testemunhas policiais. Qualidades de merda para um pai."

— House para Cameron ("O garoto do papai")

"**Todos mentem.** [House está] absolutamente certo sobre isso. É muito interessante. [Pacientes] mentem para a enfermeira. Eles entram na emergência e estão bêbados. Pergunto: 'Quanto você bebeu hoje?.' 'Só uma cerveja, só bebi uma cerveja'. Tem certeza de que não foram duas? Algo misturado a ela? 'Não, isso foi tudo que bebi.' 'Você tem alguma história?' 'Estou limpo como uma criança'. Então, o médico entra, é um homem e eu escuto: 'Ah, tomei doze cervejas e quatro antidepressivos, e fiz isso todos os dias nos últimos dez anos'. Não sei se se trata de um fator de confiança ou se lhes perguntaram tantas vezes até aquele momento. Isso me faz rir porque é verdade."

— Bobbin Bergtrom

Em nenhum episódio as consequências da mentira são piores do que em "O garoto do papai". O relacionamento entre Carnell, que acaba de se formar em Princeton University, e seu pai é cheio de mentiras. O pai disse ao filho que sua mãe havia sido morta por um motorista bêbado, então ele mesmo não beberia nem dirigiria. A mentira funcionou, uma vez que Carnell nunca dirigiu bêbado. Carnell disse ao pai que estava estudando, quando, na verdade, foi para a Jamaica com seus amigos ricos da universidade. O pai de Carnell gostava de lembrar a ele de que lugar tinha vindo, e Carnell trabalhava duro no negócio de seu pai. O que não era, o pai disse aos médicos de Carnell, uma construtora, mas sim um ferro-velho. Se House tivesse sabido do ferro-velho, ele teria feito perguntas que o teriam levado ao prumo radioativo que o pai tinha dado a Carnell, mais um item para lembrá-lo de suas raízes. A mentira foi fatal: o sistema imunológico de Carnell foi destruído, e ele

estava morrendo. Carnell pergunta ao pai se vai ficar bem, e o pai jura que ele vai. Sabemos que isso é outra mentira.

Ao longo de todo esse episódio, House tenta evitar ver os próprios pais, que planejam fazer uma visita. Não há saída, eles o encontram, e House cumprimenta a mãe com um forte abraço. "Que bom vê-los", diz House. "Ah, Greg", diz sua mãe, "não minta."

PERGUNTAS SEM RESPOSTAS

 A matéria escura no universo, parte II

> "Transmite-se a cena; o que as pessoas entendem é com elas. Nunca vou para uma cena determinando se os telespectadores podem ficar felizes ou tristes com ela. O que decidem sobre a vida e o que extraem disso como um todo é total responsabilidade deles. Eu quero auxiliá-los e fazer determinadas perguntas, fazê-los pensar sobre elas mais tarde.
> Mas, já que decidiram fazer esse percurso, sei exatamente onde estão na montanha-russa em um determinado ponto. Após saírem dela, o que concluem é com eles."
>
> — **DAVID SHORE**

Se você tivesse apenas um dia de vida, como escolheria vivê-lo?
Não há nada que David Shore e os roteiristas gostem mais do que injetar perguntas filosóficas e enigmas éticos em situações de alta intensidade no Princeton-Plainsboro. Em "O filho do sujeito em coma", House usa uma injeção de L-dopa para acordar um homem que estava em estado vegetativo contínuo havia dez anos. O filho do homem está gravemente doente, e o pai tem aproximadamente 24 horas antes de voltar à inconsciência. O pai e o filho têm muito para conversar; é certo que

eles passarão esse tempo juntos? No universo de House, não é tão fácil assim.

Em "Um dia, numa sala", uma paciente clínica que House não quer tratar tenta forçar House a falar com ela. Ela fora estuprada; está internada há um dia no hospital, e o horror do que aconteceu a está perturbando. É certo que ela não terá sucesso algum na tentativa de fazer House conversar sobre quaisquer das excelentes perguntas existenciais?

Essas perguntas éticas e filosóficas — os adornos nas maçanetas da porta — servem para aumentar as apostas. Essas são perguntas éticas amplas, frequentemente mais abrangentes do que o destino de um paciente individual. Aos telespectadores é perguntado o que eles fariam nessa situação. Porém, resposta alguma é fornecida. É para cada um decidir.

"**É isso que conduz o programa,** são essas grandes perguntas éticas."
— David Shore

Pense no cara em coma (Gabriel, representado por John Larroquette). House precisa que Gabriel forneça sua história clínica de forma que ele possa tratar seu filho, Kyle. Ao acordar Gabriel, House está nitidamente em terreno ético pantanoso, e Cuddy tenta, mas não consegue, impedi-lo. Entendendo que tem apenas um dia, em vez de ver seu filho, o Gabriel ressuscitado só quer comer um sanduíche gigante de sua lanchonete favorita na costa de Nova Jersey. Gabriel passa o dia dirigindo por Nova Jersey, com House e Wilson, negociando cada item de suas informações pessoais com House e terminando em um hotel de Atlantic City.

"**Em que dilema filosófico interessante** esse personagem se encontra ou que debate House pode ter com esse personagem? Essas são as questões pelas quais David se interessará. A medicina em si é boa, mas aprendemos

como um grupo a pensar nesses termos antes de irmos [para sua sala]. Muitas vezes, o simples fato de discutir a ideia com ele se transforma em um debate filosófico sobre o que quer que seja interessante na vida desse personagem. Esses acabam sendo os temas no episódio."

— Garrett Lerner

> Embora eu me divirta discutindo sobre as relações entre House e Wilson, House e Cuddy; todas aquelas coisas juntas fazem parte das deformações da trama. Eu fico fascinado com o que fazemos e disseminamos. Penso nisso tudo como uma estrutura — os mistérios médicos são uma bela construção em aço bem-trabalhado, mas a genialidade está nos ornamentos da maçaneta da porta.
>
> — Hugh Laurie

Gabriel está em coma desde que foi ferido tentando salvar sua mulher de um incêndio iniciado acidentalmente por Kyle, que tinha 12 anos na época. Agora, Kyle é um alcoólatra com um coração deficiente. House chega à conclusão de que ele tem uma condição genética que foi passada, doce ironia, pelo DNA da mãe. Gabriel diz que quer doar seu coração para o filho. Kyle, em função de seu alcoolismo, não tem chance alguma de receber o órgão de um doador. Gabriel insiste, embora exista uma chance de que ele possa ser acordado novamente no futuro e curado. Ele não conseguiu salvar sua mulher, mas pôde salvar seu filho. Para preservar seu coração, Gabriel precisa se enforcar, uma morte lenta e dolorosa, e, com a ajuda de House, ele o faz.

Gabriel nunca chega a ir a Princeton ver o filho. Nem seu sanduíche gigante ele chega a comer. Sem saber o que deveria dizer para Kyle, Gabriel pergunta a House: "Se você pudesse ouvir algo de seu pai, o que seria?" House: [pausa] "Eu gostaria que ele dissesse... 'Você estava certo. Você fez o certo.'" Quando Kyle pergunta a House o que seu pai pediu para dizer a ele, House

repete a frase. "Você estava certo..." Dadas as circunstâncias, não faz sentido, e Kyle pergunta a House o que seu pai estava tentando dizer a ele. "Não sei", diz House, "ele era seu pai."

Como de costume, House pegou o caminho mais curto de A para B. Havia um problema (Kyle precisava de um coração) e a solução (seu pai) estava na sua cara. Em "Cachorro que dorme não mente", Hannah precisa de um transplante de fígado, e Max, sua namorada, está preparada para doar parte de seu próprio fígado. Cameron descobre que Hannah está se preparando para deixar Max e quer alertá-la antes que ela se submeta a uma operação tão arriscada. "É imoral", Cameron opina. "Olha, digamos que você esteja certa", diz House. "Nós a alertamos, Hannah muda de ideia, nossa paciente morre. Como isso pode ser moral?" House superou quaisquer obstáculos éticos inconvenientes. E Cameron não precisa se preocupar: Max sabe do plano de Hannah e acha que a namorada não será capaz de deixá-la se ela receber parte de seu fígado.

PERGUNTA: Você assiste isso e pensa "isso é tenebroso"?

GREG YAITANES: Não acho que traia o personagem. Poderia não ser meu ponto de vista, mas é o do personagem, e eu respeito.

Em "Posição fetal", House diagnostica uma mulher grávida com síndrome do espelho maternal. É uma questão muito simples para House: realiza-se o parto do feto inviável e salva-se a mãe. Cuddy discorda e quer fazer uma operação para salvar o bebê. Para Cuddy, o feto de House é um bebê (eis uma questão moral). House concorda em operar o feto/bebê, que segura seu dedo durante o procedimento.

HOUSE: Você deixou seu instinto materno dominar e quase matou duas pessoas. Em casos como esse você opta pelo aborto, a mãe vive dez vezes

em dez. Você faz o que fez, e tanto a mãe quanto a criança morrem em 99 por cento das vezes.

CUDDY: Às vezes, 0,1 é maior do que 9,9.

> House toma decisões precipitadas como essa — certo ou errado, isso é o que vai fazer. Ele ignora obstáculos éticos que fariam a maioria das pessoas pensarem duas vezes. Em "Três histórias", House dá o conjunto de sinais mais abrangente quanto a sua filosofia de vida. Ele pode responder a uma pergunta ética com um "sim" ou um "não". Para todas as outras pessoas, isso torna o próprio universo um lugar muito desafiador para se viver.

HOUSE: Tenho certeza de que isso vai contra tudo que você aprendeu, mas certo e errado realmente existem. O fato de você não saber qual é a resposta certa — talvez nem haja uma forma de se saber qual é a resposta certa — não torna sua resposta certa ou até mesmo OK. É muito mais simples do que isso. É simplesmente errado.

A vida é sem sentido, e isso é tudo que temos.

"**Nada importa,** todos somos apenas baratas, gnus morrendo às margens do rio. Nada do que façamos tem qualquer sentido duradouro."

— HOUSE ("VIVENDO UM SONHO")

> House faria qualquer coisa para evitar uma discussão grave com um paciente. Ele faria quase qualquer coisa para nem falar com os pacientes, inclusive pagando a eles cinquenta dólares para que deixem a clínica ("Um dia, numa sala"). Ele frequentemente faz as pessoas com quem fala se sentirem confusas, insultadas ou pensando em violência. Após salvar a pele de House, ao mentir testemunhando a seu favor, Cuddy obriga

House a cumprir suas obrigações clínicas. Ele diagnostica uma jovem mulher com clamídia e percebe que ela foi estuprada. Eve só quer falar com House, mas ele não quer tratá-la. Ela está fisicamente bem, nenhum enigma aqui. Ela não sabe por que deseja falar com House, e ele diz sobre isso: "Você tem de ter um motivo. Tudo tem um motivo."

"**Ele aborda cada questão** a partir de uma perspectiva fundamental. Ele nunca diz: 'O que a lei me diz para fazer?' Ele diz: 'O que os princípios básicos éticos me dizem para fazer?' E ele reconhece que muitas perguntas com que os médicos se deparam são muito, muito difíceis e complicadas."

— DAVID SHORE

Cruelmente, House diz que ela está tentando exercer o controle... como em um estupro. "Se tivéssemos de nos preocupar com todas as pessoas que sofrem no planeta, a vida pararia por completo." House pergunta para Cuddy, repetindo um lema dele: "Por que me importaria com essa pessoa bem aqui em detrimento de qualquer outra?" Mas Eve é persistente. Após se recusar a falar com um psiquiatra, a paciente toma uma dose excessiva de sedativos e acorda com House ao lado de sua cama. Ele só está lá porque Cuddy pediu. Eve diz que ela quer falar, e House não tem ideia de o que dizer. Eve se torna mais um enigma para ele. Ele pergunta a Eve o que aconteceu, e ela diz que ele não vai querer ouvir. "Claro que vou", diz House. "Você está mentindo", diz Eve. House fala que não foi culpa dela, e outras superficialidades. Ela sabe tudo isso. Ela quer falar. House quer saber o porquê da confiança dela. Dizer que ela não sabe não seria racional.

HOUSE: Tudo é racional.

EVE: Fui estuprada. Explique como isso faz sentido para você.

Eve pergunta a House se algo terrível já aconteceu com ele. Wilson conta a House que ela está querendo criar um vínculo, e é isso que o está apavorando. Ele diz para House contar a verdade. House diz a Eve que foi maltratado pela avó. Ela acreditava na disciplina e o fazia dormir no jardim ou tomar banho de gelo quando aprontava. Eve questiona a história, dizendo que House não continuaria a chamá-la de *oma* ("avó" em holandês) se ela tivesse feito isso. "Que mais eu posso dizer que você não vá desprezar como simplesmente sendo resultado do estupro?", ela pergunta. "Nada", House responde. House diz que sua história é verdadeira para alguém; que importância ela dá se é para ele? Ela baseará sua vida em alguém com quem ela ficou presa em um quarto? "A vida é assim", diz Eve, "uma série de quarto; com quem ficamos presos neles constitui nossa vida."

"Somos animais egoístas e baixos rastejando pela Terra. Por possuirmos cérebros, se tentarmos com empenho, podemos aspirar algo inferior à pura maldade."

— House ("Um dia, numa sala")

Quando Cuddy diz a House que Eve está grávida, ele tenta persuadi-la a abortar. Eve acredita que o aborto é assassinato. "Verdade", diz House, "é uma vida, e você deve dar fim a ela." Eve diz que todas as vidas importam para Deus. Ok, e a de Hitler? E que tal a do pai de seu filho? Ela não quer esse tipo de conversa. Por que ele não pode falar sobre qualquer coisa emocional? "Não há respostas. Se não há respostas, por que falar a respeito?" Mas House fica compadecido e pergunta a Eve se ela deseja dar uma caminhada. Eles sentam no parque, onde House diz que imagina que um dos corredores que passa por eles quebrará a perna. Como inevitavelmente acontece, a conversa se volta para Deus.

HOUSE: Ou Deus não existe, ou ele é cruel.

EVE: Não acredito nisso.

HOUSE: Em que você acredita? Por que você acha que isso aconteceu?

"Preciso saber que tudo isso tem algum sentido", Eve diz. "Preciso desse conforto."

HOUSE: Sim. Você está se sentindo bem neste momento...?

EVE: Fui estuprada. Qual é a sua justificativa?

Eve pergunta se o cara que fez isso a ela está se sentindo mal. House não está interessado nisso. "Estou interessado no que você está sentindo" diz House.

EVE: Está?

HOUSE: Estou preso no quarto com você, certo? Por que você me escolheu?

EVE: Há algo em você. É como se você estivesse ferido, também.

House conta que a história era verdadeira. Mas não foi sua avó. Foi seu pai. "Gostaria de contar a você o que aconteceu comigo", diz Eve. "Gostaria de ouvir", emenda House. Eve criou um vínculo com House e o fez conversar com ela. Mais tarde, House joga totó com Wilson. Cuddy diz a ele que Eve fez um aborto e foi liberada. Ela está falando sobre o que aconteceu. Era para ser um final feliz, mas House diz: "Tudo que conseguimos foi fazer uma menina chorar". Então, por que ele conversou com ela?

HOUSE: Porque eu não sei.

WILSON: Você vai vê-la novamente?

HOUSE: Um dia, numa sala.

Em "A sete chaves", com o hospital fechado por causa de um bebê perdido, uma série de possibilidades ("Um dia, numa sala") foi montada. Thirteen e Wilson jogam "Verdade ou consequência" (Wilson é irremediavelmente derrotado); Cameron e Chase discutem seu casamento; Taub e Foreman tomam narcóticos, e por um momento parece que representarão novamente a cena de luta entre Oliver Reed e Alan Bate no filme *Women in Love*; House está no quarto de Nash (David Strathairn), um paciente tomando morfina com apenas algumas poucas horas de vida. A princípio, House é puro pragmatismo: Nash diz a House que ele não assumiu o caso. House responde que só pega um caso em vinte: "Muitas pessoas que eu recuso acabam morrendo."

Nash está morrendo, e está morrendo sozinho. Ele diz a House que teve um caso e perdeu a família quando sua filha tinha 6 anos. Ele diz que deseja falar com Gracie mais uma vez, mas, quando telefona para a filha, agora crescida, House chega à conclusão de que ele sabe que ela não estará em casa e Nash que poderá ouvir a voz dela na secretária eletrônica. Isso o atormenta. House é mais aberto com Nash do que foi com Eve, se não menos desanimado:

HOUSE: Gosto de ficar sozinho. Pelo menos, me convenci de que estou melhor dessa forma. E, então, quem diria, encontrei alguém em um hospital psiquiátrico. Ela me mudou. E depois foi embora. Ficamos melhor sozinhos. Sofremos sozinhos e morremos sozinhos. Não importa se você é um modelo de marido ou o pai do ano: amanhã acontecerá o mesmo com você.

NASH: Hoje, teria sido diferente.

House decide tomar a iniciativa por Nash ligando de volta para Gracie. Aconselha Nash a dizer o necessário a ela. Nash

só consegue dizer que a ama. Então, House faz outro favor para Nash, aumentando sua dose de morfina de forma que ele possa ficar inconsciente, sem sentir dor. Quando não há uma pessoa presente para registrar o ocorrido, House pode ir contra tudo em que acredita e se desculpar com Nash antes de ele desvanecer.

HOUSE: Lamento não ter assumido seu caso.

NASH: Também lamento. Gracie foi a menina de seis anos mais fofinha que você já viu.

No final do episódio, a câmera se move rapidamente por uma inscrição latina: *Omnes te Moriturum Amant*. Antes, House zombara dessa ideia, de que todos te amam quando você está morrendo. Ninguém amou o agonizante Nash, mas um encontro casual com House pelo menos permitiu que Nash, mesmo à beira da morte, entrasse em contato com a filha.

"David é brilhante em deixar esses temas implícitos em um programa muito humorístico e comovente. O programa partiu meu coração, me emocionou e me fez rir alto. É lindo que ele seja capaz de inserir aquelas mensagens nele."

— GREG YAITANES

Se é verdade para House que a vida é essencialmente sem sentido, então ele também está preso na posição de que isso é tudo o que temos. Ele tem sido consistentemente implacável em seu ataque à fé e se recusa a usar quaisquer dos chavões comuns. "Sempre quis saber exatamente o que havia do outro lado", comenta o agonizante Ezra em "Autorizações". Para o qual House retruca, "Nada". Em "Criticado de uma forma ou de outra", um episódio no qual se constata que uma freira está sendo envenenada por seu antigo dispositivo anticon-

cepcional, House começa a atacar a religião com alguns dos trabalhadores na linha de frente da fé. Uma freira está tendo visões e ataques.

FREIRA: Irmã Augustine acredita em coisas que não são reais.

HOUSE: Pensava que isso fosse necessário no trabalho de vocês.

IRMÃ AUGUSTINE: Por que é tão difícil para você acreditar em Deus?

HOUSE: Tenho dificuldade com todo o conceito de crença. A fé não é baseada na lógica e na experiência.

PERGUNTA: House é um cientista; as pessoas em seus leitos de morte procuram por consolo, e ele não está disposto a dá-lo.

DAVID SHORE: É algo em que penso muito. Você precisa ter religião em um programa no qual as pessoas estão enfrentando a morte. A noção de que elas não pensam em Deus ou na inexistência Dele é uma forma de insanidade. Não se pode enfrentar o fim da vida sem pensar se há algo após a morte. E em nosso programa, quase sempre temos alguém enfrentando o fim da vida.

Acredito que a razão pela qual nos saímos bem com ela não é a América estar repleta de ateus clandestinos — há muitos, e somos atraentes para essas pessoas —; é simplesmente não montarmos uma caricatura como antagonista. Quando House diz à pessoa agonizante que não há nada lá, Wilson briga com ele e tem um bom argumento para dar. Confrontamos House com coisas que são muito difíceis de responder, levantamos essas questões, e ele se mantém firme em seu ponto de vista. É importante para nós que as pessoas que discordam de House não sejam simplesmente retratadas como figuras caricatas, House apenas atacando alguém e a pessoa não se defendendo — isso pode ser divertido em uma história da clínica, mas não em questões de alcance global.

Em "House *versus* Deus", House enfrenta Boyd, o pregador adolescente, cujos sintomas podem ser explicados pelo fato de

ele ter herpes. House reafirma a posição que define sua essência: "Não há nada nesse universo que com o tempo não possa ser explicado." Em "97 segundos", House e Wilson discutem sobre permitir que um homem agonizante acredite que haja algo mais para ansiar. "As crenças dele são estúpidas", diz House.

WILSON: É o fim. Ele tem dias, talvez horas, apenas. Que dor isso pode causar a você se ele passa esse tempo com um sorriso de satisfação? Que prazer doentio você obtém em se certificar de que ele está cheio de medo e pavor?

HOUSE: Ele não deveria tomar uma decisão baseado em uma mentira. A infelicidade é melhor do que nada.

WILSON: Você não sabe se não há nada. Você ainda não esteve lá.

HOUSE: Ah, meu Deus, estou tão cansado desse argumento. Não preciso ir a Detroit para saber que fede.

WILSON: Sim. Detroit, a vida após a morte, a mesma coisa.

E quando o homem alega ter morrido por 97 segundos e ter visto a vida após a morte, House está preparado para parar o próprio coração e descobrir se funcionaria com ele. Ele o faz nas proximidades de Amber, sabendo que a vampira insensível fará tudo para mantê-lo vivo. Caso provas científicas sejam algum dia encontradas, House está pronto para acreditar. Faz parte da natureza da fé que seja improvável que a ciência algum dia prove o contrário. Então, House continuará atormentando o pretendente a mórmon Cole ao dizer que o fundador de sua religião, Joseph Smith, foi um "impostor libidinoso". Cole bate em House ("Anjos da guarda"). Não se pode dizer que House não esteja preparado para sofrer por suas crenças. Enquanto isso, ele tentará com muito empenho almejar algo que é inferior à maldade absoluta.

Os fins justificam os meios

PERGUNTA: Meios e fins. Você sequestra pessoas. Você cometeu delitos graves...

HUGH LAURIE: É assim que as coisas são feitas.

CAMERON: Mas eu sei que nunca terei esse tipo de... excitação.

FOREMAN: Você sente falta de pessoas tentando matar você?

CAMERON: Não. Sinto falta de pessoas fazendo qualquer coisa para que o trabalho seja feito. Acho que é por isso que estou tendo problemas para desistir. ("O que for preciso")

"**Suponho que seja o** lado infantil e muito masculino de House que o faz constantemente se desafiar a assumir tarefas aparentemente difíceis como. 'Você consegue jogar essa bola de papel amassada dentro da lata de lixo daqui?' 'Aposto que não consegue rolar a bola de críquete pelo corredor e acertar o extintor de incêndio.' O que quer que seja. House está se desafiando o tempo inteiro. Após ele mesmo escolher o desafio, fica absolutamente obcecado em fazer o que for necessário — acertar o extintor de incêndio ou o que seja. Os desafios que ele propõe para ele mesmo, por acaso, são médicos. Embora ele pudesse, provavelmente, passar o dia todo fazendo isso [também] com uma bola de papel amassada."

— Hugh Laurie

> Qualquer médico, para quem as habilidades de roubo a domicílio sejam um requisito do trabalho (para Foreman), está disposto a não seguir as regras. House está disposto a qualquer coisa em sua busca pela verdade (a resposta ao enigma médico), para provar que está certo ou simplesmente para que sua vontade seja feita. Nada o impede.

- House tosse em cima de um cirurgião já desinfetado para evitar que uma operação prossiga. ("Desintoxicação")

- House tortura um político (que só poderia ser um mentiroso) retirando sua máscara de oxigênio para obrigá-lo a dizer qual droga tomou. ("O exemplo")

- House inclina ao máximo a maca que prende Sebastian Charles, o santificado médico especialista em tuberculose. É "Abusivo e antiprofissional", diz Foreman, mas aquilo revela um problema no coração de Sebastian que não teria sido identificado de outra forma. ("Tuberculose?")

Bem-vindo à casa de diversão.

- House tenta subornar um cirurgião para que faça um transplante de fígado com 20 mil dólares, e, quando fracassa, House o chantageia ameaçando contar à sua mulher sobre seu caso amoroso com uma enfermeira. Ele conta para a esposa do cirurgião mesmo assim. ("O erro")

- House coloca um paciente terminal com tendências suicidas em coma, indo contra o desejo do paciente de que ele tentasse salvar sua vida. ("Autorizações")

- House esfaqueia um paciente clínico, que grita e delira com um paralítico, para acalmá-lo antes de lhe dar um sedativo. Uma forma perigosa de conseguir acalmar um paciente. ("Um dia, numa sala")

- Se fazendo de motorista de uma limusine, House sequestra a estrela de novela Evan Greer depois de perceber mudanças em suas atuações na TV. ("Vivendo um sonho")
- House faz um implante de cóclea em um menino surdo, ainda que este não o queira. "Foi um ato carinhoso", diz Wilson. "O qual você fez de uma forma imoral e ilegal. Mesmo assim, um pequeno passo." ("Dividido")
- House ministra drogas, amordaça e amarra o vizinho veterano canadense de Wilson, e o alivia à força da dor imaginária em seu braço amputado. ("O tirano")

Um subconjunto dessa noção é a técnica desesperada de tratar primeiro e perguntar depois, empregada em muitas sessões de diagnósticos diferentes. Se todas as outras possibilidades foram descartadas, o paciente deve ter aquela que restou no quadro. Sendo assim, se eles tratam e o paciente não morre, então o diagnóstico está correto. "Se estiver certo, salvo sua vida. Se estiver errado, ele morre não importa o que eu faça." ("Distrações")

Todo mundo fracassa

"**O princípio de Occam.** A explicação mais simples quase sempre é: alguém errou."

— House ("O princípio de Occam")

Pergunte a Foreman ("Treinamento") e Chase ("O erro"): as consequências de um erro médico podem ser fatais para o paciente. Decorre disso a disposição de House de fazer o que for necessário para salvar o paciente uma vez que o médico acredite ter descoberto a resposta. Se ele estiver errado, então

saia da frente. Raramente, como em "Coração valente", quando House e Foreman realizam uma autópsia em um paciente que está vivo, um erro tem um resultado positivo — nesse caso, a ressuscitação de um cadáver, como Lázaro. Os riscos que House decide correr são altos; quarenta por cento das ações judiciais contra o hospital são causadas por ele, Cuddy diz em "O erro". Ela também disse que mantém uma reserva de 50 mil dólares para arcar com despesas jurídicas contra seus atos insanos ("Me deixe morrer"). É parte do custo de trabalhar com House.

Gerrit van der Meer conta uma história sobre alguém próximo a ele, diagnosticado com câncer de pulmão, que chegou até a se despedir das pessoas. Porém, o diagnóstico original estava completamente errado, e sua doença acabou se revelando um caso sério de pneumonia. Gerrit diz que a medicina é uma arte em vez de uma ciência, para o que House provavelmente teria uma réplica mordaz. É o elemento humano — mentiras, erros, o papel da interpretação — que faz dela uma arte.

> "Meu filho está prestes a começar o curso de Filosofia na universidade. Pai orgulhoso. Eu imagino a primeira semana do curso de ética entre as 11h e as 13h. Eles discutirão precisamente isso. Qual é a razão de lutarmos para salvar as pessoas que se apresentam diante de nós se, ao fazê-lo, causa-se a morte de milhares?"
>
> — Hugh Laurie

"Ouvi dizer que essa é a origem da expressão *dead ringer**: prendiam um anel no dedo de seu pé. Ao anel, um sino, e alguém ficava sentado no

---

* Expressão originalmente inglesa que corresponde em português à expressão "salvo pelo gongo". [*N. da T.*]

cemitério. Se (a pessoa recentemente enterrada) se movimentasse e o sino tocasse, a tirariam do caixão. Tirem-me daqui! Um *dead singer*."

— Marcy Kaplan

HOUSE: "O sucesso só dura até alguém errar. Os fracassos são para sempre." ("Derrotado")

Matar pessoas é errado

Peter Blake e David Shore gostaram da ideia de matar Hitler, de matar alguém que merece ser morto, mas não de precisar lutar com a culpa disso. E Peter desenvolveu esse tema nessa história.

Em "O princípio de Occam", Chase pergunta a Cameron: "Algum dia você já tirou uma vida?" Cameron não responde. Dois anos depois, Cuddy pergunta a House se ele ajudou um paciente terminal em seu pedido de suicídio assistido. "Se eu ajudei, você realmente gostaria de saber?", House pergunta, e Cuddy diz que não. No fim do episódio, fica implícito que Cameron ajudou o paciente a morrer. House a encontra chorando na capela e coloca a mão em um de seus ombros. "Estou orgulhoso de você", House diz ("Autorizações").

Dois anos depois, Chase deixa o ditador Dibala morrer. E, em "Verdades não ditas", Wilson ajuda um paciente com câncer de pulmão terminal a adiantar seu fim ao passar para ele o código de sua sonda de morfina. Guiado por uma necessidade de expiar a razão de ele ter deixado o paciente morrer sozinho, Wilson tenta apresentar um ensaio de conferência cujo tema é "Eutanásia. Sejamos francos, todos fazemos isso". Matar pessoas é errado, certo?

PERGUNTA: Todo mundo já matou alguém.

DAVID SHORE: Wilson ajuda alguém... há uma diferença moral significativa entre o que Chase faz [com Dibala] e o que Wilson faz. No caso de Chase, o paciente não queria morrer. Acho que isso cairia na categoria de diferença moral significativa.

PERGUNTA: No episódio de Dibala, Chase pede que Foreman cometa perjúrio...

SHORE: Isso não se equipara ao que Cuddy fez com Tritter, em favor de House, mas Foreman se meteu nisso. Sua decisão de queimar as provas [significa que] ele está envolvido com Chase mais do que gostaria de estar. Se disesse a verdade, ele teria muitas explicações a dar. Não tantas quantas Chase, obviamente.

> Quando Dibala vai pela primeira vez ao hospital, é Cameron que questiona se o ditador deveria ser salvo. "Curamos Dibala, ele sobe em um avião e executa metade de seu país", argumenta ela. Após Chase impedir um jovem de matar Dibala, Cameron diz que da próxima vez ele talvez não devesse gritar avisando. Chase e Cameron debatem o assassinato justificável. Cameron diz: "Estou tentando matar nosso paciente? Claro que não. Mas, se ele morreu, é necessário que eu finja que isso não seria bom para o mundo?" No final das contas, Cameron trata o paciente como exigem a lei, seus juramentos e sua formação. Confrontando uma autoridade maior, Chase faz com que Dibala morra. Mais cedo, discutindo com Cameron do ponto de vista oposto ao que ele assume em última análise, Chase traça algumas consequências de se tirar uma vida:

CHASE: Somente os psicopatas podem matar outras pessoas sem ter algum tipo de transtorno nervoso.

CAMERON: Não se for justificado. Veja os soldados.

CHASE: Mesmo quando é justificado.

A CULPA É UMA EMOÇÃO INÚTIL

O ímpeto de House de rejeitar tudo aquilo que não pode ser mensurado como um quilo de maçãs significa que ele desenvolveu pouco algumas das emoções mais abstratas (prazer e dor apresentam mais probabilidades de serem quantificáveis). Ele não se entusiasma com esperanças ou expectativas; remorso e culpa são apenas contraproducentes. Foi a culpa de Wilson por não ter ficado com seu paciente de câncer terminal que quase o fez admitir para uma sala repleta de médicos que ele cometera a eutanásia. A intensidade de culpa que Chase sente com relação a Dibala não é suficiente para o padre que insiste que Chase se entregue. No final das contas também é pouca demais para Cameron.

Em "A queda do telhado", House conta a Cuddy que ela não fica feliz a menos que as coisas estejam certas com o mundo. Cuddy está se sentindo mal porque seu jardineiro perdeu uma das mãos após cair de seu telhado. "Culpa sua. É perverso e a faz uma médica de bosta", diz House. "Isso também faz você ser boa no que faz." É isso? "Então você acha que o mundo seria um lugar melhor se as pessoas nunca sentissem culpa?", pergunta House friamente. "Torna o sexo melhor. Você deveria ter visto [Stacy] nos últimos meses de nosso relacionamento. Muita culpa. Muita gritaria."

House luta com o que pode ou não ser culpa em "Remorso". Ele recorta em pedaços algumas fotografias dos porta-retratos de Cuddy em seu consultório para ridicularizar Lucas, e Cuddy fica muito chateada. Ele destruiu uma fotografia tirada por seu falecido pai, e ela não tem outra cópia. House é contatado por Wibberly, um cara que ele prejudicou na escola de medicina e para quem pediu desculpas como parte de seu

programa de reabilitação. House descobre que aquilo que fez com Wibberly, trocar provas escritas, quase arruinou a vida do colega, uma vez que, como resultado direto da ação de House, ele nunca se formou e agora vai perder sua casa. Na época, House estava tratando de Valerie, a psicopata que não tem consciência e não consegue sentir culpa alguma. Ele teve uma conversa perturbadora com Valerie, que intuiu que House talvez gostasse de desativar seus próprios sentimentos de vez em quando.

House sente culpa; ele simplesmente não consegue controlá-la. Ele se recusa a pedir desculpas para Cuddy e dá a Wibberly 5 mil dólares para que ele cubra algumas prestações da hipoteca. Wilson alfineta House, dizendo que é mais fácil dar dinheiro a um cara com quem não se importa do que pedir desculpas a alguém que o amava. Por fim, descobre-se que Wibberly mentiu e que seu fracasso não teve nada a ver com House; ele simplesmente queria saber se House ainda era o mesmo bastardo com quem havia convivido na escola de medicina. House tenta fazer com que o homem, completamente derrotado, aceite seu dinheiro, provando que sim, ele continua sendo o mesmo bastardo. Quando ele vai falar com Cuddy (talvez para pedir desculpas), Lucas está lá, e House vai embora. Para expiar sua culpa, ele caminha lentamente em direção à casa de Wibberly e enfia o cheque na caixa de correio.

Mudar é impossível

"**Quero melhorar.** Seja o que for que isso signifique. Estou cansado de ser infeliz."

— House ("Derrotado")

House detesta mudanças. Em "Rabiscos na areia", ele não quer ir para seu consultório até que o carpete antigo manchado de sangue — que estava sendo substituído — seja colocado de volta no lugar. Após sua internação no Mayfield Hospital, House acaba admitindo que quer mudar. Ele está derrotado. Porém, uma de suas máximas é que as pessoas não mudam. House encontra uma judia ortodoxa que alguns meses antes tinha sido executiva de uma gravadora e consumidora de heroína. Em vez de pensar que alguém poderia encontrar a religião e mudar tão drasticamente, House procurou um diagnóstico que explicasse tal comportamento como ilusório (ele estava errado, acabamos sabendo: ela havia mudado).

"Tanto no universo deste programa como no universo em que vivo, acredito que as pessoas possam mudar, mas não muito. Ninguém mudará de forma alguma a não ser que deseje isso, e, se você quer mudar, precisa ser aos poucos. É uma coisa que acho um pouco superficial demais, provavelmente mais com relação aos filmes do que à tevê, quando há aquela grande mudança e tudo fica diferente. Acho que deveríamos tentar mudar e tentar nos tornar melhores. A ideia de que estamos nos tornando uma pessoa fundamentalmente diferente, no entanto, eu acho ingênua. Somos quem somos, e isso não significa que não possamos nos esforçar e que não consigamos fazer escolhas. Por outro lado, somos as escolhas que fazemos. Essa é uma das batalhas entre House e Wilson."

— David Shore

Em "Feliz Natal", House encontra uma solução rápida para uma menina cuja baixa estatura é causada pela falta de hormônio do crescimento, não sendo, assim, decorrente do nanismo da mãe. A princípio, a menina não quer mudar; ela quer ser como a mãe. House tenta persuadir a mãe a começar o tratamento por sua filha.

House: "Eu e você descobrimos que ser normal é muito ruim. Porque somos esquisitos. A vantagem de ser esquisito é que isso torna você mais forte. Agora, em que medida você realmente quer que ela o seja?"

A estatura da menina é diferente da infelicidade de House, ou mesmo da dor em sua perna, na medida em que existe um remédio permanente. House mais parece o autor que passa por uma cirurgia experimental para tentar dominar seu distúrbio bipolar ("Falha na comunicação"). Não há solução rápida.

O trombeteiro John Henry Giles ("Me deixe morrer") reconhece House como um semelhante. "Conheço esse manco", Giles diz. "Conheço o dedo anelar sem aliança." Giles percebe que House é tão obcecado por seu trabalho quanto ele é por sua música. "Você conseguiu isso: aquilo em que você pensa o tempo todo e que o mantém ao sul do normal." "É o que nos torna excelentes", Giles comenta. "Tudo que perdemos é todo o resto", falando sobre relacionamentos. Então está acabado, e é tarde demais.

House pode mudar, mesmo quando quer? Em "Verdades não ditas", House vai para o quarto de hotel de Cuddy a fim de se oferecer para cuidar da filha dela. Incentivado por Wilson, ele está dando um primeiro passo. Ele não está mais tomando os analgésicos, House e Cuddy acabaram de ter um momento deles na festa dos anos 1980; aparentemente, ele mudou. Em seguida, ele vê Lucas com o bebê de Cuddy. Tanto, tão longe, para isso.

A ideia de que as pessoas *podem* mudar está nos princípios básicos do romance requentado de Wilson e Sam, ou, como House a descreve para seu amigo, "a megera sem alma com quem você se casou antes de nos conhecermos". ("A queda do caveleiro")

WILSON: As pessoas mudam, House.

HOUSE: Certamente. Elas ficam mais velhas. Os ovários começam a secar, e os caras legais como você passam a parecer atraentes novamente.

> House se esforça para separar Sam e Wilson. Como o fez com Cameron e Chase, House diz que Wilson está simplesmente executando um serviço ao antecipar o inevitável. Com o conhecimento íntimo sobre o que enlouquece Wilson, House é capaz de armar desastres domésticos pelos quais Wilson culpa Sam: não colocar o leite na porta da geladeira; não colocar a casca da banana na lata de lixo errada; não colocar os pratos grandes no fundo da lavadora de pratos. Wilson ficava tão irritado, que nunca mencionou qualquer um desses pontos fracos enquanto esteve casado com Sam. House queria que Wilson se defendesse, e ele o fez bem alto. Sam e Wilson têm uma grande briga e expõem antigas críticas. Wilson chama Sam de cadela egoísta, e o trabalho de House está completo.
>
> Ou quase completo. Sam volta e diz a Wilson que ela mudou. Wilson diz que ele está tentando. Eles deveriam ter discutido há dez anos, diz Wilson. Claro que isso teria sido impossível. Ele precisava mudar primeiro.

Nem sempre se tem o que se quer...

PERGUNTA: É certo dizer que você nem sempre tem o que deseja? Alguma vez você já conseguiu o que queria?

ROBERT SEAN LEONARD: Você pode ter. Mas então morre em um acidente de ônibus. Não sei se você consegue manter o que quer. Em minha visão particular, é algo totalmente aleatório. Há pessoas amorosas, inacreditavelmente prestativas e atenciosas, que são atropeladas por ônibus, e há

outras que são as maiores bestas de todos os tempos, que fazem o que querem e que vivem muito bem. Sempre penso nisso na estrada. Sou da área de Nova York — Nova Jersey, e essa vida de autoestrada é nova para mim. Você está a cinco quilômetros de distância, vindo pela 101, e pode sentir que está se preparando para pegar a 405. As pessoas começam a passar para a direita, e o tráfego reduz a velocidade. Então, há pessoas que cortam todo o caminho até a frente e entram bem ali. Quando vejo isso, penso que, sei lá, aquele cara pode se envolver em um acidente horrível ou sua mãe pode morrer de uma doença grave mais tarde naquele dia, mas meu primeiro pensamento é: "Aposto que aquele cara está bem." Acho que aqueles caras acabam mesmo se dando.

... Você só tem o que tem.

"**As pessoas têm o que têm.** Não tem nada a ver com o que elas merecem."
— HOUSE ("MORRER MUDA TUDO")

Roy Randall, o bilionário em "Carma imediato", pensa que está sendo punido pelos deuses por sua trajetória ininterrupta de sucesso nos negócios. Primeiro, sua mulher morre, em seguida, seu filho contrai uma doença incurável, e ele acredita ser sua culpa. Randall insiste em ver House porque ele é o melhor médico. Mas também insiste em se desfazer da própria fortuna, pensando que salvará o filho ao reconstituir o carma. House diagnostica o filho e o salva. Randall acha que sua autodestruição financeira funcionou; House sabe que foi a medicina.

"**Tento ser a melhor pessoa possível**, mas não acredito que São Pedro está lá com um pequeno livro de registro esperando... conferindo tudo. Não acredito que ao fim do dia haja um código moral ou um julgamento

final... não acredito muito em predeterminação. Acredito que você pode fazer o que quiser; esse é meu ponto. Não acho que haja uma punição para isso. Se você quiser se tornar um serial killer amanhã, você pode. Não sei sobre o destino; não sei como me sinto com relação a isso."

— Robert Sean Leonard

Em "O coração do Wilson", Wilson se tortura por não saber por que Amber estava no ônibus com House, como se as intenções dela tivessem qualquer influência sobre o que aconteceu.

Thirteen é incapaz de participar totalmente do tratamento de Amber em função de seus próprios temores com relação à morte precoce. Mas Kutner tem perspectiva; ele diz a Thirteen que os pais dele foram assassinados quando tinha seis anos. A vida não é justa. Enquanto Amber está morrendo na sala de cirurgia, Kutner assiste à tevê e come cereal.

"Por mim, acho que é aleatório. Você tem o que pode ter."
— Robert Sean Leonard

O que mais tarde se passa na cabeça de Kutner fará surtir a maior pergunta não respondida da série.

Após Amber morrer, House sonha ou alucina que está em um ônibus com ela. Ele diz que ele é quem deveria ter morrido. Por quê?

HOUSE: Porque a vida não deveria ser aleatória. Porque os viciados em drogas, misantrópicos e solitários deveriam morrer em colisões de ônibus, e os jovens apaixonados e cheios de compaixão que são arrastados para fora de seus apartamentos no meio da noite deveriam sair ilesos.

AMBER: Autopiedade não tem a ver com você.

HOUSE: Estou me diversificando da autodepreciação e da autodestruição... Wilson vai me odiar.

AMBER: Você meio que merece isso.

Se House está avançando, essa é uma lição difícil de ser aprendida. Por um segundo, Amber é como House em "Um dia, numa sala", e House é como Eve, que conhece as perguntas, mas não as respostas.

AMBER: Desça do ônibus.

HOUSE: Não posso. Porque... porque não dói aqui. Menti. Não quero ter dor e não quero ser infeliz. E não quero que ele me odeie.

AMBER: Bem... nem sempre se tem o que se quer.

"Nunca pensei que House tivesse um coração de ouro. Isso não significa que eu não goste dele. Até o amo. Não amamos apenas as pessoas com corações de ouro — seria um mundo muito enfadonho se assim o fosse. Sempre achei que House está inquestionavelmente do lado dos anjos, mas isso não significa que ele seja um anjo. Você não precisa ser um para estar ao lado deles."

— Hugh Laurie

HOUSE

Hugh Laurie

No final de "Resignação", House conhece, em um café, uma nutricionista atraente chamada Honey. House tratou seu namorado vegetariano, e ela pensa que está tendo uma entrevista de emprego com House. Mas ela percebe rapidamente que não se trata de uma entrevista de emprego; é mais um encontro amoroso. Honey diz que não sabe nada sobre House, embora obviamente saiba que ele é médico. House lista francamente algumas das próprias qualidades: ele toma antidepressivos; come carne; gosta de drogas; nem sempre é fiel. Rapidamente, ela contra-ataca: "Como é que você consegue ser tão infeliz salvando vidas, dormindo por aí e usando drogas?" Bem colocado. (House pergunta a Honey se ela esteve em um grupo de discussão na escola secundária.) House sempre diz que odeia chá, mas pede um.

House é, como se sabe, a história de House. "House é o protagonista", diz David Shore. "Você tem o chefe, o melhor amigo, subordinados, e ele é o eixo da roda." House está em quase todas as cenas do programa, e o enredo gira em torno dele. Como Chase conta a House, ele sempre estará no comando, queira ele ou não ("Carma imediato"). Os outros atores ajudam a iluminar ou revelar aspectos do caráter de House: Cuddy e Cameron, suas aversões a relacionamento; Wilson, sua necessidade conflitante de companhia; Foreman e Chase, sua atitude ambivalente com relação a ajudar pessoas; Taub e Thirteen, sua necessidade de controlar. Algumas pessoas — Stacy, Cuddy, Cameron até certo ponto — o afetam. Outras — Vogler, Tritter, Cuddy até certo ponto — têm atritos com ele. Mas tudo gira ao seu redor.

> "De muitas maneiras, ele é comprovadamente um egomaníaco, mas não convencional. Ele não precisa dos aplausos públicos de praxe para suas boas ações."
>
> — Hugh Laurie

Como ocorre com muitos personagens, a história pregressa é revelada aos poucos. Quando House é internado, após ter sido baleado em "Sem motivo", a pulseira no pulso dele mostra a data de nascimento (confiável?) de 11 de junho de 1959. Em "Três histórias", é revelado o que aconteceu com sua perna. Sabemos que House estudava em Michigan quando Cuddy estava lá e que foi expulso da universidade ("Verdades não ditas"). Em "Distrações", House se vinga profissionalmente do professor Weber, que, como House, foi para Hopkins, estudou com os mesmos professores e conseguiu uma vaga de estágio na Mayo Clinic, que seria de House, se ele não tivesse sido expulso por colar em uma prova. House acaba com a pesquisa médica de Weber sobre prevenção de enxaqueca. Oferecendo pistas sobre a razão pela qual foi repetidamente dispensado de cargos e trabalhos na escola de medicina, House prova que Weber está errado ao testar seu medicamento — primeiro em um paciente em coma, depois nele mesmo. De alguma forma, House conseguiu se formar como um especialista em diagnóstico certificado nos ramos de doenças infecciosas e nefrologia.

Quantas vezes exatamente House foi demitido? Em "A queda do telhado", Cameron diz a House que ele é um excelente médico. "Mas qualquer outro administrador hospitalar o teria demitido há anos. Quatro deles o fizeram", diz Cuddy. "A pergunta é: por que contratei você?" Mas ela sabe a resposta. Como ela diz no piloto: "O filho da puta é o melhor médico que temos."

Salvando vidas

"Salvar vidas é apenas dano colateral."

— House ("Infiel")

House é excelente em fazer diagnósticos. Às vezes, ele consegue dizer o que há de errado com um paciente aparentemente saudável só de olhar para ele. Seu conhecimento das condições e dos sintomas é colossal, e

ele é extraordinariamente culto. (Em "Fidelidade", ele lê em um boletim médico português sobre alguém que é contaminado com a doença do sono pela namorada; ele descobre a pesquisa sobre enxaqueca, de Weber, em *Neuroscience New Delhi*. A única monografia que ele não relerá talvez seja o livro didático sobre lúpus, que usou para estocar seu Vicodin em "À procura do Judas".) House é extremamente persistente em sua busca pelo diagnóstico. Com uma intensidade extrema. Em "Último recurso", ele entrega uma arma de volta ao pistoleiro que mantém ele e Thirteen como reféns, para poder completar seu diagnóstico. Levando tudo isso em consideração, House é de fato um bom médico?

> *Wilson: "Alguns médicos têm o complexo de Messias. Eles precisam salvar o mundo. Você pegou o complexo de Rubik. Você precisa resolver o enigma." ("Me deixe morrer")*

O interesse de House em salvar vidas se limita a revolver enigmas médicos; House é, na melhor das hipóteses, indiferente ao paciente. No piloto, Foreman pergunta: "Nós não nos tornamos médicos para tratar pacientes?" House responde: "Não. Tratar doenças é a razão por que nos tornamos médicos. Tratar pacientes é o que torna a maioria dos médicos infelizes." Tudo que um paciente pode fazer é mentir e obscurecer a resposta para o enigma. Wilson explica a posição de House mais explicitamente para Foreman em "O método socrático":

> **WILSON:** Ele gosta de enigmas.
>
> **FOREMAN:** Pacientes são enigmas?
>
> **WILSON:** Você não acha?
>
> **FOREMAN:** Acho que são pessoas.

O interesse de Foreman foi despertado porque de fato ele vai se encontrar com uma paciente, Lucy, uma aparente esquizofrênica (que tem a doença de Wilson). Chase comenta com Foreman que House gosta de

"pessoas loucas". "Elas não são chatas", Chase diz. "Ele gosta disso." Em "Rabiscos na areia", uma criança autista reage a House, embora ele não esteja tentando, na verdade, criar um vínculo. O garoto dá a House seu jogo eletrônico, um ato de interação social. Mas outros pacientes, como Eve em "Um dia, numa sala", têm de lançar mão de medidas extraordinárias (uma overdose) para fazerem House falar com eles.

> "Acho que House pensa que tratar as pessoas como objetos mecânicos mais do que com sentimentos o torna um médico melhor... Ele está mais interessado nas próprias questões. Acho que o comentário dele foi que, se nos preocuparmos com cada morte na sociedade, não conseguiremos funcionar."
> — DAVID SHORE

Se House fosse como Foreman, Wilson ou (sobretudo) Cameron, ele seria incapaz de fazer as apostas loucas que ele com tanta frequência faz com a vida dos pacientes. "Assumo riscos", House diz. "Às vezes, os pacientes morrem. Mas não assumir riscos faz com que mais pacientes morram. Então, acho que meu maior problema é ter sido amaldiçoado com a capacidade de fazer contas." ("Desintoxicação") House salva em torno de cinquenta pessoas por ano; e o que dizer de um sujeito que salva milhares? Em "Tuberculose?", House conhece Sebastian, o médico carismático que faz campanhas para curar a tuberculose na África. Sebastian tem boas relações com a mídia; House pensa que ele é empolado e tão egoísta quanto qualquer outro. A lista de remédios de Sebastian (ele parece ter tuberculose) custaria 10 mil dólares, então ele a recusa; ele não aceitará tratamento até que medicamentos semelhantes estejam disponíveis para todos na África, e ele dá uma conferência à imprensa para dizer isso. Do ponto de vista de House, salvar vidas não é uma competição. Sebastian tem uma teoria.

SEBASTIAN: Sabe, a diferença entre nossos trabalhos não são os números ou os estilos. É que eu sei que vou fracassar.

Mesmo que eu salve um milhão de pessoas, haverá outro milhão não salvo. Você não conseguiria dar conta disso. Acho que você se ressente de qualquer um que pode.

HOUSE: Podemos concordar apenas com o fato de você ser incrivelmente chato?

Certamente, House não estaria interessado se o diagnóstico fosse sempre tuberculose.

"House se contradisse. Ele disse que os motivos não importam. Se você está salvando vidas, quem se importa com a razão para que isso aconteça? Se você é um grande ser humano no sentido dos melhores motivos da Terra, mas como resultado de sua ação as pessoas morrem, então você é um asno. Se você é o maior dos asnos da Terra no sentido de que seus motivos são os piores possíveis, mas você está salvando vidas, você é uma boa pessoa. Acho que essa atitude foi rigorosamente questionada em 'Tuberculose?', porque Sebastian seria classificado na última categoria, mas isso chateia House, e acho que Wilson pontua isso para ele; que o cara estava virando objeto de culto. House é um ser humano. Ele é incapaz de superar seus preconceitos."

— David Shore

Há um que escapou de House. Quando um garoto entra na emergência e é diagnosticado por Cuddy como tendo gastrenterite, House o visita e vê que o menino não consegue segurar sua bengala. No consultório, ele aperta o botão da gaveta de arquivo para encontrar a ficha do garoto de 12 anos. Em geral, ele evita casos, mas esse é um que ele quer. House acredita que o garoto de seis anos e Esther, de 73, que morreu, tinham a mesma doença ("Aposta tudo"). Após Esther morrer,

sua família não deixou House realizar a autópsia, que ele está convencido de que teria confirmado Erdheim-Chester, uma doença incrivelmente rara.

Chase sabe que House havia examinado essa ficha antes (House menciona um caso que teve antes de Cameron trabalhar no hospital). Resolvê-lo, para House, é como encontrar a Virgem Maria. O momento eureca de House confirma que ele está certo: o garoto sofria de Ederheim-Chester e, portanto, Esther também. A doença mentiu, ou melhor, ela o enganou não se apresentando em lugares em que eles haviam testado, mas se espalhou para lá mais tarde. É notável que nesse caso, que ele tinha sido incapaz de resolver, House sabia o nome do paciente.

Em "Resignação", House está sob efeito dos antidepressivos passados por Wilson. House diagnostica Addie, que tem 19 anos. Suas perspectivas não são boas, mas House está satisfeito consigo próprio porque resolveu um enigma especialmente complicado.

> **HOUSE:** Você não vê como esse diagnóstico foi incrível, uma deficiência de proteína. Não pode ser testada, não pode ser vista. Cheguei a ele com base em sangue tossido.
>
> **FOREMAN:** Você está satisfeito com isso.
>
> **CAMERON:** Ela vai morrer.
>
> **HOUSE:** Não é culpa minha. Ela morreria de qualquer jeito. Agora, graças a mim, pelo menos, ela saberá por quê.

Foreman pergunta a House se ele sabe o nome da garota ("Seria 'colegial morta'?"). Ou o de seu pai, ou de sua mãe. House pergunta a Foreman se alguém se importará com isso.

House vai dar a notícia à paciente. "Addie, você vai morrer", ele diz. "Em dois dias ou menos." Ele começa a contar a ela sobre a doença, mas

ela o corta: "Não importa." House não para: "Isso é o que está matando você; você não está interessada em saber sobre isso?" "Isso fará alguma diferença?", Addie retruca.

> **HOUSE:** Para que viver se não se tem curiosidade? Sem ansiar por...
>
> **ADDIE:** Então, estou fazendo mal uso de minhas últimas horas, porque não quero ouvir você?
>
> **PAI:** Sai daqui.
>
> **HOUSE:** É que... é como a matéria obscura no universo...

Addie olha para House. Ela acha que ele está sorrindo. House vê o próprio rosto refletido no suporte da toalha e tem um momento eureca. House confronta Wilson e o acusa de dopá-lo com antidepressivos. Culpado. Mas House diz que não está sorrindo: a droga o deixou confuso, não feliz. Ele não consegue superar o fato de que Addie não esteja curiosa para saber por que vai morrer. Wilson diz que é por ela estar infeliz. "Não mais do que já era", diz House, que tem outra eureca. Addie está deprimida – ela tentou se matar com fluido de limpeza em cápsula de gel.

É isso que os pacientes obtêm de House – ele não sabe seus nomes, não se importa com seus destinos, mas salvará suas vidas. House não oferece uma garantia junto com seu serviço. Ele promete a Addie que não contará a seus pais que ela tentou suicídio, mas conta a eles mesmo assim, para não ficar com o fardo dessa informação. E, quando a mãe de Addie pergunta se ela pode ligar para fazer mais perguntas, House diz que não.

HÁ HOUSES NA VIDA REAL?

Bobbin Bergstrom: "Eu preferiria ter um asno me tratando que soubesse o que estava fazendo do que alguém que me desse tapinhas nas costas e depois cometesse um erro."

David Foster diz que ele ouve o tempo todo a seguinte pergunta: House parece com alguém que conhecemos?

"Digo que é claro que não; nenhum médico conseguiria realmente dizer coisas e agir dessa maneira. Mas se você conversar com enfermeiras, elas dirão que 'esse Dr. House, ele existe na vida real'. Dr. House é mais parecido com os médicos do que os médicos pensam."

DAVID SHORE: Acho que é uma das atrações do programa. Acho que todos nós trabalhamos com pessoas que são problemáticas, e o problema está nos olhos de quem o vê; provavelmente somos o problema de alguém.

BOBBIN BERGSTROM: Houve um paciente terrivelmente triste que tinha Aids, sofreu uma parada cardíaca e morreu. Seu amante estava em pé bem perto dele, e o médico entrou e perguntou: "Você é o próximo da fila?", bem na frente do companheiro. Há Houses na vida real.

Dormindo por aí

"A namorada perfeita para House é uma pergunta que as pessoas me fazem mais do que qualquer outra. Não apenas fora das gravações, mas em meio a gravações também, os agentes tentam promover atrizes diferentes. Quem é a mulher que pode curar aquelas feridas? Há algo incrivelmente romântico

nisso... Quem será capaz de ver além das aparências e de celebrar o que está por baixo daquela superfície áspera?"

— Katie Jacobs

House desfruta de uma vida sexual ligeiramente mais ativa em sua cabeça do que na realidade. Ele fantasiou Cuddy se despindo e alucinou ter feito sexo com ela, e ele estava muito mais familiarizado com a Amber imaginária do que com a da vida real. Ele já esteve amorosamente envolvido com quatro mulheres: Cameron, Stacy, Lydia e Cuddy. Além disso, houve mulheres com as quais ele não se envolveu de fato, suas prostitutas (usando suas palavras), como Paula — "Estou procurando uma distração. Você não precisa falar para fazer isso, precisa?" ("Distrações") — e a "atriz" que ele contrata para ajudar a atacar Kutner, Taub e o esquema deles de diagnósticos on-line ("Deixe que comam o bolo").

"A existência do tato tem suas razões em uma sociedade civilizada, mas é muito raro, renovador e heroico um cara que simplesmente diz o que pensa não porque está na agenda dele fazer você gostar ou desgostar dele; ele acredita que é certo dizer isso em um determinado momento, então ele o faz. Isso é muito raro. Talvez devesse ser."

— David Shore

Em "Medicina esportiva", Wilson janta com Stacy, a advogada, e House diz que ele não tem o direito de ficar chateado. Os telespectadores não sabem coisa alguma sobre Stacy, mas sabem que House está levando Cameron para um rali de caminhões enormes. Isso é um encontro? "Sim", diz House, "exceto pela parte do encontro." Cameron deixa claro que está romanticamente interessada em House, mas este, cientificamente, está mais interessado em saber as razões do que em dar seguimento à ideia. Cameron desiste ("O exemplo") e diz que só voltará atrás se House concordar em ter um encontro de verdade. Mas o namoro de House e Cameron ("O amor dói") é apenas outra sessão de solução de enigmas para House.

Ele acha que Cameron está tentando reproduzir sua experiência de quando casou com um homem que estava morrendo de câncer. "Eu sou o que você precisa", diz House. "Tenho problemas."

> **PERGUNTA:** Mira Sorvino [Cate, a cientista da Antártica em "Congelada"] seria a namorada perfeita?
>
> **DAVID SHORE:** Sim. Porque ela estava a 15 mil quilômetros de distância.

No episódio seguinte, Stacy aparece no PPTH e ficamos sabendo que ela é a ex que House não vê há cinco anos. Cameron percebe que não tem chance e parte para outra.

> **PERGUNTA:** Lamento ver que não deu certo com Stacy.
>
> **DAVID SHORE:** Ele estragou tudo. É condizente com seu caráter de estragar tudo. Colocá-lo em um relacionamento naquele momento teria sido um erro. Você precisa de House como aquele lobo solitário.

Stacy trouxe o marido, Mark, para ser tratado por House. Em "Três histórias", House, durante sua palestra, sem dizer a quem se refere, revela a história do que aconteceu com sua perna: um aneurisma que coagulou, levando à obstrução. O músculo da perna morreu. O problema não foi diagnosticado até que três dias depois o paciente sugerisse que o músculo poderia estar morto. A companheira de House na época era... Stacy. House se recusa a enfrentar a perda da perna: ele viverá com dor. House é colocado em coma para que possa dormir durante a pior parte da operação. Quando ele está inconsciente, Stacy faz uso da procuração médica em nome dela e faz com que removam o músculo da perna de House, um meio caminho entre amputar e deixar o tecido no lugar. House acaba com uma perna ruim, dor crônica e amargura dirigida a Stacy. "Salvei sua vida", ela diz. "Sim, talvez."

CAMERON: Como ele era antes da perna?

STACY: Do mesmo jeito. ("Lua de mel")

"Não atribuo tudo àquela perna. Eu suspeito e já me referi a isso... Ele era brilhante, mas antes desse acontecimento tinha a mesma atitude com relação à humanidade. Acho que, provavelmente, disfarçava um pouco mais antes. Ele era um imbecil, mas disfarçava. No entanto, acho que, quando ele ficou manco, percebeu que podia agir impunemente. Que as pessoas o perdoariam um pouco."

— DAVID SHORE

House tenta diagnosticar Mark mesmo não tendo certeza sobre desejar que o marido de Stacy continue vivo. House e Stacy não superaram a relação que tiveram. No final da primeira temporada, ela conta a ele: "Você foi o homem mais importante da minha vida. Sempre será. Mas não posso ficar com você."

Stacy: Você é muito bom por sempre achar que está certo. E o muito frustrante é que você está certo a maior parte do tempo. Você é brilhante, engraçado, surpreendente e sexy.
Mas com você eu me sentia sozinha. E com Mark há, há espaço para mim.

House diz simplesmente "Ok" e eles se beijam. Até conhecer Cuddy, House nunca disse a mulher alguma que ele mudaria por causa dela: aqui estou eu, é pegar ou largar. No final da primeira temporada, Cuddy oferece um emprego a Stacy, o que significa que ela estará no PPTH, pronta para se apaixonar por House novamente. "Odeio você e amo você", ela diz a House. "E amo Mark." ("A corrida") House manipula e conspira: ele arromba a sala de terapia para ler as anotações das sessões de Stacy e Mark; ele dorme com Stacy quando ficam presos fora da

cidade em uma viagem de trabalho ("Falha na comunicação"). Porém, quando Stacy conta a House que está preparada para deixar Mark, ele diz para ela não fazer isso. Mark está disposto a fazer o que for preciso; House, não. Ele diz que não pode fazê-la feliz e que posteriormente ela precisará de algo que ele não poderá oferecer ("Preciso saber").

Wilson está furioso com House por deixar a oportunidade passar. House precisa querer mudar e tentar ser feliz, algo que não está disposto a contemplar:

Wilson: Você não gosta de você. Mas se admira. É tudo que tem, então você se agarra nisso. Você tem tanto medo de mudar porque perderá o que o faz ser especial. Ser infeliz não o torna melhor do que ninguém, House. Isso só o torna desprezível.

"Há uma fala em que Wilson diz: 'Você não gosta de você, mas se admira', e acho que isso é verdade. Ele não gosta de si e acho que está apavorado de pensar que se vivesse a vida como outra pessoa, ainda assim não seria feliz. Além disso se odiaria. Ele admira as escolhas de vida que fez. Ele não se respeitaria toda manhã ao acordar."

— David Shore

Na quinta temporada, House finalmente ultrapassa todos os limites ao alucinar que faz sexo com Cuddy, quando tenta diminuir o uso de Vicodin. No Mayfield Hospital, House observa uma mulher chamada Lydia ir à sala de estar do hospital e tocar piano para Annie, a irmã de seu marido. Annie tocava violoncelo em uma orquestra, mas agora ela se fechou no próprio silêncio. House e Lydia ficam próximos, mas ele se afasta dela por achar que as pessoas sempre se machucam. No entanto, eles se encontram. Lydia trouxe o violoncelo de sua amiga para o hospital, caso esta acorde; o próprio House de repente parece ter encontrado uma força positiva em Lydia; eles se abraçam, dançam e fazem amor.

Lydia busca um milagre e de fato alcança um. House começa a entender que quer melhorar. Ele pede desculpas ao paciente que se autodenomina "Mestre da Liberdade", que foi ferido quando House o tirou das dependências do hospital para que o ele realizasse sua fantasia de voar. Na sala de estar, o Mestre da Liberdade quebra o silêncio de Annie ao presenteá-la com uma caixa de música, e Annie toca violoncelo novamente. House vai à casa de Lydia — a recuperação de Annie a levará para fora do Estado, assim como Lydia. Ela não contou a House porque pensava que tudo terminara perfeitamente bem entre eles. Ela é casada; House foi um caso passageiro. Mas ele não quer que nada termine.

House conta ao seu psiquiatra, Dr. Nolan: "Ela partiu. E estou perdido." Nolan vê que House criou um vínculo suficientemente forte com alguém a ponto de se machucar, o que significa que ele pode deixar o hospital. Quando volta ao PPTH e para Cuddy, House parece pronto para um relacionamento verdadeiro. Ele simplesmente não fez jus a isso ainda. Talvez.

Tomando drogas

> "House aceitou por quatro anos e meio que era viciado em Vicodin, mas não tinha problemas com isso. Ele achava que essa era a melhor saída para uma merda de situação. De seu ponto de vista, ele não tomava esse remédio para fins recreativos, para ficar dopado, mas para não sentir dor e poder funcionar durante o dia. Sim, ele estava viciado, e, sim, seu corpo pagava um preço alto por isso, mas ele não dava a mínima: aquilo funcionava. É uma questão complicada, a qual nos traz aqui. Acho que ele estava fundamentalmente certo com relação a essa questão, até que começou a ter alucinações e a não ser capaz de distinguir a realidade."
>
> — David Shore

"Não, não tenho problemas para lidar com a minha dor, tenho um problema de dor." Essa afirmação, conforme colocada em "O princípio de Occam", é a posição consistente de House sobre o uso de drogas. Sua perna dói, ele toma remédios, ele consegue seguir com sua vida. Nem todos concordam. "House é um drogado", diz Foreman em "O filho do sujeito em coma". Mas é um drogado funcional? Em "Desintoxicação", Cuddy desafia House a parar com os comprimidos em troca de não precisar atender na clínica por um mês. House sofre muito com a abstinência e esmaga uma das próprias mãos com um pilão, para a dor distraí-lo da desintoxicação. House consegue por uma semana, e Wilson pergunta se ele aprendeu algo: "Sim, sou um viciado."

> **HOUSE:** Disse que sou um viciado. Não disse que tinha um problema. Pago minhas contas. Faço minhas refeições. Sou funcional.
>
> **WILSON:** Isso é tudo que você quer? Você não tem relacionamentos.
>
> **HOUSE:** Não quero relacionamento algum.

A dor na perna de House piora com o passar do tempo. Em "Superficial", ele pede que Cuddy lhe dê uma injeção de morfina para conseguir algum alívio. Entretanto, quando é baleado por Moriarty em "Sem motivo", a perna de House melhora após a cirurgia. Assim como Stacy, Cuddy aproveitou a oportunidade da inconsciência de House para tentar consertar sua perna, ou pelo menos para diminuir sua dor. House é colocado em um "coma induzido" e seu cérebro é reacionado, uma experiência tentada em pacientes com dor crônica. Há cinquenta por cento de chances de que sua dor volte. Ele próprio nega isso, mas House tem o efeito colateral das alucinações. No entanto, ele não sente dor por alguns meses. Não dura muito, e em "O significado das coisas" House se receita Vicodin com o receituário de Wilson.

Enfiar um termômetro no traseiro de um paciente chato e ir embora do hospital parece algo que House faria sem sofrer consequências. Mas

como se tratava do detetive Tritter, House escolheu o traseiro errado. Tritter conta a Cuddy que House é um intimidador, e intimidadores não desistem até que encontrem alguém que seja mais forte e mau. House não está disposto a se desculpar, então Tritter retalia: manda House parar em um sinal de trânsito, encontra os comprimidos e o prende por posse de narcóticos ("O amor é cego"). Com Tritter, a ideia era a de "que House finalmente seria pego", diz Katie Jacobs. House é um viciado funcional ou alguém que abusa de Vicodin? "Precisamos lidar com a existência de um chefe da medicina diagnóstica que salva vidas e que toma comprimidos", diz Jacobs. "Sinto que Tritter nos deu a oportunidade de ver ambos os lados disso."

> "É aí que penso que o programa atinge seu auge. Nada é completamente preto no branco. Quando as pessoas dizem que House é um babaca, não entendo sobre o que elas falam especificamente. Os roteiristas são tão sutis e capacitados, que não há preto no branco."
>
> — KATIE JACOBS

> "Muitas pessoas pensavam que Tritter era apenas um cara mau, e eu nunca o percebi somente assim. Tritter era muito correto sob muitos aspectos."
>
> — DAVID SHORE

Tritter tenta, mas fracassa em obter alguém para testemunhar contra House, até que Wilson se prontifica. House chega ao fundo do poço para obter suas drogas, finalmente roubando a receita de um morto. Tritter mostra que não quer se vingar de House: essa é a sua maneira de promover o bem maior.

TRITTER: Os comprimidos distorcem a realidade. Ele é um viciado.

CUDDY: Ele não está roubando uma loja de bebidas, ou...

TRITTER: Não, ele está tratando pessoas. Ele precisa encontrar uma maneira diferente de lidar com isso antes que mate alguém. Se é que ele já não fez isso. ("À procura do Judas")

Tritter fica frustrado no tribunal pela mentira flagrante de Cuddy no banco das testemunhas em favor de House. Aqui, Cuddy faz um acordo com o diabo, ela e reconhece isso: "O único ponto favorável é que agora você tem uma grande dívida comigo", ela diz. Tritter é magnânimo na derrota: "Espero que eu esteja errado com relação a você", ele diz a House. Ele não está. A aparente reabilitação de House é mostrada como falsa quando um servente passa Vicodin escondido para ele, e ele volta à estaca zero ("Palavras e ações").

Na quinta temporada, a hipótese de vício funcional finalmente cai por terra. Em "O lado mais doce", House, perigosamente, se automedica metadona e, sem dor e feliz, pede demissão. Porém, House preferiria pegar a estrada que lhe é familiar: resolver enigmas no PPTH, dor e infelicidade. "Esse é o único eu disponível", ele conta a Cuddy. Antes de Kutner morrer, em "Encarcerado", House admite que está indo a um psiquiatra, talvez um vislumbre de esperança. Então, Kutner morre, e a necessidade de House por respostas o leva ao limite e além dele. House não acredita que Kutner se matou; está convencido de que Kutner foi morto. Ele começa a alucinar com Amber. No pior momento, ele ateia fogo a um cadáver no necrotério enquanto bebe Sambuca, antes da despedida de solteiro de Chase ("Dividido"). Então, ele alucina que faz sexo com Cuddy e está a caminho do Mayfield Hospital.

> "Ele entrou na instituição, mas isso teve muito menos a ver com ficar livre das drogas do que com ele precisar viver a vida, reconhecer as próprias falhas e limitações. As quais, acredito, ele tenha em um determinado nível."
> — David Shore

··················

House sai do Mayfield livre das drogas e desempregado. Mas ele acha impossível ficar longe de seu outro vício: enigmas. Em "O grande fiasco", quando Vince, o sujeito do videogame, expõe seus sintomas na internet e oferece uma recompensa pelo diagnóstico, House resolve o caso (e ganha 25 mil dólares). Dr. Nolan vê que os enigmas e as drogas funcionam na mesma área da cabeça de House: ele resolveu o enigma, e sua perna parou de doer. Nolan diz para House voltar ao trabalho. Há demônios lá. "Mas a única coisa pior do que voltar talvez seja não voltar."

PERGUNTA: Ele é um viciado.

DAVID SHORE: É difícil imaginar que ele não vai ter uma recaída em algum momento.

A APARÊNCIA DE HOUSE

Cathy Crandall tem fotografias de Marlon Brando e de Sean Penn na parede como inspiração para a aparência de House. Ela refletiu sobre a personalidade irreverente do personagem: "Demos a ele um tipo de aparência 'não me importo a mínima' com roupas, embora o segredo fosse desejarmos que ele tivesse uma aparência interessante."

Cathy dá a House um casaco arrumado, limpo e feito sob medida, combinando-o com uma camisa amassada, jeans e um par de tênis de sua vasta coleção de Nikes. Mas os casacos esportivos de House, na verdade, não vestem bem: são pequenos demais. "Os casacos contam uma história", relata Cathy. Ele é alguém que não usa muito tempo para fazer com que suas roupas caiam perfeitamente bem. É "sutil, mas perceptível", diz Cathy. "Às vezes, um personagem pede roupas que caiam mal."

Não se engane: as roupas são legais. A maioria dos casacos esportivos de House é de Alexander McQueen, e suas camisas "são muito caras. Isso é que é estar em um programa de sucesso". Quanto às camisetas de House, "tentei mantê-las um pouco para o lado do rock and roll" — muitas são feitas sob encomenda. Você também não encontrará a jaqueta de motociclista de House em alguma loja. Cathy pegou uma jaqueta Vanson padrão e acrescentou umas listras elegantes nas mangas.

O império contra-ataca

> "O que Hugh faz é realmente incrível: a ideia de que ele não só consegue retratar convincentemente um norte-americano, como também levar toda a especificidade para a interpretação na medida em que o faz, o número de páginas que ele memoriza por dia. Não quero ser desrespeitosa com qualquer outra pessoa na televisão, mas não acho que alguém chegue perto do que Hugh faz."
>
> — Katie Jacobs

Hugh Laurie é um dos inúmeros britânicos e canadenses, além de um ou outro australiano, que trabalham em *House*. O DF Gale Tattersall e outros membros da equipe são ingleses, parte de um grupo de dezenas de milhares de ingleses em Hollywood. O diretor de arte, Jeremy Cassells, é escocês; David Shore e David Hoselton são canadenses; Jesse Spencer é autraliano. Hugh Laurie já era um ator muito conhecido no Reino Unido, principalmente por seu trabalho cômico em programas como *Jeeves and Wooster*, *A Bit of Fry and Laurie* (com Stephen Fry) e a série *Blackadder*. Em nenhum desses programas Laurie precisou falar com sotaque americano.

"Meu pai faleceu, e lembro que as épocas mais divertidas que passei com ele foram rindo histericamente enquanto assistia *Jeeves and Wooster* e *Blackadder*. Lembro que, quando encontrei Hugh, eu sentia meu pai lá em cima, no céu, dizendo: 'Finalmente você está trabalhando com um ator que respeito.'"

— Jeremy Cassells

A única pessoa que não fica completamente convencida com o sotaque de Hugh Laurie é Hugh Laurie. "O sotaque vai e vem", ele diz. "Tenho bons e maus dias e, seis anos depois, não consigo entender por que tenho bons e maus dias." Ele pratica seu sotaque a caminho do estúdio. Se está na motocicleta, ele percebe outros motoristas nos sinais de trânsito se perguntando com quem ele está falando. "Há dias em que simplesmente não consigo fazer o sotaque", ele conta, e depois se corrige. "Não, nunca consigo fazê-lo." Se ele precisa regravar algum diálogo, ele se ouve.

"Posso entrar e escutar apenas uma frase, mas já consigo ouvir três erros e penso: 'Bem, se eu corrigir esses três, isso significa que no total do programa há 31 mil'. O que vou fazer? Chega um momento em que não há tempo suficiente."

Por outro lado, Gale Tattersall descreve o sotaque de Hugh Laurie como "perfeito". Gale fica maravilhado por Laurie lembrar todos os diálogos e termos médicos, e todos os detalhes físicos com a bengala. "Ele é

A jaqueta personalizada de House

um ator muito magnífico", Gale opina. "É realmente uma alegria assistir ao seu trabalho e fazer parte da equipe." Os roteiristas Russel Friend, Garrett Lerner e Tommy Moran falam sobre a ética profissional de Hugh Laurie e sobre o que o ator traz para o programa além do que os telespectadores veem. Quando House quebra a privada de Cuddy, em "Deixe que comam o bolo," Laurie descobriu a melhor forma de fazer isso com o martelo, precisando de um golpe apenas, em dado momento usando o martelo no lugar da bengala, um pequeno improviso. Os três discutem a percepção de Laurie de como uma tomada deveria ser desenvolvida. Eles concordam que o sotaque de Hugh é bom. "Acho que é perfeito", comenta Garrett. "Às vezes, ele cobra demais de si mesmo após uma tomada, e você diz, 'Que palavra? Não sei o que tem de errado aí.'"

Garrett Lerner se lembrou de Hugh Laurie em um episódio de uma comédia cult britânica, *The Young Ones*; Russel e Tommy o conheciam menos e ficaram completamente convencidos com o sotaque. Russel conta: "Quando nos conhecemos, e ele falou com um sotaque britânico, eu disse: "Ei! Por que esse sotaque?" Tommy Moran tinha ouvido Laurie falando apenas com sotaque americano, até durante o almoço. Então, Laurie deu uma entrevista para o *Good Morning America* no estúdio. "Ele fala com sotaque americano até o momento em que fazem uma pergunta a ele, que responde com sotaque britânico. Por um segundo pensei que ele estivesse respondendo com um sotaque de brincadeira."

TOMMY MORAN: Não parece a voz dele. Soa estranho para mim.

GARRETT LERNER: O sotaque britânico dele é uma droga.

Hugh Laurie sobre... *House*

PERGUNTA: O grupo é ótimo, aqui...

Eles são um grupo adorável, um grupo adorável. Eu não sou.

PERGUNTA: Qual foi sua expectativa quando gravou o piloto? Terminá-lo? Fazer dez programas...

É isso. Achei que seriam duas semanas interessantes. Bryan Singer é obviamente um companheiro interessante, e no final eu teria um DVD de uma hora de duração que poderia mostrar aos amigos e dizer: "Vejam só o que poderia ter sido."

PERGUNTA: Mas você sabia que era um bom roteiro...

Sabia. Sempre soube que podia ser bom. Não estou sendo muito sincero. Sempre tive uma leve suspeita de que poderia dar certo. Achei que havia um valor real nisso. Você fica à mercê de muitas coisas que não têm nada a ver com o programa.

PERGUNTA: Qual é a intensidade do ritmo do programa?

É intenso e implacável. A quantidade de trabalho é desconcertante, mas, apesar de tudo, as pessoas são muito profissionais, e as coisas parecem fluir suavemente. É um animal não mecanizável. Você não pode simplesmente apertar um botão e fazer com que os roteiros sejam produzidos contínua ou mecanicamente, e você não pode simplesmente apertar um botão e fazer com que a câmera filme sozinha. Toda semana, você sente como se ligeiramente reinventasse a roda. Em cada cena, você meio começa do zero, pensando: "Como faremos isso de uma forma que ainda não tenha sido feita?" Acho que seria possível simplesmente nos concentrarmos nas coisas que sabemos que foram bem-sucedidas, mas todo mundo tenta fazer o oposto: os atores tentam encontrar coisas que nunca fizeram, e os diretores, o que nunca filmaram.

PERGUNTA: Você se sente pressionado?

O estranho nesse jogo — que não, não é um jogo — é que, em última análise, claro, se trata apenas de um programa de

televisão. Mas o paradoxo é que se você o trata como se ele fosse apenas um programa de televisão, ele não seria um programa de televisão, seria um programa cancelado. Todos são obrigados a ser pagos para ser ligeiramente obcecados com tudo. Claro, sabemos que não estamos curando o câncer. Nem retratamos pessoas que curam câncer, mas é preciso que sejamos obcecados e perfeccionistas com isso, mesmo que seja para ter a chance de permanecer no jogo. Há muita competição envolvida e é bastante difícil conquistar os telespectadores, além de haver um milhão de pessoas querendo fazer o que fazemos. Podemos todos sentir o bafo quente do fracasso em nossas nucas, e tudo pode se desmantelar.

PERGUNTA: Não a última temporada...

Às vezes, vou para a internet porque não tenho outra forma de saber o que as pessoas pensam. Não recomendo isso, e, claro, é absolutamente mortal, porque as pessoas só reclamam. Não estou desconsiderando a crítica, nem se pode fazer isso, mas acho que grande parte do que é considerado insatisfatório está, na verdade, naqueles que reclamam. Faz parte de seus próprios progressos orgânicos. Pode-se dizer: "A segunda temporada foi muito melhor." Bem, ela realmente foi, ou você ainda não conhecia bem o programa? Os telespectadores eram os telespectadores que eram quando viram o programa pela primeira vez. Na verdade, acho que algumas coisas que fazemos agora são melhores do que tudo que já fizemos.

PERGUNTA: Mesmo hoje em dia, você lê um texto e pensa: "Isso é legal?"

Sim, de verdade. E, claro, frequentemente somos acusados de seguir uma fórmula, mas essa é a natureza da televisão.

"Tratar pacientes é o que torna a maioria dos médicos infeliz."

Você precisa construir alguns cenários e reutilizar outros. Essa é a primeira consideração e a mais prática. Você não pode fazer um programa de televisão que não recicle seus objetos físicos. Assim que você estabelece algo em um determinado lugar, em geral o local de trabalho, isso requer uma estrutura regular; de outra forma, não seria econômico. Acho que reproduzimos muito menos fórmulas do que aqueles programas policiais que pegam o bandido todas as semanas.

PERGUNTA: Vocês fazem parte do programa mais popular do mundo. Que tal?

Não sei o que isso significa. Mas parece ser estranhamente bem-sucedido em outras partes do mundo. Fico muito sur-

preso com isso porque é um programa muito verbal. Não temos muitas perseguições de carros, explosões de helicópteros ou perseguições por cima de telhados.

PERGUNTA: Você levou um soco.

Levei um soco. Isso provavelmente deve ser popular em muitas culturas.

PERGUNTA: Você sabia que isso ia acontecer.

Sim, faço por merecer todas as semanas.

PERGUNTA: Chase deu um soco em você na última temporada...

Houve uma fala na estreia em que o psiquiatra dizia algo sobre pessoas ganhando o que merecem, e House desprezou essa ideia, reconhecendo o fato de que, se houvesse alguma justiça, ele seria repetidamente estuprado por seus pacientes. Ele assume que seu comportamento é provocador.

Hugh Laurie sobre... a filosofia de *House*

PERGUNTA: É um tema importante. Você não tem o que merece, só tem o que tem.

Você só tem o que tem. É um tipo de antitelevisão, me parece, sobretudo neste país. Os filmes e a televisão servem para reassegurar às pessoas que existe uma como justiça, que a virtude é recompensada, que o mal é punido e que a mocinha e o mocinho se apaixonam. Há uma posição satisfatória para os eventos em nossas vidas, e *House* se coloca resolutamente contra isso. Embora, claro, tenhamos conhecimento de que

estamos em um programa de televisão em que, geralmente, as pessoas sobrevivem a doenças terríveis e que existem finais felizes. Como personagem, House desdenha muito de toda a ideia de justiça. As pessoas assistem a programas de televisão porque sabem que suas vidas são muito fortuitas e injustas. Elas ligam a televisão para ver justiça, pessoas ruins sendo pegas e boas sendo aplaudidas.

PERGUNTA: E o cara do fundo de investimento que doa seu dinheiro?

Há um tipo de economia moral psíquica que ele precisa aliviar.

PERGUNTA: Isso não atrairia House.

Não, não atrairia, mas estranhamente House pega relativamente leve com ele; fica irritado, mas de certa maneira solidário. Por haver um tipo de protestantismo ascético em House, acho. Ele considera a resposta fácil ou confortável como essencialmente suspeita. Se é fácil, é provável que haja algo de errado com ela, e isso se equipara ao dilema do cara. Ele é tão bem-sucedido em tantas áreas de sua vida, que tem de haver algo errado em algum lugar. Há um preço a ser pago.

PERGUNTA: House não é materialista.

Ele é muitas coisas. Mas ele tem um tipo de compulsão aquisitiva, infantil e trivial, para ter dinheiro e brinquedos. São simplesmente formas de medir os resultados para House.

PERGUNTA: Você acha que é uma qualidade atraente House dizer tudo que vem à mente?

Claro. É como o mito de Ícaro, o sonho de ser capaz de voar. É um tipo de falta de peso social, caso você não seja puxado para baixo pela gravidade de "Não devo dizer isso", "Não devo dizer aquilo", "Fico constrangido com isso". Esse personagem simplesmente não obedece às leis da gravidade. Ele é autorizado a voar alto, e isso é uma esperança estimulante. Isso é inatingível.

PERGUNTA: Tudo gira em torno de passar por mais um dia porque é difícil passar por cada dia.

É difícil. E House suspeita da ideia de bem intrínseco. Há um roteiro escrito por Larry Kaplow chamado "Autópsia", pelo qual ele ganhou o prêmio Writers Guild Award, que é sobre uma jovem com um tumor no cérebro. Todos no hospital ficavam maravilhados com o ânimo e o estado mental da menina, a coragem, e House é cético quanto à noção de câncer e coragem. É uma das formas de nos submetermos ao câncer dizer que todos que o têm são corajosos. House é muito cético. Até que ponto ela pode ser corajosa? Todas as vítimas de câncer são corajosas? Se todos são corajosos, a palavra *coragem* não tem muito sentido.

Então, ele prega a ideia de que a coragem dela é um sintoma; sua personalidade foi afetada pelo câncer, e esse é o jeito como eles tratarão isso. E a genialidade do roteiro reside no fato de que ele está errado. Ele está errado de tal forma que isso leva a uma solução melhor de como tratá-la. É um roteiro absolutamente fabuloso, filosoficamente muito fascinante, como todos.

PERGUNTA: Há algumas enfermidades houseanas, como a do cara que abusa do xarope para tosse a fim de se tornar mais burro. ("Santa Ignorância")

Absolutamente brilhante. Acho que é doloroso para House, e o assusta ver alguém suprimir seu intelecto para atingir a felicidade, uma vez que ele mesmo sempre privilegiou o intelecto acima da própria felicidade. Mas ele consegue ver que aquilo é, pelo menos, uma posição defensável e conclui aceitando que a ignorância é uma bênção.

Hugh Laurie sobre... Lucas

PERGUNTA: O outro amigo em potencial de House se tornou um rival. Pobre House.

O mais jovem. De um jeito engraçado faz sentido... House seria muito mais rude em relação a alguns outros possíveis companheiros de Cuddy. Para dizer a verdade, ele foi.

PERGUNTA: Ele tinha como se livrar daqueles caras.

Mas aqui está um que é levado a sério. Estranha e tortuosamente, posso imaginar House dando sua bênção a Lucas. Pensar em House aprovando de alguma forma o relacionamento. Sem admitir isso, mas aprovando em algum nível.

Hugh Laurie sobre... Wilson

PERGUNTA: Esse é um dos poucos programas que investigam relacionamentos masculinos...

Não sei por que essa palavra horrível *bromance* [mistura de *bro*, ou amigo, e *romance*] se tornou tão comum. Acho que os homens são muito confusos em relação à forma com que se comportam uns com os outros.

PERGUNTA: Depois de Amber, você precisou saber com quem Wilson estava se encontrando. Você tinha de saber o que ele estava fazendo.

Sim, porque, embora seja um relacionamento masculino, também é um relacionamento masculino-feminino. Não significa que estou a fim dele, e não quero caracterizar Robert Sean Leonard de forma alguma como efeminado ou não atraente, Deus me livre, mas há definitivamente, como havia com o *The Odd Couple**, lados masculinos e femininos em todos nós; Wilson tende para o feminino, e House, para o masculino relaxado.

PERGUNTA: Robert Sean Leonard diz que Wilson é mais perturbado do que House.

Acho isso possível. E provavelmente, na décima quarta temporada — já terei partido há muito —, haverá uma exploração da mente muito perturbada de Wilson. Ele é superficialmente muito mais funcional. A disfunção de House é muito evidente. Isso em si é relativamente mais saudável do que a tortura subterrânea de Wilson.

Hugh Laurie sobre... Hugh Laurie

PERGUNTA: Você assiste ao programa?

Tenho assistido. Na verdade, é mais prazeroso deixá-lo de lado por um tempo até ter esquecido quem o fez e também o que eu fiz. Às vezes, penso: "Ah, esse foi um bom momento."

---

* Filme de 1968 que relata o cotidiano de dois homens, Felix e Oscar, que passam a morar juntos. [*N. do E.*]

Se estiver fresco em minha memória, eu penso "Poderia ter feito melhor" ou "Por que fiz isso?".

PERGUNTA: Decorar suas falas é difícil?

Na verdade, não. É uma verdadeira bênção. É muito material. Quando o programa começou, os produtores e o pessoal do estúdio ficavam imaginando: "Bem, alguém vai gostar disso?" Essa é a primeira preocupação. A segunda é: "Se eles gostarem, podemos continuar a fazer isso?" Porque se ele não conseguir lembrar as falas dele, não podemos fazê-lo. Ou "Ele está sóbrio?", "Ele chega na hora?", "Ele carrega uma arma?". Todos esses tipos de coisa que, para ser honesto, aconteceram e provavelmente estão acontecendo agora mesmo em algum lugar de Los Angeles. Alguém que não chega na hora, que ameaça dar um soco no diretor ou chutar a mobília, ou que é tão despreparado a ponto de levar três horas para fazer algo que deveria levar uma. São todas preocupações importantes.

"É uma sorte que ele consiga decorar suas falas rapidamente. Assistindo, parece fácil. A definição de alguém que é fantástico no que faz é parecer que ele não está se esforçando. Mas é incrivelmente difícil para ele manter tudo isso."

— KATIE JACOBS

PERGUNTA: Da perspectiva inglesa, as pessoas conhecem você de *Fry and Laurie* e *Blackadder*...

Se é que conhecem...

PERGUNTA: Claro que sim. Ficaram massivamente surpresas com essa grande representação de um personagem?

Não acho que eles prestem alguma atenção. Essa é uma das peculiaridades estranhas da forma como tudo ocorreu: causou muito menos impressão, se é que causou alguma, na Grã-Bretanha. Somos o programa número um na Itália, na Espanha, na Alemanha, no Brasil. Recebo cartas de pessoas da Rússia. Na Grã-Bretanha, ele não penetrou de forma alguma. Não se popularizou. Tudo bem. Tudo realmente deu muito certo.

PERGUNTA: Alguns britânicos são ambivalentes com relação aos Estados Unidos.

Os britânicos são culpados por vários preconceitos péssimos com relação aos norte-americanos. "Eles não têm ironia." Isso é uma idiotice. Eles têm uma sensação muito mais desenvolvida de ironia do que nós, britânicos, em grande parte dos casos. Grande parte da televisão deles não é outra coisa se não ironia. Eles são incapazes de não ser irônicos... Há muitas pressuposições incoerentes e um pouco esnobes.

PERGUNTA: Você vive aqui e volta para lá?

Sim. Por necessidade, vivo aqui, mas não considero isso como "Viver aqui". Estou ficando aqui. Embora tenha finalmente pedido o *green card*, em parte porque a legislação que rege as autorizações de trabalho ficou tão restrita recentemente que, a menos que você o tenha, é muito difícil trabalhar nos Estados Unidos... Sou um grande admirador deste país e gosto muito das pessoas com quem trabalho.

PERGUNTA: É muito difícil fazer a parte da perna? Não é a perda da perna, é o braço.

Isso me afetou um pouco.

PERGUNTA: Eu ouvi você dizer que sua perna realmente dói.

Fiz algo; não sei o que fiz. É mais um problema mecânico. Ler um arquivo, abrir uma porta, atender ao telefone enquanto dou uma injeção. Meu problema, digamos, é como eu lidaria com a bengala.

Hugh Laurie sobre... House

PERGUNTA: Stacy. Você estragou tudo.

David Shore escreve cenas dramáticas absolutamente fantásticas, e tem um dom incrível para referências. O material de bastidores, ele escreve incrivelmente bem. A forma como ele se refere ao relacionamento passado, a eventos passados ou a conversas fora da tela que foram colocadas é absolutamente magistral. Incluindo a forma como ele apresenta o antigo relacionamento com Stacy, quase como se fosse *Casablanca*. Eles se conheceram em Paris. Os alemães vestiam cinza etc. E ela volta ao Rick's Bar. De todos os hospitais no mundo. Ele tem um dom maravilhoso para fazer isso. Acabei acreditando completamente naquela história e ficando muito intrigado com ela.

PERGUNTA: Na sexta temporada, somos levados a pensar que você está melhorando.

Bem, um viciado é um viciado seja qual for a substância — analgésicos, depressão, enigmas —, simplesmente torturando os que estão ao seu redor. O vício fica apenas em suspenso, mas nunca vai embora. Os alcoólatras vão aos Alcoólicos Anônimos pelo resto da vida.

PERGUNTA: House não tem tempo para ir a todos os lugares onde precisa ir.

Seria um dia cheio.

PERGUNTA: House apoia Chase contra Dibala. Ele diz: "Melhor um assassinato do que um diagnóstico errado."

O que é em parte uma brincadeira, mas apenas em parte. Ele está consciente de como isso soa aparentemente absurdo, mas ao mesmo tempo é verdade. São as duas coisas.

PERGUNTA: Você estava nessa posição antes, salvando a vida que está bem aqui, mas estamos pensando em milhares de outras pessoas que não conhecemos. Ron Livingston (Sebastian em "Tuberculose?"). Você realmente odiou aquele cara.

> "Não acho que House seja o diabo; nem que seja um anjo."
> — David Shore

Inveja... Em que escala os seres humanos tomam suas decisões? Eles as estão tomando com base nas pessoas na sala com eles?

PERGUNTA: Por que House tem uma bola de críquete em seu escritório?

É apenas alguma coisa que eu queria poder tocar de vez em quando. E ele também é um cara viajado, sempre senti como se fosse a universidade; na medida em que House é um acadêmico ou já foi um, o escritório é quase seu próprio país. Ele poderia obter todo tipo de curiosidades. Ele tem um troféu da CIA — uma águia que roubou da escrivaninha de uma mulher.

PERGUNTA: Você tem uma foto de Stephen Colbert.

Fiquei muito emocionado — porque o homem é um gênio — de ver que Colbert, talvez ironicamente, decidiu ter uma fotografia de mim como House no fundo (de sua mesa). Não me importo se é irônico ou não. Desde então, ele acumulou muitas outras fotos, e não sei bem se ainda estou lá, mas es-

tive lá por alguns anos e pensei que valia a pena retribuir a honra. Pensei que House provavelmente gostasse de Colbert. Parecia apropriado.

PERGUNTA: Eu adorava quando você quebrava privadas.

Há algo muito agradável em ver pessoas inteligentes, educadas, se comportando como crianças de cinco anos. Há uma criança dessa idade em todos nós. Ela nunca vai embora. Alguns outros programas atribuem somente uma característica a apenas um personagem e dizem que este é o cabeça quente. Ele é assim e assado. Somos todos cabeças quentes às vezes. Somos todos tímidos às vezes. Somos todos ansiosos.

PERGUNTA: David Shore não acha que House tenha um coração de ouro como alguns pensam.

Ele é capaz de praticar atos nobres de autossacrifício e é capaz de dar carinho. Quando faz isso, ele não precisa necessariamente ser recompensado. É uma das coisas estranhas e sentimentais sobre grande parte da televisão americana, os atos nobres ou gentis precisam ser reconhecidos e recompensados ou, pelo menos, aplaudidos. É incrível quantas vezes o diretor ou roteirista vai dirigir uma cena de tal forma que os amantes se juntem, ou a bomba seja desativada, ou o ato heroico ocorra em uma arena pública. Os amantes decidem reatar em um estádio de beisebol, em um aeroporto ou em um trem de metrô com pessoas aplaudindo. Nunca acontece em um quarto. House é incomum na medida em que ele não vê problema se as boas ações não são observadas, e essa é uma qualidade admirável. Aquela fala de Kipling ("If"): "Arrisque tudo em uma jogada de cartas/ E perca, e comece novamente em seus começos / E nunca sussurre uma palavra sobre sua perda." Não sussurre uma palavra sobre sua perda é algo muito nobre. House tem isso.

"Pessoalmente, não acho que ele tem o coração de ouro que muitos telespectadores pensam que ele tem. Acho que ele é um ser humano. Acho que esse é um dos pontos altos da interpretação de Hugh; seria muito fácil interpretar de forma tão simples, como se fosse um autômato, e nos deixar com aquela sensação em relação a Hugh de que há humanidade atrás daqueles olhos. Acho que essa é a única razão para os telespectadores o perdoarem por aquelas coisas."

— David Shore

PERGUNTA: Ele nunca dirá que se importa.

Certo.

PERGUNTA: Tritter realmente afetou House. Ele disse que todos mentem e que as ações também mentem.

Os policiais e médicos, mais do que qualquer outra profissão, veem a humanidade como ela é: pessoas em situações extremas. Eles provavelmente desenvolvem um sentido melhor do que é a humanidade e do que são capazes de fazer ou não. Isso foi muito sutil. A maneira como foi intensificado foi igualmente sutil. Começou com um comentário "Você me deixou esperando", que pega House em um momento ruim, então ele volta com um comentário perspicaz e depois chuta sua bengala como uma forma de intimidação física. Foi intensificado de maneira muito interessante.

PERGUNTA: Essa foi a única vez em que você pensou que House podia estar enfrentando alguém mais forte que ele.

Houve uma fala muito boa de Foreman. Você percebe que Foreman teve uma juventude complicada e uma experiência amargurante quando ele diz que os policiais têm um milhão de formas de estragar uma pessoa, e isso realmente é verda-

de. Você não quer que um policial seja seu inimigo. Isso não pode terminar bem.

PERGUNTA: Cuddy salvou sua vida.

Esse foi um momento lindo. Há algumas coisas das quais me orgulho muito por estar envolvido.

PERGUNTA: Daqui a 25 anos, House e Cuddy ainda serão amigos?

Não tenho a menor ideia. Médicos tendem a permanecer em suas profissões mais do que outros profissionais. Após investirem tanto em qualificação, eles persistem no mesmo trabalho.

PERGUNTA: O que ele faria ao se aposentar?

Sua perna dói até ele se envolver com um problema. Sherlock Holmes era um depressivo até enfrentar um problema.

PERGUNTA: Música é importante para você?

Sem dúvida. É um alívio para House. Acho que ele é uma figura tremendamente romântica, e a música é uma parte do lado romântico dele. Há um lado matemático mecânico da música que atrai House. Posso imaginá-lo sendo um estudante de Bach muito bom, entendendo a progressão matemática de Bach e a perfeição dela. Mas ele também tem um lado ligado ao jazz.

PERGUNTA: O pensamento desconjuntado. Ele improvisa maravilhosamente.

Perceber conexões entre coisas. Ser capaz de improvisar. Bach e Thelonius Monk poderiam coexistir em House.

"Sempre tive uma leve suspeita de que poderia dar certo."

CONCLUSÃO

> "Não nos esforçamos para ser um programa bom. Nós nos esforçamos para que, em cada programa, sejamos tão bons quanto possível e, felizmente, temos mais sucessos do que fracassos. Nenhum de nós está estudando para ser razoável."
>
> — KATIE JACOBS

Em 2009, a Eurodata TV Worldwide, uma organização francesa que coleta índices de audiência televisivos do mundo inteiro, declarou que *House* foi o programa mais popular da tevê mundial, com mais de 81,8 milhões de telespectadores em 66 países. *House* é um fenômeno comprovado, com sucesso por toda a extensão de culturas extraordinariamente diversas do mundo. O programa gerou muitos trabalhos escritos, variando de discursos acadêmicos a parafernália moderna associada aos grupos de fãs da internet. O charme rude de House transpõe barreiras de gerações, de limites e de todo indicador demográfico inventado pelos comerciantes internacionais. *House* está para sempre sendo reprisado na televisão a cabo americana. É seguro dizer: *House* é um sucesso.

Para o elenco e a equipe de *House*, o comprometimento diário com a excelência não mudou desde o piloto. A televisão é uma indústria em que a qualidade não é garantia de sucesso. *House* conseguiu ser tanto continuamente popular quanto extremamente bom, uma combinação difícil de ser alcançada. O programa é consistentemente indicado a mui-

tos prêmios, mostrando que é tido em alta estima por críticos e colegas do ramo, assim como por legiões de telespectadores. Entre os ganhadores: Emmys para David Shore por escrever "Três histórias" (2005); para Dalia Dokter, Jamie Kelman e Ed French pela maquiagem protética em "O que será, será" (2007); Greg Yaitanes por dirigir "A cabeça de House" (2008); e para Von Varga, Juan Cisneros, Gerry Lentz e Rich Weingart pela mixagem de som de "Dividido" (2009). Hugh Laurie ganhou os Globos de Ouro de melhor ator em uma série de drama em 2006 e 2007, e o Screen Actors Guild Awards em 2007 e 2008; Laurence Kaplow ganhou o Writers Guild Drama Award em 2006; e Russel Friend, Garrett Lerner, David Foster e David Shore ganharam o Writers Guild Drama Award em 2010, por "Derrotado"; e assim por diante.

Mesmo que, após seis temporadas, o trabalho do dia a dia no programa seja marcado pela contínua qualidade artística e técnica, a visão desde a ponte de comando mudou de alguma forma. Katie Jacobs descreve os desafios da primeira temporada: "A primeira temporada foi um exercício totalmente diferente. Estávamos trabalhando em uma época em que se sentia que tudo era uma luta, e não digo isso num sentido ruim. Tenho de lutar para permanecer no ar; tenho de lutar por boas propagandas; tenho de lutar por publicidade; tenho de lutar pelo elenco; tenho de lutar por tudo. É um negócio competitivo."

Ela os compara com hoje: "Agora, estou em uma posição realmente abençoada e incrivelmente diferente: não preciso lutar em mais nenhuma dessas batalhas. Estou no ar. Continuarei no ar. Consigo uma boa promoção — que ainda tenho que trabalhar para conseguir. É intimidante de uma forma diferente."

....

No centro desse universo particular está o personagem de House. Sempre girou e sempre girará em torno de House. A forma como ele foi construído ao longo dos anos permite que ele continue a ser capaz de surpreender as pessoas que acham que o conhecem muito bem. De

acordo com o homem que o criou, House é diferente, e não parecido, do restante de nós.

"Ele não é uma pessoa imoral; ele é muito moral no sentido de que está constantemente lutando para descobrir o certo a ser feito. As diretrizes sociais não são estímulo para ele de forma alguma. Ele trata todas as questões partindo de um ponto fundamental de debate. Ele nunca pergunta o que a lei diz para fazer. Ele pergunta o que os princípios éticos básicos consideram certo. E ele reconhece que muitas perguntas que os médicos enfrentam são muito, muito difíceis e complicadas."

— David Shore

PERGUNTA: House não é um homem com remorsos.
DAVID SHORE: Para dizer o mínimo.

House é limitado apenas pela habilidade dos roteiristas em encontrar desafios profissionais novos para ele, além de novos tormentos pessoais, e pela capacidade de Hugh Laurie viver o personagem com tão impressionantes força e convicção. Nenhuma dessas variáveis parece estar em questão.

....

No fim da sexta temporada, House está se automedicando com álcool. Em "Questão de escolha", ele acorda em uma cama vazia de um apartamento vizinho. Wilson paga cem dólares aos membros da equipe de House para que eles saiam com o médico (Foreman, de modo típico, negocia na tentativa de ganhar duzentos dólares). Na realidade, House se diverte cantando *Midnight Train to Georgia* em um bar de caraoquê com Foreman e Chase; Thirteen o leva para o Foxhole, um bar de lésbicas, uma noitada que Wilson diz que House não pode deixar de apreciar.

Porém, pairando por cima de tudo, como tem sido desde o início, está o relacionamento de House com Cuddy. Inocentemente (significando que Wilson não a pagou), Cuddy convida House para sair para comer. Ele diz não. Cuddy para na porta: as pessoas dizem as coisas mais importantes para seus médicos quando eles estão com as mãos em maçanetas.

CUDDY: Eu só queria que fôssemos amigos.

HOUSE: Engraçado. Essa é a última coisa que quero que sejamos.

Repentinamente, House está enfrentando o que ele mais teme, ficar sozinho. Sam está se mudando para o apartamento de Wilson, que pede que House se mude de lá. Lucas e Cuddy também estão indo morar juntos. "Passado" mostra uma sessão psiquiátrica de House com Nolan em tempo real. House está procurando distrações: beber e entrar em brigas, hospedar Alvie, seu velho amigo do Mayfield, e efetivamente perseguir o caso de uma mulher amnésica cuja pesquisa por sua identidade se compara às tentativas de Nolan de buscar as raízes do recente mal-estar de House.

Nolan deduz que o marido da amnésica tem medo de perder a esposa, e que House também está perdendo alguém. Ele sabe que House sempre terá Wilson, então deve ser Cuddy. Alvie penhorou alguns dos livros de House, e este vai às últimas consequências para tentar recuperar um deles, oferecendo ao comprador 2 mil dólares, fazendo Alvie roubá-lo depois. O livro é *Approach to the Acute Abdomen,* de Dr. Ernest T. Cuddy, bisavô de Cuddy, um volume com o qual House pretendia presenteá-la em alguma ocasião especial. Como Nolan descobre o que só pode ser a verdade, que House está de luto por alguém que amou, House sai repentinamente. Ele diz que fez o que Nolan pediu e que continua infeliz, mas Nolan só

pode fazer isso; ele só tem acesso à psique de House, não ao coração de Cuddy.

No episódio final, "Me ajude", House dá o livro para uma Cuddy recém-noiva. A mensagem que escreve nele é banal e não tem nada a ver com House: "Para Lisa e Lucas. Felicitações por adentrar um novo capítulo... Saudações, Greg. X.". House detecta alguma hesitação na resposta de Cuddy. Mas ele precisa esperar: Cuddy precisa lidar com um acidente sério, a queda de um guindaste em Trenton. House a acompanha e se encontra em uma situação extrema como em "Um dia, numa sala", ajudando Hanna, uma mulher cuja perna está presa por escombros pesados.

Cuddy e House já passaram por isso antes, em papéis diferentes. Em "Três histórias", Cuddy tenta persuadir House a ter sua perna amputada — ele sofreu a morte do músculo, e a opção mais segura teria sido a amputação, da mesma forma que é para Hanna, cuja perna foi esmagada. Enquanto Cuddy defende que eles retirem a perna, House tenta, desesperadamente, ganhar tempo para Hanna. Cuddy pensa que House está usando Hanna para se vingar dela.

CUDDY: Não amo você, portanto, apenas aceite isso e siga a sua vida em vez de fazer todas as pessoas infelizes.

HOUSE: Isso é excelente. Uma lição de vida dada por uma mãe solteira de meia-idade que está saindo com um projeto de homem.

CUDDY: Dane-se. Estou cansada de inventar desculpas por você... Chega.

House então diz a Hanna que ele desejava ter autorizado que amputassem a perna dele. Mantê-la o fez uma pessoa pior. "E agora, estou só." Os médicos de House erraram, receitando repouso e antibióticos, o que explica o estado em que

ele se encontra; o médico de Hanna (House) fez tudo certo na situação de emergência, e, após tê-la libertado, ela deveria ter sobrevivido. Enquanto House insistiu em manter a própria perna e vive, Hanna concorda em perder a dela e morre de uma embolia muito rara a caminho do hospital. Você não tem o que merece; você tem o que tem.

Face ao destino, tudo que House fez para mudar parece inútil. Foreman tenta argumentar com ele, mas ele está inconsolável. Ele vai para casa e toma os comprimidos de seu último esconderijo secreto, disposto a jogar para o alto tudo que obteve. Antes de pular do penhasco, ele é salvo por Cuddy, que diz que terminou com Lucas. Ela está em sua casa nova com o noivo, e tudo em que consegue pensar é House. A última discussão deles foi mais do que apenas preliminares. "Amo você", Cuddy diz. "Queria não amar. Mas não consigo." Após ouvir a última fala, House tem de parar para conferir: "Não estou alucinando, certo?" Ele não está; então algo *mudou*, e eles se beijam. Então, às vezes, você tem o que deseja.

Quem sabe onde House e Cuddy estarão daqui a duas semanas ou dois anos? Apaixonados ou sem se falar, ou apaixonados e sem se falar. A estabilidade é sempre passageira, e, qualquer que seja a crise repentina de Thirteen, ela está acontecendo naquele momento. Taub a pega deixando um bilhete para House. Ela está pedindo uma licença.

TAUB: Você está bem?

THIRTEEN: É claro que não.

....

Os fãs dos programas de tevê, assim como os de qualquer drama ficcional, torcem pelo sucesso e pela felicidade dos per-

sonagens de quem gostam e contra os que não apreciam. Desejamos que nossos personagens favoritos tomem boas decisões, para não pegarem aquela garrafa de bebida alcoólica ou aqueles comprimidos na esperança de que consigam mudar os próprios destinos e redirecionar suas vidas. Desejamos que eles previnam doenças, sejam quais forem os prognósticos. Talvez seja confortante saber que nada é moldado em pedra, que não há retorno predeterminado para estes ou aqueles relacionamento, carreira ou vida. Faça a David Shore a mesma pergunta que foi feita aos outros diretores de House sobre onde os personagens podem terminar. Você descobrirá que o futuro ainda está por ser escrito.

PERGUNTA: Daqui a vinte anos House e Cuddy serão amigos?

DAVID SHORE: Não posso responder a essa pergunta. Não posso dizer se eles estarão casados ou se serão inimigos. Não sei. Essas pessoas são um tanto reais em minha mente, e observo suas vidas se desenvolverem à medida que vou acompanhando.

PERGUNTA: Mas você as está desenvolvendo.

DAVID SHORE: Sim, mas estou levando-as aonde acho que é interessante e de acordo com o que parece natural. Não sei como tudo vai acabar.

Equipamentos de *House* em "New York Street", no estúdio da Fox em Los Angeles.

AGRADECIMENTOS

Ian Jackman gostaria de agradecer, na HarperCollins, a Matt Harper, Lisa Sharkey, Carrie Kania e Michael Morrison; na NBC Universal, a Kim Niemi e Steve Coulter; Stan Pottinger; Michael Yarish; Lindsey Jaffin; e a todos de *House* que foram tão generosos. Agradecimentos especiais a Geoffrey Colo e Neysa Siefert, que fizeram de tudo, e aos meus três cruciais: K, S e L.

GUIA DE EPISÓDIOS

Primeira Temporada

EPISÓDIO 1: Piloto
EPISÓDIO 2: Paternidade
EPISÓDIO 3: O princípio de Occam
EPISÓDIO 4: Maternidade
EPISÓDIO 5: Criticado de uma forma ou de outra
EPISÓDIO 6: O método socrático
EPISÓDIO 7: Fidelidade
EPISÓDIO 8: Veneno
EPISÓDIO 9: Me deixe morrer
EPISÓDIO 10: Histórias de pacientes
EPISÓDIO 11: Desintoxicação
EPISÓDIO 12: Medicina esportiva
EPISÓDIO 13: Amaldiçoado
EPISÓDIO 14: Controle
EPISÓDIO 15: Regras de gânsters
EPISÓDIO 16: Gorda
EPISÓDIO 17: O exemplo
EPISÓDIO 18: Bebês e água para banho
EPISÓDIO 19: Crianças
EPISÓDIO 20: O amor dói
EPISÓDIO 21: Três histórias
EPISÓDIO 21: Lua de mel

Segunda Temporada

EPISÓDIO 1: Aceitação
EPISÓDIO 2: Autópsia
EPISÓDIO 3: A queda do telhado
EPISÓDIO 4: Tuberculose?
EPISÓDIO 5: O garoto do papai
EPISÓDIO 6: A corrida
EPISÓDIO 7: A caça
EPISÓDIO 8: O erro
EPISÓDIO 9: A decepção
EPISÓDIO 10: Falha na comunicação
EPISÓDIO 11: Preciso saber
EPISÓDIO 12: Distrações
EPISÓDIO 13: Superficial
EPISÓDIO 14: Sexo mata

Segunda Temporada (continuação)

EPISÓDIO 15: Sem pista
EPISÓDIO 16: Por segurança
EPISÓDIO 17: Aposta tudo
EPISÓDIO 18: Cachorro que dorme não mente
EPISÓDIO 19: House *versus* Deus

EPISÓDIO 20: Euforia: parte 1
EPISÓDIO 21: Euforia: parte 2
EPISÓDIO 22: Para sempre
EPISÓDIO 23: Quem é seu pai?
EPISÓDIO 24: Sem motivo

Terceira Temporada

EPISÓDIO 1: O significado das coisas
EPISÓDIO 2: Com ou sem bengala
EPISÓDIO 3: Autorizações
EPISÓDIO 4: Rabiscos na areia
EPISÓDIO 5: O amor é cego
EPISÓDIO 6: O que será, será
EPISÓDIO 7: O filho do sujeito em coma
EPISÓDIO 8: O irmão mais velho
EPISÓDIO 9: À procura do Judas
EPISÓDIO 10: Feliz Natal
EPISÓDIO 11: Palavras e ações
EPISÓDIO 12: Um dia, numa sala

EPISÓDIO 13: Uma agulha no palheiro
EPISÓDIO 14: Insensível é a dor
EPISÓDIO 15: Meia capacidade
EPISÓDIO 16: Confidencial
EPISÓDIO 17: Posição fetal
EPISÓDIO 18: Transportado pelo ar
EPISÓDIO 19: Viver a idade
EPISÓDIO 20: Treinamento
EPISÓDIO 21: Família
EPISÓDIO 22: Resignação
EPISÓDIO 23: O idiota
EPISÓDIO 24: Erro humano

Quarta Temporada

EPISÓDIO 1: Sozinho
EPISÓDIO 2: A coisa certa
EPISÓDIO 3: 97 segundos
EPISÓDIO 4: Anjos da guarda
EPISÓDIO 5: Espelho, espelho meu
EPISÓDIO 6: O que for preciso
EPISÓDIO 7: Feio
EPISÓDIO 8: Não queira saber

EPISÓDIO 9: Jogos
EPISÓDIO 10: A mentira não se compra
EPISÓDIO 11: Congelada
EPISÓDIO 12: Não mude nunca
EPISÓDIO 13: Adeus, Sr. Bonzinho
EPISÓDIO 14: Vivendo um sonho
EPISÓDIO 15: A cabeça do House
EPISÓDIO 16: O coração do Wilson

Quinta Temporada

EPISÓDIO 1: Morrer muda tudo
EPISÓDIO 2: Não é câncer
EPISÓDIO 3: Situações adversas
EPISÓDIO 4: Marcas de nascença
EPISÓDIO 5: Treze da sorte
EPISÓDIO 6: Alegria
EPISÓDIO 7: A coceira
EPISÓDIO 8: Emancipação
EPISÓDIO 9: Último recurso
EPISÓDIO 10: Deixe que comam bolo
EPISÓDIO 11: Alegria ao mundo
EPISÓDIO 12: Indolor

EPISÓDIO 13: Bebezão
EPISÓDIO 14: O bem maior
EPISÓDIO 15: Infiel
EPISÓDIO 16: O lado mais doce
EPISÓDIO 17: Contrato social
EPISÓDIO 18: Vem cá, gatinha
EPISÓDIO 19: Encarcerado
EPISÓDIO 20: Simples assim
EPISÓDIO 21: Os salvadores
EPISÓDIO 22: Dividido
EPISÓDIO 23: Na minha pele
EPISÓDIO 24: Os dois lados

Sexta Temporada

EPISÓDIO 1: Derrotado
EPISÓDIO 2: O grande fiasco
EPISÓDIO 3: O tirano
EPISÓDIO 4: Carma imediato
EPISÓDIO 5: Coração valente
EPISÓDIO 6: Verdades não ditas
EPISÓDIO 7: Trabalho em equipe
EPISÓDIO 8: Santa Ignorância
EPISÓDIO 9: Wilson
EPISÓDIO 10: Segredos
EPISÓDIO 11: Remorso

EPISÓDIO 12: Família é família
EPISÓDIO 13: Um dia daqueles
EPISÓDIO 14: Vidas privadas
EPISÓDIO 15: Buraco Negro
EPISÓDIO 16: A sete chaves
EPISÓDIO 17: A queda do cavaleiro
EPISÓDIO 18: Aberto ou fechado?
EPISÓDIO 19: Questão de escolha
EPISÓDIO 20: Passado
EPISÓDIO 21: Me ajude

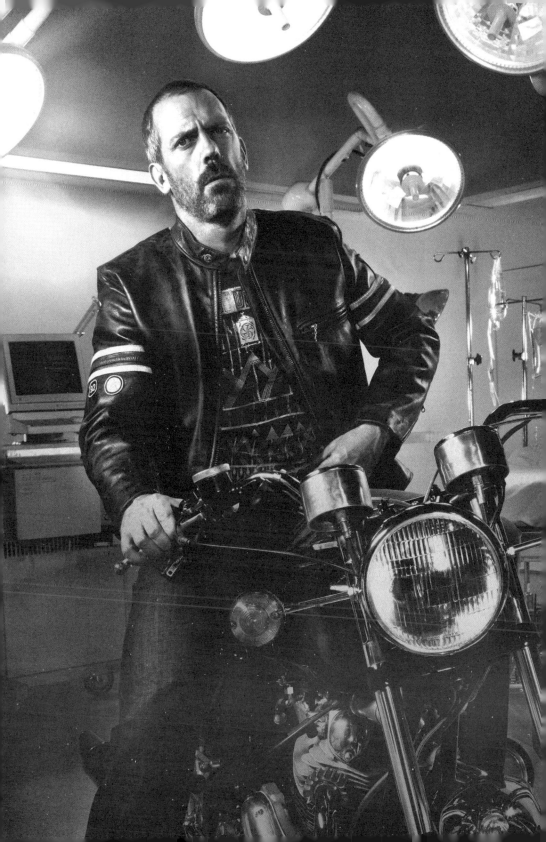

Este livro foi composto na tipologia Rotis SemiSerif, em corpo 11/16, e impresso em papel offset 75g/m² para o miolo e couché brilho 115 g/m² para o encarte, na Yangraf.

O GUIA OFICIAL DE
HOUSE
M.D.